ダブル

中国、日本で生きた
凄惨な歴史の証言

渡辺 真弓

明窓出版

目次

1 父と母と……5
2 「南新《なんしん》」八舎甲《はっしゃこう》……20
3 大躍進、大飢餓……34
4 母のいない我が家……44
5 黎明姉の下放……61
6 文革の足音……75
7 工農兵がすべて支配する……96
8 立ちこめる暗雲……111
9 北京公安局の恐怖……130
10 宿舎焼失……155
11 張万久《ちょうまんきゅう》教授の自殺……178

12 十二歳の孤独な暮らし……194
13 黎明姉の結婚……227
14 六年振りの再会……237
15 深い後遺症……260
16 父の喀血……276
17 名誉回復……288
18 日本への一時帰国……308
19 日本へ、香港へ……322
20 最愛の父の死……343
21 結　婚……360
終わりに……381

1　父と母と

「あなたは中国人、それとも日本人？」

初対面の中国人から、また日本人からもよく尋ねられる質問である。

私のように国際結婚で生まれた子どもは以前「ハーフ」と言われていたが、最近では「ハーフ」ではなく「ダブル」という言い方もされるようになった。二つの国の文化を体験し、二ヵ国語ができる。半分（ハーフ）ではなく、倍（ダブル）のものが身に付いていると言うこともできるからだろう。ハーフにせよ、ダブルにせよ、私自身の心境はとても複雑だ。中国にいたときは日本人と見なされていた。そして今、日本社会に住む私のことを、いったいどれだけの人が日本人と認識してくれるだろう。二つの祖国を持っているはずの私が、どちらも祖国と感じられないのである。

それでも私は、日本と中国が永遠に仲良く付合っていけることを、心から望んでいる。なぜなら、中国人の父と日本人の母が大好きだからだ。

私は中国で生まれ育ったが、我が家の生活、習慣はまるで日本と変らなかった。と言っても、現代日本ではなく、戦前の日本である。

母は今の日本ではあまり見られない典型的な大和撫子だ。父に全幅の信頼を寄せ、いつも三歩下がってついていた。私は幼い頃から、そんな母に誇りを感じていたし、日本人女性は皆、母と同じように優しい人ばかりだと思い込んでいた。だが、日本に帰ってみると、まわりに母のようなタイプの女性はほとんどいなかった。

私はこれまでの人生の半分を中国、半分を日本で過ごした。現在は行政組織の中で、自分の持っている二つの文化体験と言葉を活かし、日中友好の橋渡しの仕事をしている。

私たち夫婦には十六才になる息子がいる。彼は赤ん坊のときから私の中国語を耳にしていたため、ごく自然に中国語を覚えていたようだ。ただ、返事は日本語でしか返ってこない。私も無理して中国語を喋らせない。自然の流れに任せている。私と息子の会話はいわゆる「ちゃんぽん」会話である。将来息子が、もし外国人の女性と付き合うようになったら、私には許すことができないかもしれない。私のように祖国を実感できない二世が生まれたら可哀そうだと思うからだ。

父と母が結婚したとき、自分たちの子どもは誰よりも幸せになれると信じたに違いない。しかし、確かな祖国をもたない二世を待ちかまえていたのは、さまざまな困難だった。私たちが味わった苦難は、「ハーフ」でない人には分からないかもしれない。私たちはそれを一生背負っていくしかないのである。


私の母は一九二八年（昭和三年）二月二十一日に中国東北地方（旧満州）の遼寧省大石橋《りょうねいしょうだいせっきょう》で生まれ、田中照代と名づけられた。三人姉妹、双子の妹、三女である。

教育は、同じ遼寧省大連にある日本人学校で受けた。当時、中国東北地方には大勢の日本人が住んでいたため、日常生活は日本語で事足りた。そのため母は敗戦時まで、中国語をまったく話せなかった。

彼女の母親は、母が六才のとき病気でなくなった。

父親は満鉄（旧満州鉄道）に勤めていた。母の話によると、生活はとても豊かだったらしい。日常生活に必要なものはすべて揃っていたし、当時まだ貴重だったオルガンや蓄音機もあったそうだ。

日本人学校を卒業した母は、一九四五年まで大和日本警察署でタイピストをしていた。敗戦時、父親は三人の娘を一緒に連れて帰国すべく準備をしていた。だが、母は職場の残務整理のため彼らより出発が一週間遅れた。

この一週間が母の人生を大きく変えた。日本に戻った父親と二人の姉との連絡は、その後三十年間一切途絶えてしまうのである。

実際に引揚げを経験された方は、当時の悲惨さを私よりよくご存知だろう。敗戦直後、若い女性が一人で日本に戻ることは至難の業。けっきょく母は帰国できず、中国に残るしかなくなってしまったのである。

一人ぼっちになった母は、生活のため、遼寧省沈陽《しんよう》（当時の奉天）鉄道局の局長公邸のメイドになった。この公邸には局長と副局長数人、その家族が住んでいた。局長は行政管理者であり、副局長は技術者だった。

当時十八歳だった母はとても気立てがよく、きれい好きだったので、局長たちに可愛がられていた。

そのため、中国人ボーイたちからいつもねたましく思われていたようだ。母がきれいに拭いた階段に、嫉妬からわざと泥をぶちまけられることも度々あったという。さらに、ふだんは優しい局長たちも、酒が入るとねちねち絡んできた。

しかし、敗戦国民の悲しさ。何も言えない。母はひたすら我慢するしかなかったのである。

「私の部屋に行きなさい。あそこなら安全だから心配ない」

辛い状況におかれた母をいつも匿《かくま》ってくれた一人の副局長がいた。彼はどんなに身分の低い人に対してもけっして威張ることなく、優しく接した。母がいじめられていれば守ってくれ、病気をすると、すぐに薬や布団を持ってきてくれた。この副局長こそが張鴻逵《ちょうこうき》、そう、私の父である。

父は遼寧省岫岩県《しゅがんけん》、辺鄙《へんぴ》な村の貧農の長男として一九〇三年一月十日に生まれた。日本の年号で言えば、明治三十六年ということになる。

小学生の頃から父は成績が抜群だった。小学校を卒業するとき、担任の教師は父をぜひ進学させるべきだと両親を説得した。だがその当時、村で中学に入った者は、まだ誰もいなかった。

「農民に学問は必要ない。小学校卒業で十分。簡単な手紙の読み書きぐらいできればいい」

彼の父親はそう考えていた。また、農機具などほとんどない時代だ。男の子、しかも長男、待ちに待った大切な労働力である。だいいち、学費などとても払えない。父の進学に強い難色を示した。

父の同級生に郭富春《かくふしゅん》という親友がいた。彼の父親は地元ではよく知られた裕福な地主だった。

郭富春の父親は、父の成績が大変優秀であることを息子から聞いていた。そんな前途有望な少年の将来が閉ざされようとしていることを耳にし、心を痛めた。

「この子の能力は尋常じゃない。きっとものになる。わしがすべての責任を負う。もちろん学費も出す。進学させてあげなさい」

彼の強い説得のおかげで、父は進学することができたのである。

父が十九歳になったとき、岫岩県の大富豪である蔡《さい》という家からの使者が訪れた。蔡家の次女、桂芳《けいほう》をぜひ父に嫁がせたい。もし嫁にもらってくれるのなら、北京大学で法律を学ぶ費用を援助するという。

蔡桂芳は金満家のお嬢様だったが、自身も師範学院を卒業していた。当時としては才女と言っていいだろう。そのプライドの高さゆえか、なかなか結婚相手が見つからず、二十五歳になってもまだ未婚。当時の結婚適齢期をとっくに過ぎていた。彼女の両親は娘の行末を案じ、早く相手を見つけなければと焦っていたのである。

一方、貧しい家庭の長男である父にとって、その結婚話は大学に行ける唯一のチャンスに思えた。彼は逆玉の輿に乗った。

結婚後二人は、父の両親と同居したが、うまくいかなかった。身分の格差があまりにも大きすぎたのだ。少しでも気に食わないことがあると、お嬢様育ちの桂芳はすぐ実家に帰ってしまった。とりわけ父の自尊心を傷つけたのは、いい環境で育てたいと子どもを連れて実家に戻ってしまったことだ。

二十七年に長男春生《しゅんせい》、三十年に長女岫芝《しゅうし》が生まれてから、義父の命に従い、父は北京大学で法律を学びはじめた。だが彼は、法律にはまったく興味を持てなかった。

一年後、父は自らの意思で北京大学を中退し、唐山《とうざん》鉄道学院の土木学部に入り直したのである。そのことを知った義父は激怒し、一切の経済援助を打ちきってしまった。

父の親友、郭富春の母親も彼の父と同様、父の才能を高く評価していた。のみならず、自分の息子と同じように可愛がっていた。父が小さい時分「干児子《かんじし》」（中国の習慣で、自分の気に入った子どもを我が子と同じように扱うこと）として受け入れていたのである。

父の学業をまっとうさせるべきだと思った彼女は、「百塊大洋」かなりの金額の経済援助をおしまなかった。

ただ、このことによって、父と妻、蔡桂芳との間の溝はさらに大きく深くなった。

唐山鉄道学院は北京より二百キロほど南、河北省の唐山市内にある。当時としては大きな大学で、学生数だけで三千人を超えていた。父はこの大学でも優秀な成績を修めた。四年生になると教授に勧められ、アメリカへの「官費」留学試験に挑戦することを決意した。ただ、この「官費」留学試験の倍率は数百倍、いや千倍以上とも言われていた。大学四年生の後半、父は留学試験のため命を削るような猛勉強をした。そして、この苛烈な競争を勝ち抜き、アメリカ留学の切符を手にした。大きな夢を現実のものとしたのである。

一九二九年九月、父はアメリカの地に立った。

留学先はコーネル大学の大学院である。この大学は有名な総合大学だが、なかでも土木工学部の評価は高かった。その名声は海外にも及び、中国からもすでに数名の留学生を受入れていた。

入学した翌日、父は朝食をとるため、一人で学生食堂へ行った。そして、パンを皿に載せ、席を探しているとき、先輩留学生たちに声をかけられた。

「君は新入生だろう。アメリカに来たばかりだね」

大学の食堂ではじめて顔を合わせたのだから、新入生と言われるのは分かる。だが、なぜアメリカに来たばかりだと分かったのか。父は不思議でならなかった。

「パンの枚数を見ればすぐに分かるよ」

先輩たちの皿にはパンが二枚。それまでパンを食べたことのない父の皿には、ピラミッドができるほどたくさんのパンが積み重ねられていたのである。

このとき父はとても恥ずかしかったそうだ。だが、先輩たちがそうだったように、時が経つにつれ、父が食べるパンの枚数も減った。そして、父が大学院の二年に上がる頃、学生食堂にはまた、たくさんのパンを皿に積み重ねた中国からの新入生を見かけたそうだ。この思い出は一生忘れられないと、父は笑いながらよく話してくれた。

父はコーネル大学で修士課程を修了後、実地経験を積むため、アメリカ人の土木技師の家で一年間

父がアメリカのエンジニア家族と撮った写真

ホームステイをすることになった。

父は技師の指導のもとで仕事をしながら、たくさんの卓抜なアイデアを出し、周りの人々を驚かせた。そのために地元マスコミの取材が殺到したという。

「張君は中国土木界の星だ。彼がいれば今後中国の鉄道事業はおおいに希望がもてる」

技師は新聞記者に対し、そんなふうに父を誉めてくれたそうだ。

ホームステイ先の家には二人の娘がいた。長女は父より三つ年下で、次女はまだ高校生だった。写真を見ると長女はイギリスのチャールズ皇太子によく似た顔付きだ。片や、次女はとても端正な顔立ちをしている。研修の合間、父はこの二人の娘とテニスをしたり、ドライブを楽しんだり、ぞんぶんに青春を謳歌したようだ。

そんな彼らの姿を見ていた技師が父に尋ねた。

「研修が終ったら、君はやはり中国に戻るのかね」

彼は父がこのままアメリカに残り、自分の娘婿になってほしいと思うようになっていたのである。技師の気持ちはとてもありがたかった。だが、中国には家族、それにうまくいっていないとはいえ、妻子がいる。またなにより、父は貧しい中国が「官費」で自分を留学させてくれたことに心から感謝していた。中国を貧困から救うための技術を学ぶ。そのための留学である。彼の申し出を断るしかなかった。

父とエンジニア

二年間の大学院、一年間の研修、通算三年間のアメリカ生活に別れを告げ、一九三二年八月、父は帰国の途に着いたのである。

アメリカから戻った父は、南京《なんきん》鉄道局の技師となった。そして、その頃やっと、郭富春の両親に出してもらっていた学費の返済が可能になったのである。

当時、国民党の腐敗はより一層深刻なものとなり、横領や賄賂《わいろ》は日常茶飯事だった。たとえば、工事現場の工員数を実際の人数より水増しして報告し、その差額を自分の懐に入れるといった具合である。中間管理者たちは目こぼししてもらうため、上層部に賄賂を送るのが常識となっていた。もちろん、父も彼らのターゲットとなっていた。

父はこの種の行為を心から憎む人間だ。彼らが渡そうとする賄賂のすべてを突き返した。黔貴《ちんき》鉄道建設のため、父が家を留守にしていた時のことだ。現場監督が次女の張寧《ちょうねい》が生まれたお祝いだと言って、純金のアクセサリーを持って訪ねてきた。それで父に、目こぼし、便宜をはかってもらおうというわけだ。夫の性格をよく知っていた妻の桂芳は、その「お祝い」を受け取りタンスの中に隠した。

その後、いくら経っても父からはなんのリアクションもない。不思議に思った現場監督は父に尋ねた。

「お嬢様への純金アクセサリー、お気に召しましたでしょうか」

何も知らされていなかった父は激怒した。

「純金のアクセサリーをどこに隠しているのだ。早く返しなさい」

彼は妻を叱った。しかし、彼女も譲らない。

「官不打送礼人《かんぷだそうれいじん》」（上司はお土産を持ってくる人を追い返さない）と大喧嘩になったのである。

このことによって、夫婦の亀裂は決定的なものとなった。一九三五年が明けて間もない頃の出来事である。

父は、蔡桂芳と離婚し、三七年に湘黔《しょうちん》（現在中国湖南省と貴州省）鉄道局、四二年に黔桂《ちんけい》（現在中国の貴州省と広西壮族自治区）鉄道局の技師を歴任、四五年に沈陽鉄道局に転勤し、副局長となり、母との運命的な出会いを迎えるわけである。

帰国してからずっと、父は当時の国民党政府に優遇されていた。一九四七年、それまでの功績を認められ、独立した一軒家の公邸を与えられることになった。その頃、局長公邸でメイドをしていた母に、父は尋ねた。

「ここで、このままずっと虐められているのは辛いだろう。私のところに来ないか」

身寄りのない敗戦国民に、唯一味方になってくれた人の言葉である。以前から父に好意を持っていた母は、すぐにうなずいた。そして、二人は結婚手続きを済ませ、公邸に引越したのである。

その公邸を見たとき、母はとても驚いたという。それもそのはずだ。広い庭のある百坪を超える大きな家。それに加え、専属のボーイ、運転手、コック、ボイラー係、さらには護衛が五人もいたのである。

父は「私の命を狙う人間はいない」と言って、五人の護衛の中から一番おとなしそうな男を一人だけ選び、あとの四人にはお引き取り願った。その替わりに、日本人のメイドを一人雇いたいと要望した。中国語のできない母を気遣い、話相手を与えたかったのである。この希望もすぐに叶った。

父と結婚したことで、母の身分もメイドから副局長夫人へ一変した。周囲の人たちの母に対する態度も、手のひらを返したように変わったという。

失意のどん底から幸せをつかんだ母は、父に心から感謝していた。そして、毎日玄関での送り迎えでその気持ちを表した。仕事を終えた父が自宅の門に到着すると、運転手はいつもクラクションを鳴らす。すると家にある扉が次々と開き、母をはじめ家にいる全員が父を出迎えるのである。

四七年の後半になると、共産党は東北地方解放に向け、国民党との最後の戦いに入った。このため、中国東北の鉄道は大混乱に陥っていた。それを解消するため、父は共産党にとってはならない人物となった。父は国民党の党員だったが、上層部の腐敗に腹を立て、心の底では共産党を支持していた。そのことを知っていた共産党の地下組織は、公邸に党の幹部を秘密裏に派遣し、父に援助を要請した。そして彼はそれに応えたのである。

一九四八年九月十二日から十一月二日まで、国民党と共産党は中国東北地方で、第一回目の大規模な戦闘を展開した（共産党はこの内戦を「遼沈《りょうしん》戦争」と名づけた）。この戦闘における国民党軍の被害は甚大で、四十七万人の死傷者を数えた。

一週間後の十一月六日から翌年一月十日まで、徐州《じょしゅう》を中心に、東は海州《かいしゅう》から西は商丘《しょうきゅう》まで、北は薛城《せつじょう》から南は淮河《かいが》に及ぶ広範囲で、二度目の戦いがあった（共産党は「淮海《かいかい》戦争」、国民党は「徐虫豊《じょちゅうほう》戦争」と名づけた）。この闘いでも国民党軍は劣勢で死傷者は五十五万人に及んだ。

それと並行するように十二月上旬から翌年一月三十一日まで、北京と天津を中心とする、広大な華北地域でも内戦が勃発した（共産党は「平津戦争《へいしん》」と名づけた）。この戦闘での国民党軍は死傷者は五十二万人。

たび重なる負け戦で、国民党の勢力はしだいに衰え、蒋介石《しょうかいせき》を首領とする国民党は組織ごと台湾へ逃げる準備をはじめた。

台湾の鉄道を整備するため、国民党は父を必要とした。だが、彼らは父が共産党のために活動していたことを知らない。国民党員である父も当然、台湾に行くものだと思い込んでいた。何の相談もなく、父と母の台湾行きの航空券を準備していたという。

この時期ちょうど、母は長女の黎明《れいめい》を身篭《みご》っていた。父は母の妊娠を理由に台湾行きを断った。もちろん、これは表向きの理由だ。本当は国民党に愛想をつかしていたこと、それともう一つ、両親のいる大陸から離れたくなかったからである。父が大変な孝行息子であることは地元の人たちにもよく知られていた。

一九四九年十月一日、中国共産党は中国大陸のほぼ全土を支配下におき、中華人民共和国を樹立した。

父は沈陽鉄道局に残り、戦争で破壊された東北鉄道復旧のため、昼夜を問わず働いた。父たちの努力によって、東北鉄道は順調に回復し、多くの物資が東北地区へ入って来るようになった。

1957年家族写真
父の膝に座っているのは私

共産党は父の功績を大と認め、北京にある中国鉄道部（日本の運輸省に相当する）勤務を命じた。鉄道技術分野の総監督（鉄道部の技術分野大臣級）となったのである。

北京鉄道部に数年間勤務し、五十歳になった一九五三年、父は母校である唐山鉄道学院へ戻った。工事現場の監督から教壇に立つ教員となったのである。中国での大学教員の身分レベルは下から助教師、教師、講師、助教授、教授となっている。そして、教授も一級から四級までに分かれる。一級は最上級職だが、全国でも一人か二人、父が転勤して来た時点で、大学内には一級教授はいなかった。

父は鉄道工程学部主任（学部長）として、二級教授の地位についた。父はその地位の高さより、むしろ二十数年ぶりに母校に戻れたことを喜んだ。そして、残りの人生をこの大学で過ごしたいと望んでいた。現場はあまりにも忙しかった。出張は多く、家で落着くこともほとんどなかった。これからは教壇に立つ合間に、以前から準備、計画していた「中国鉄道史」という本を書きたい。そんな夢を思いめぐらしていたのである。

母も働きに出たかった。お手伝いさんがいるので、洗濯以外、母のする仕事はあまりなかった。彼女はとても退屈していたのである。それに、家に閉じこもっていては友だちもできない。

ただ、母が中国国内で働くには中国籍が必要だ。女性の社会進出に大賛成の父は、さっそく母のために中国籍を取る手続きをはじめた。この手続きは思った以上に難しかったようだ。もちろん共産党組織の審査も必要である。しかし、父が東北鉄道の回復に多大な貢献をしたことが物を言ったようで、なんとか、母は中国籍を取得することができた。中国名は田玉華《でんぎょくか》である。

国籍を取得するとすぐさま、父は大学の総務部に母の意思を伝えた。大学当局は父の地位を配慮したのだろう、母は大学の図書館で働くことができるようになった。

そしてやがて次女の大明《だいめい》、そして私、三女の建明《けんめい》の五人家族ができあがるのである。

１９５７年　リゾート地北載河にて

2 「南新《なんしん》」八舎甲《はっしゃこう》

中国の大学は高い塀に囲まれている。その塀の中には教室や実験室、研究室はもちろん、病院、商店、工場、保育園、ダンスホール、バー、それに教員宿舎、学生寮、教授専用食堂、職員食堂、学生食堂など、日常生活を送るための必要な施設がひととおりそろっていて、一つの社会を形づくっている。学外に出なくても生活するのに一切支障はない。

唐山鉄道学院も同様だった。正確な敷地面積は覚えていないが、端から端まで自転車で二十分はかかる。とにかく広い。その中で、学生、教職員、労働者、その家族、一万人を超える人々が暮らしていた。

大学構内には教授用宿舎として、南新と西新という名の二つの団地があったのだが、私たちは南新団地に住んでいた。

この団地は十四棟からなり、それぞれの棟は二つに分かれ、甲と乙の番号が付けられていた。私たちの家は「南新」八舎甲だった。

南新団地の宿舎はすべて同じ間取りである。寝室が二部屋、応接室、クローゼット、それにトイレ、風呂場、台所である。

家の表と裏に二つのベランダがあった。表側のベランダは二十畳ほどの広さで、ちょうど腰を掛けられる高さの塀がある。裏のベランダは表の半分くらい。塀は大人の背より高く、私たちは、雨傘を持ってその塀に登り、よく落下傘遊びをしたものだ。

表側のベランダの周りにはチョウジ樹が一列に植えられていた。春になると白色の花が咲き、いい香りが屋内まで漂って来た。その木と木の間には母が植えたバラが元気よく咲いていていた。

また、リビングの窓の脇には、屋根より高い大きなエンジュの木があった。このエンジュの木は夏になると白い花を咲かせた。開花スピードがとても速いのがこの花の特徴だ。わずか一晩で満開になってしまうこともある。

花びらは一つ一つ品のいい巾着のような形をしている。淡黄色の芯が巾着の隙間から頭を出し、可愛い舌のように見える。なめると、蜂蜜のように甘い。また、香りもとても上品だ。花が咲く時期になると幻の秘境にでも連れて行かれる気分になるほどだ。

このエンジュの木の枝にはたくさんの棘が生え、うっかり触るとすぐに怪我をしてしまう。小さな傷口にもかかわらず、血が止まりにくく、数日間かなり強い痛みに耐えなければならない。

エンジュの花はとても優しく、棘はとても強い。たぶん強い棘で、優しい花を守っているのだろう。だから花はますますきれいに、正々堂々と咲くことができるに違いない。

家族はみんなこの木を愛し、「我が家のエンジュ」と呼んでいた。

表側のベランダの階段を降りると、左手に大きな梅の木があった。春になると、まず葉が生え、そして、つぼみが次々とふくらんでくる。しばらくすると、淡いピンクの花がたくさん咲き、その重さで、枝が垂れ下がる。その姿が、なんとも言えず美しい。

梅の開花期間はとても短い。花が落ちると実が現れる。その実には短い白い毛が生えている。わんぱくな子どもたちは、その木の実を投げあって戦争ごっこをしていた。からだに当たっても痛くないし、怪我の心配もない。放課後、南新団地と西新団地の二つのグループに分かれ「大規模」な戦争ごっこをしたこともある。

季節ごと、いろんな花が私たち家族を楽しませてくれたのだ。

南新団地の甲と乙の家の間に、たたみ二畳ほどの花壇があり、それを覆うようにしてはしご状の棚があった。これは屋根に上るときに使うのだが、母はその棚を利用して葡萄を育てていた。夏になると、とても甘い葡萄が棚からたくさん垂れ下る。私たち家族で食べきれないときには、母はいつも隣近所に配っていた。

夕食後、私たち家族は毎日のようにベランダの石灰岩でできた幅三十センチ、高さも三十センチほどの外枠に腰を下ろし、その日の出来事についてお喋りをした。

天気のいいときは、太陽の熱が外枠を温めてくれる。夕食を終え、外枠の上に座るときにも、まだその余熱が感じられた。お尻は暖かくて、涼しい風が花の香りを運んでくれる。みんなで笑いながら、いろんなことを語り合う。そんな時間が、私たちに幸せを感じさせてくれた。

我が家のすぐ前に小さな平屋の建物があった。その建物は木の枝で作られた質素な壁で囲まれていた。

その家から毎日数回、パタパタというリズムのある「風箱《ふうばこ》」（中国の田舎でよく使われる火を起こす道具）の音が聞こえてきた。そのリズムに合わせ、煙突から煙りが出てくる。ひっそりとたたずむこの小さな家は、周りの建物とまったく趣きを異にしていて、そこだけ桃源郷のような雰囲気だった。庭で羊を一頭飼っていて、その家の主人が毎日羊乳を絞っていた。その羊の「めー、めー」というゆっくりとした鳴き声は、私たち家族に安らぎを与えてくれた。

この家の主の魏《ぎ》さんは大学の園芸を担当している人だ。年齢は五十過ぎ。大学の人たちは彼を「樹匠老魏《じゅしょうろうぎ》」と呼び、私たち姉妹は「魏おじさん」と呼んでいた。

がっしりとした体格で力持ち。典型的な河北省出身の男性だった。肩に、はしごを担ぎ、手にはよく手入れされた鋸を持ち、背中には大きな斧を掛けていた。そんないでたちで大学構内を巡回し、すべての樹の枝をきれいに揃える。彼のおかげで構内はいつも清潔感が漂っていた。

魏さんの顔には細い血管が交差して浮き出ていて、見た目はとてもこわい。また、彼はめったに笑わないので、近寄りがたい感じもある。

一方、私たちが「魏おばちゃん」と呼んでいた彼の奥さんはいつも微笑を絶やさない人だった。年齢は四十代前半、目に優しさが溢れ、自然と母性を感じさせる女性だった。彼女の温厚な性格と魏おじさんの強さがうまく調和して、私たちには、最高の夫婦のように見えた。

魏おじさんは小さい頃両親を亡くし、人生の辛苦をさんざんなめたという。若い頃一人で唐山市に出て来て、唐山鉄道学院の職員となったのである。

魏おばちゃんは以前、一度結婚をしている。前夫は国民党の下級官吏で、中華人民共和国が成立したとき、反革命者のレッテルを貼られ、強制労働をさせられた。また、当時住んでいた河北省《かほくしょう》石家荘《せっかそう》市付近の村でもいじめられたという。彼らは子どものため協議離婚せざるを得なかったのである。

「世の中はすべて縁があって成り立っている」

魏おじさんは五十を過ぎ、やっと魏おばちゃんという良き伴侶に出会えた。そして、息子も授かった。魏おじさんは自分の喜びを表すため、愛する息子に「紅喜《こうき》」と名づけた。

紅喜は四角い丈夫な顔に、硬いおでこをもっていた。彼は歩けるようになるとすぐ、あちこちをちょこまか歩き回った。怖いもの知らずだった。行った先でしょっちゅう顔をぶつけて、いつも青あざをつくっていた。だが彼は、ほとんど泣かなかった。何かに顔をぶつけたときは、小さな手で痛いところを撫でた。そして、本当に痛いときには、眉間に皺を寄せ「痛い、痛い」と声を出して言うだけだ。

紅喜はいつも鼻を垂らし、顔には汚れがこびりついていた。薄い唇から絶え間なく、ぶつぶつと言葉を発していた。彼は周りのほとんどの大人たちから無視されていた。公平に見て、彼はそれほど可愛い子どもではなかったのである。

しかし意外なことに、紅喜は私たちの父と大親友だった。彼はよく一人で我が家に遊びに来て、純粋な石家荘の方言で父とお喋りしていたのである。ときどき父の大きな笑い声が聞こえた。なんとも不思議な組み合わせである。彼らがいったいどんな話をしているのか、私たちには想像すらつかなかった。

紅喜が喋りすぎて疲れ、眠くなったときは、父は自分のベッドに寝かせた。そして、風邪をひかないよう、優しく布団を掛けてやった。

息子がいないことに気づいたとき、魏おばちゃんはいつも我が家に確かめに来た。紅喜が寝ている姿を見ると、とても恐縮し、起こそうとした。だが、父は、「しー、もう少し寝かせておこう」と人差し指を自分の唇に当て、彼女を制した。

魏おじさんは本来の仕事以外にも、構内の空地を利用して小麦やとうきび、野菜、芋などを作っていた。その農作物を収穫するたびに、我が家の表側のベランダで、収穫した作物を干していた。

その作業が終わると、私たちは魏さん家族が作った新鮮な野菜を食べることができた。そのお返しに、父が出張先で手に入れた珍しい物は、魏家にお裾分けした。

「張教授の家族とお付合いができて、とても幸せです。他の教授の家族に挨拶しても、返事をしてもらえないから、最初から知らん顔するしかないんです」

教授団地の中で、魏さん家族と付合いがあるのは私たちの家族だけだったのである。

一九五六年七月、私は三番目の娘として、この宿舎、「南新」八舎甲の両親の寝室で産まれた。父は五十三歳、母が二十八歳のときだ。父はとても男の子を欲しがっていて、三番目の子どもに賭けたのだそうだ。けっきょく女の子で、少しがっかりしたらしい。が、生まれ落ちた私の顔を見て、とても喜んだという。自分にそっくりだったからだ。

そのときのことを、私は我が家のお手伝い、韓《かん》おばさんから聞かされた。

韓おばさんは私の生まれる三年前、父がまだ北京鉄道部にいたとき、知人の紹介で我が家にお手伝いさんとしてやってきた。河北省廊坊県《ろうぼうけん》の人だ。

当時五十歳くらい。ぽちゃっとした顔に、赤い鼻、薄い唇、鋭い目をしている女性である。彼女の世代にしては珍しく纏足《てんそく》ではなく、大きな「解放足」（当時、纏足していない足のことをそう呼んでいた）をしていた。家事全般、仕事はてきぱきこなした。

家族は彼女のことを「大おばちゃん」と呼ぶようになった。そしてその後、父が鉄道部を離れ唐山鉄道学院へ転勤するときも、彼女は私たち家族と一緒に唐山市に移ったのである。

その頃、唐山鉄道学院の教授のほとんどがお手伝いさんを雇っていた。

彼女はすぐに、他の家のお手伝いさんたちから頼りにされ、みんなから「韓おばさん」と呼ばれるようになったのである。

韓おばさんのご主人の名字は「李」というのだが、彼女は人前で夫のことをまったく話さない。

韓おばさんには一女二男の子どもがいる。

昔の中国では、纏足していない女性は良家へ嫁ぐことができなかった。彼女は「解放足」ゆえ、廊坊県にある娼妓院《しょうぎいん》の息子に嫁ぐことになった。そして、亭主となった男というのが、とんでもない遊び人だった。仕事もせず、毎日のように賭博をして、けっきょくは親の財産を食いつぶしてしまったのである。

彼女の結婚生活は、けっして幸せとは言えなかったということだ。

二番目の息子が産まれてすぐ、家族を養うため、彼女は外に働きに出た。そして、何十年も働きづめ、自分の夫だけではなく、息子家族、そして孫まで養っていたのである。

実家からの便りがないと彼女は心配した。だが、たまにくる手紙のほとんどはお金の無心だった。そのことは韓おばさんもよくわかっていて、封を開けながら、いつも「またお金のことだろうよ」とぶつぶつ言っていた。

「男の孫が生まれた。お祝いをするためにお金を送ってほしい」

「今年は不作だった。食料を買うためにお金を送ってほしい」

「一番上の孫が結婚することになった。お金を送ってほしい」

「お父さんの持病が再発した。治療費を送ってほしい」

とにかく、お金のほしいときしか手紙をよこさない家族だった。私たちは彼女に同情し、「そんな毎回毎回送らなくてもいいじゃない。もう十分家族に尽くしたよ」と言った。だが、不満を漏らしながらも、彼女はけっきょく言われた金額を送金していたのである。

「私は家族のロバだ。家族のために働く宿命だ」

自分のことをそのように言っていた。

韓おばさんはあまり上等な服は持っていなかった。しかも、すべてが昔風の中国スタイルだ。前は二枚重ねになっていて、首から斜め、そして、脇の下から裾まで布で作られたボタンがかけられていた。二枚重ねの内側の一枚には大きなポケットが付いていて、その中にいつも、私のためのおやつが入っていた。

簡素な装いだが、彼女はとてもおしゃれだった。夜、寝るときはいつも、自分の洋服をきれいに畳み、枕の下においてアイロン代わりにしていた。そのため、彼女の洋服にはいつも皺一つなかった。また、髪はいつもきれいに後ろにまとめて網をかけ、けっして乱れることはなかった。

また、彼女はすごい技を持っていた。糸一本で顔全体の毛をきれいに取ることができるのである。そのため我が家には彼女の友だちがしばしば訪ねてきていた。

韓おばさんはどうやら「張《ちょう》」という名字と縁があるようだ。自分の子どもがまだ小さい頃、家を出てお手伝いさんになってからずっと「張」という名字の家で働いていた。

はじめは北京の近くにある天津《てんしん》市の市長、張家で乳母をしていた。

張市長の息子は産まれてからすぐ、韓おばさんに預けられ、彼女のお乳で育てられた。誰が見ても本当の親子に見えるほど可愛がっていたという。

だが、その息子が十九歳になった一九四九年、船で台湾へ逃げる途中、不幸にも強い嵐に遭遇し、船が沈没してしまった。

韓おばさんは彼の写真を大切に保管していて、ときどき取り出しては、見つめていた。写真の青年は本当にハンサムで、韓おばさんは彼のことを口にするたび、目に涙を浮かべていた。

二軒目も張という人民解放軍幹部の家だった。そこで三年間働いたが、主人が南部地方へ異動になった。韓おばさんの家は河北省廊坊にある。家から遠く離れたくないために、自ら北京に残ることを決めた。そして、三軒目の張、我が家に来たのである。彼女は三軒の「張家」をそれぞれ「張市長」、「張同志」と「張教授」で区別していた。


彼女はとても短気だった。少しでも気に入らないことがあるとすぐに激怒する。父母はそうした彼女のことを容認しており、我が家で唯一彼女に対抗できるのは、長女の黎明姉だった。そういうこともあってか、韓おばさんは黎明姉をあまり可愛がらなかった。

ただ、韓おばさんが好人物であることは家族みんなが認めていた。そして実際、彼女は我が家にとってなくてはならない存在だったのである。

彼女は張市長の家で乳母をしていた際、いろんな人と接する機会があり、知識も豊富だった。冗談を交えながら、自分のこれまで見聞きしてきたことをよく教えてくれた。また、彼女はたくさんのおいしい食べ物を口にしてきたために、料理もたいへん上手だ。とりわけ北方風味の麺類料理は天下一品と言ってもいい。

私が生まれたとき、両親同様、韓おばさんは宝物でも手に入れたように、すべての愛情を私に注いだという。乳飲み児の頃はいつも私を放さず抱き、抱けなくなるぐらい成長すると、今度は背中におぶった。そして、歩けるようになってからは、私の手を握り、どこにでもついて来てくれた。

私はときどき韓おばさんの手を放して自分で歩こうとしたらしい。だが、いつも尻餅をついてしまう。そこで、彼女は四角い小さな座布団を作り、両端にひもをつけて私の腰に付けてくれた。尻餅をついても怪我をしないように、またからだを冷やさないためでもある。私はそれをぶら下げて、家中を走り回っていた。姉たちはこの座布団を「お尻のカーテン」と呼んでいたそうだ。

長じてからも韓おばさんは私にとって強い味方だった。友だちにいじめられているのを見ると、彼女は目をかっと見開き、手を腰にかけた。すると、まだなにも言っていないのにもかかわらず、いじめっ子たちはクモの子を散らすように姿を消してしまうのである。

それまで、どちらかというと韓おばさんが苦手だった黎明姉も、私をとても可愛がる姿を見て、彼女が好きになったという。

韓おばさんの実家がある河北省廊坊は、きな粉の産地である。

彼女は年に二度ほど里帰りをするのだが、そのときはいつも、私たちの古着と母が用意した家族へのお土産など、たくさんの荷物を抱えていった。そして、我が家に戻ってくるときは、きな粉とお餅を持ってきてくれた。きな粉餅は私たち子どもの大好物だった。

まず、お餅を蒸して、きな粉を炒める。そして、蒸したお餅を慣れた手つきで伸ばし、きな粉をつけて巻き寿司のように巻く。最後に包丁で食べやすい大きさに切って、私たちに食べさせてくれたのである。甘くて柔らかく、ほくほくしたきな粉餅の味は今でも忘れられない。

食べ物と言えば、私たちがおいしそうに何か食べているとき、彼女はしばしば「腹がいっぱいな人は、飢えている人の気持ちはわからない」と言った。また、食べ物のすき嫌いに対しては、母より厳しく、食べ残しは絶対に許さなかった。私たちはせっかくおいしいものを食べているとき、なにもそんなことを言わなくてもと少々不満を感じていた。

だが後に、必要最低限の食べ物にさえ不自由するようになったとき、韓おばさんのこの言葉を思い出した。彼女の言いたかったことを身に沁みて実感できたのである。


私が産まれたとき、二人の姉、黎明は八歳、大明は五歳だった。彼女たちと少し年が離れ、父が五十歳を過ぎてから授かったこともあって、家族全員が私を可愛がってくれた。我が家の居心地がよすぎたせいか、箱入り娘の私は年長班になるまで、大学付属の保育園に馴染まなかった。

保育園は家から二百メートルしか離れていない。天気のいいときにはいつも、保母さんは園児たちを連れて、近くの運動場にある芝を散歩させてくれた。その運動場はちょうど我が家の表側のベランダに面していた。そのため、散歩をしているとき、韓おばさんが洗濯物を干したり、家の周りを掃除しているのがよく見えた。私は、彼女の姿を見つけるとすぐ家に逃げ帰ってしまっていた。そんなことを繰り返すため、散歩のとき、私だけは保育園内に居残りさせられるようになってしまった。

父は鉄道工程学部の責任者だったため、学部の教授会や打合せなどが我が家のリビングで行われた。私だけは会議の最中でもその部屋に自由に出入りすることを許されていた。父の膝に座ったまま、会議が進行することもしばしばあった。

私に対し、父はとても甘かった。叱られた記憶はほとんどない。それで私は、自分だけはなにをしても許されると勘違いをしていたようだ。

父の部下たちは暇な折、しばしば家に遊びに来た。そして、壊れた万年筆やラジオを修理したり、父から英語などを教わったりしていた。私ともよく遊んでくれた。彼らはみな、私が父に溺愛されていることを知っていた。それで、父を喜ばせるためにわがまま娘の機嫌をとったり、買い物に連れて行ってくれた。父にいい印象を与えようと必死だったのである。

私は一九六三年に大学付属の保育園を卒園し、「唐山鉄道第二小学校」という鉄道関係者家族しか入れない小学校に入学した。この小学校は大学の正門入口から一キロほど離れたところにあった。小学校に入学することによって、私ははじめて毎日大学の塀から出て、一般社会と接することになったのである。

大学の正門入り口に伝達室（守衛室）があり、大学の関係者はバッジを付けて出入りした。関係者以外の人は、伝達室の受付を経なければならない。私たち大学関係者の子どもは、正門のすぐ近くに店を開いている露天商から毎日のようにアイスクリームを買っていた。そのために伝達室のおじさんに顔を覚えられ、私たちは自由に出入りすることができた。

大学関係者以外は羨ましげな視線で、私たちのことを見ていた。「自分たちはとくべつなんだ」と優越感を持ったことを覚えている。

私は、鼻持ちならない子どもだった。父の部下や大学生、また、小学校の友だちと遊んでいるときにも、「私のパパは大学の教授だよ」、「パパがお金持ちだから、毎日たくさんのご馳走が食べられるんだよ」と口にするようになった。それでも相手はみな嫌な顔一つせず、「いいわね、偉いパパを持って」と私に合わせてくれていた。

そんな私の言動が父の耳に入ったらしい。ある日、いつものように遊びから帰って来たとき、父は厳しい表情で奥の寝室に来るように言った。いやな予感がした。

「パパは小さい頃、とても貧乏だった。おむつを作る布さえ買えず、砂袋の中で育った。でもパパは一生懸命勉強し、自分の力で今の地位を築いてきた。お前のことは命より大切だけれど、パパのことを鼻にかけて自慢したり、傲慢な態度をとったりすることはよくない。人間はみんな平等だ。それぞれ役割が違うだけだ。自分に自信のない人間に限って威張ったり偉そうなことを言うんだ」

厳しくこんこんと父に諭された。一つ一つの言葉が胸に刺さり、とても痛かった。

そんな苦い思い出もあるが、私はなに一つ不自由なく、「南新」八舎甲で甘い蜜の中に浸かっているような生活をしていたのである。

3　大躍進、大飢餓

当時まだ、幼い子どもだった私の記憶には残っていないが、すでに社会の風を感じられるまでに成長していた長女の黎明姉の目には、私とはかなり違った風景が見えていたようだ。

私の生まれた翌年の一九五七年五月、毛沢東は中国全土で「反右派運動」を展開しはじめた。彼は共産党組織を通して、各界人士に「大鳴大放《たいめいたいほう》（自由に言いたいことを言う）」、「共産党に対する提案を出し、大いに議論をしよう」と呼びかけたのである。

だが実際には、その提案がどんなに素晴らしいものであっても、正直に口を開いた人にはみな「右派」のレッテルが貼られてしまった。そして、このレッテルをはずされるまでに二十二年の歳月を必要としたのである。

中国政府が公表したところによると、「右派」とされたのは五十五万人だという。だが、直接間接にこの影響を受けた人は、ゆうにその数倍を超えているだろう。

父は共産党を心の底から信頼していたため、この「反右派運動」中にも、率直に共産党に対しての意見を述べた。また、数十年間にわたる自らの現場での実践経験をまとめ、共産党大学委員会に教育の質的向上を目指す提言を打ち出した。

しかし、思いもよらないことが起きた。当初、「ぜひ共産党に対する不満と提案を言っていただきたい」と満面の笑みで勧めていた人たちが、父の率直な意見を聴いたとたん、豹変したのである。父の誠意ある提案は突然「偉大で栄光にみちた正しい共産党への悪質な攻撃」とされ、自己反省も「一貫して反共産党的立場に立ち、共産党と新中国を敵視している」と批判の対象となった。さらには、教育改革に関する父の考え方や意見は、「陰謀」とされてしまったのである。

信頼していた人に裏切られた父は、大きな打撃を受けた。その失望感と悔しさのために、寝込んでしまったほどだ。

彼にはまた、「反ソ連の専門家」という右派レッテルも貼りつけられた。

父は、新疆《しんきょう》ウイグル自治区とチベット自治区を除く中国の広大な大地のほぼ全域に足を運んでいる。鉄道敷設のための測量、学生たちの実習、また学術セミナーに参加するためである。

そんなときに体験したのだろう。父はずっと以前からソ連を信用していなかった。「ソ連の連中は専門家とは言えない。彼らは仕事や学問をするためではなく、酒とご馳走を食べるために、わが中国に来ている。彼らは中国の複雑な地形を無視し、ソ連の理論をそのまま使おうとしている。教育の仕方も中国の実態とはかけ離れている。私たちは急いで優秀な人材を育成する必要がある。そして、実践を通し、中国独自の教育方法を作り出さなければならない」

当時中国で、ソ連は「大切な兄貴」と呼ばれていた。まだ幼かった黎明姉は、彼らは中国の社会主義建設のために力強く支援してくれているのに、どうして父がこんな痛烈にソ連批判をするのか理解できなかったという。

「彼らの力強い支援だって……、それは嘘だよ。一九四五年ソ連軍が中国東北に侵入したとき、東北三省のすべての工場設備を根こそぎ略奪したのを私は見ていた。彼らは大切な兄貴などではなく、強盗だよ」

父はソ連の専門家と激しく対立し、教育改革のために、自分で教材を編集した。

それも告発材料にされたのである。

ただ父の場合、幸運にも「右派」という侮辱的なレッテルは貼られずにすんだ。当時父は、四十数名の共産党幹部クラスの研修生を教えていた。その全員が連名で父の中国国家建設に対する功績をたたえる上申書を書いた。それを共産党唐山鉄道学院委員会に提出し、父を守ってくれたのである。

この四十数名の幹部はみな共産党に育成され、その多くはかつて中国鉄道事業の重要な行政ポストに就いていた。ただ彼らには、鉄道建設に関する専門的な知識が不足していた。それを補うため、唐山鉄道学院に派遣されていたのである。

幹部クラスの研修生たちは、一九四八年四月から中華人民共和国が成立する一九四九年十月までの間、中国東北鉄道交通復旧のため、父と一緒に昼夜を問わず懸命に働いた。高粱《こうりゃん》と漬け物だけという粗食に耐え、長期間駅のホームで生活をしていた人もいる。さらには、一九五〇年夏にぼっ発した朝鮮戦争では、米軍機が昼も夜も空爆を行った鴨緑江《おうりょくこう》大橋の上で、また、銃弾が飛び交う戦場で、父と共に過ごしてきた人もいた。

彼らは父がいかに共産党を信頼し中国に対して貢献したかを知っていた。そんな人物を抹殺するわけにはいかない。厳しい政治的逆風の中で良知と良心をもって、父を守り通してくれたのである。のちにプロレタリア文化大革命がはじまるのだが、そのとき父に貼られたレッテルの一つが「網から漏れた大右派」だった。

そんなことが起こっていたとは、まだ乳飲み子であった私は知るよしもない。

翌五八年、中央政府は「大躍進運動」を推し進めようとした。これは要するに全国規模で鉄鋼の生産量を向上しようという運動である。その目標は当時有数の鉄鋼生産国だったイギリスに追いつけという無謀なものだった。

唐山鉄道学院でも共産党組織の強い呼びかけで、本来の業務は停止させられた。そして、にわか鉄鋼職人たちによる、溶鉄作業があちこちでおこなわれていたという。

教職員は鉄の破片を拾い集めてドラム缶に入れ、加熱してそれを溶かそうとしたのである。やがて鉄の破片が見つからなくなると、「原料になるのは鉄片だけじゃないはずだ。もっと頭を使ってほしい。たとえばみんなの家庭に中華の炒めなべがあるではないか」、大学の共産党委員会はそんなことまで言い出した。

「それは本末転倒。大躍進の意味がないのではないか。ただたんに物を壊すだけの行為ではないか？」

多くの教職員は委員会の提案に疑問を抱いた。だが、共産党組織に逆らうことなどできない。みんな自分の家の中華なべを抱え、溶鉄ドラム缶に向かったのである。

三年間の大躍進運動がもたらしたのは、大学構内のあちこちに散乱した鉄塊だけだった。そしてしばらくの間、それら鉄塊はないものとして無視され、放置されたままにされていた。

さらにこの運動は、中国全土に荒廃をもたらした。「三年間の自然災害による大恐慌」と呼ばれる状態で、五九年からの三年間で全国で二千万人が餓死したのである。

それでなくても楽ではなかった生活が、この大恐慌によってますます困窮した。食糧は配給制で、主食は月に十二キログラムだった。子どもは年齢に応じて、その量が減じられる。これを手に入れるためには、お金だけではなく「糧票」と呼ばれる券が必要だ。

十二キログラムの主食の内訳は、三分の一がからいも粉で、残りはトウモロコシ粉、あわと高粱だ。これらは「粗食糧」と呼ばれ、わずか十分の一の量しかない米と小麦粉は「細食糧」と呼ばれ区別されていた。

油と野菜が極めて手に入りにくいため、この程度の主食ではとても飢えをしのぐことはできなかった。

ちなみに主食以外の配給は一ヵ月間で一人につきサラダ油百グラム、豚肉は五百グラムだった。

大学の人たちは、現金で主食票（主食と交換するチケット）と菜票（おかずと交換するチケット）を買う。そして、一ヵ月分の量を細かく日割りにして、学内の食堂で食べ物と交換するのである。空腹を満たそうとして、いっときにたくさん食べてしまうと、月末にとてもひもじい生活を送らなければならないからだ。

食堂は教職員食堂、学生食堂と特別食堂があった。特別食堂ではいわゆる「高級知識者」、すなわち教授及び助教授だけが特別待遇を受けることができた。だが、「高級知識者」本人しか食事ができないため、父は一度もこの食堂に入ったことがない。特別なごちそうのあるとき、父はいつも次女の大明姉に買いに行かせ、その食事を家族みんなで分かち合った。

飢餓は日を追うごとに深刻になった。大学の教職員、学生たちの多くは木の葉や山菜を採り、飢えを凌いだ。我が家も例外ではなかった。

我が家の葉っぱと山菜採りは、黎明姉と韓おばさんの仕事だった。小さい頃からおてんばだった黎明姉は、木の葉採りのために木登りができると、喜んで引き受けた。そして、何度もその仕事を繰り返すうち、彼女は葉っぱ選びの「プロ」となった。

「楡の木の葉っぱはおいしい。柳の木の葉っぱはおいしくない。エンジュの花はとてもおいしくて、人気がある。だから、なかなか採れないのよ」

黎明姉はそんなふうに父と母に報告していたそうだ。

当時、政府の食糧供給セクションは、口に入れていいもの、しかも飢えをごまかすことができるものを懸命に探していた。その結果、もっとも推奨されたのが落花生の殻である。それを粉末にし、

「粗糧」に混ぜて蒸し団子にするのである。

ただ、とてもまずかった。たとえどんなに空腹であっても、飲み込むのがむずかしいほどまずいのである。しかも、ひじょうに消化しにくい。それを食べたほとんどの人たちが便秘になってしまった。我が家でも一、二度試してみたが、すぐに食卓から姿を消したという。

その後、「人工肉」と呼ばれた「緑藻《りょくそう》」という植物が食卓に登場した。しかし父は、「人工的に作った肉」に不信をもち、子どもたちには食べさせなかった。そのため、姉たちは「人工肉」なるものの味を知らない。


人々の生活はますます苦しくなっていた。

そんな厳しい状況を少しでも改善させようと、中央政府は農民の農産物自由売買を許可した。自由市場で農産物を売ることができ、買うこともできるようになったのである。この市場の復活によって、多くの人々が救われた。

毎週日曜日朝早く、母は自転車に乗り、十キロ離れている市場に出かけた。市場に並んでいるほとんどの物は野菜だ。運がいいときには鶏とたまごを手に入れることができた。またときには貴重なウサギを手に、母が嬉しそうに帰って来たこともあった。

中央政府はさらに、新たな販売政策を打ち出した。超高級レストランと高級ケーキ店を許可したのである。しかし、これらのレストランの料理やケーキの値段は目の玉が飛び出るほど高く、一般庶民には手が出ない。ただ唯一のメリットは「糧票」を徴収しないことだ。長期間にわたる慢性的な空腹に耐えていた人たちの中には、あと先考えず全財産を投げ打って一時的な満足を求めようと、レストランに足を運んだ者もいるという。

それまで中央政府は、国民に対して次のように説明していた。

「甚大な自然災害に見舞われた上に、ソ連からは援助どころか、借金を返せと激しく催促され、国庫は空っぽになってしまった」

そんな状態なのに、なぜ突然このようにたくさんの商品が市場に出てきたのか。備蓄があったのなら、どうして、もう少し早くこれらの商品を放出しなかったのか。そうすれば多くの命が救われたはずだ。多くの人々は政府に対して疑問を感じていた。

「この政策は貨幣回収のためである。国民の手元にある使い道のないお金を回収すれば、国家建設のためにもなる。と同時に、人々の心身健康のためにもなる」

これが政府の説明である。政府に盲従することに慣らされていた人々は、そんなものかと納得するしかなかったのである。

鉄道関係者とその家族は年二回、無料で汽車に乗ることができた。その特権を使って父は、家族全員を北京に連れていってくれた。北京には、唐山では口に入らない食べ物がたくさんある。そうしたごちそうを私たち三人の子どもに食べさせようとしてくれたのである。

北京市の西単《せいたん》というところに「糧票」を徴収しないレストランがあると人伝に聞いた。しかも饅頭二つに二品の小皿料理が付いている定食が十元だという。父は私たちを率いて、西単へと急いだ。ようやくたどりついたそのレストランには、長い行列ができていた。私たち家族もその列に並んだのだが、待っている間、異様な光景を目にした。レストランから出てくる人の多くが、道にしゃがみ込み、食べたばかりの「ごちそう」を吐き出していたのである。長い間の空腹に慣らされた胃袋が、いきなりたくさんの食べ物が入ってきたため驚いたらしい。

いずれにせよ、あまり気持ちのいい光景ではない。

方針変更、父は私たちを「翠華楼《すいかろう》」に連れて行った。その店は父が北京大学在学中に、よく利用したところで、山東省風味で有名だ。この「翠華楼」で食べたホルモンを炒めた料理はじつにおいしかった。

父はまた、北海公園の中にあるレストラン「倣膳《ほうぜん》」にも連れて行ってくれた。ここの干しエビで味付けされたナス炒めは、エビの香りが口いっぱいに広がり、絶品だった。さらに、父は二、三日続けて、私たちをロシア展示館にあるモスクワ・レストランにも連れて行ってくれた。そこで食べたバターグリーンピースのスープも天下の美味だった。

あの時代、こうしたおいしい料理を食べるのは大変なことだった。どの料理も驚くほど高い値段が付けられていた。たとえば、なす炒め一つで五元なのである。ちなみに当時の母の月給はわずか五十元だ。それでも私たちにごちそうを食べさせてくれたのは「お金より子どものからだが大切だ」という父の考えによる。この三年間の大恐慌で、私たち三人の子どものために、父と母は貯蓄のほとんどを使いはたしてしまったのである。

状況はいっこうによくならなかった。長期間にわたる栄養失調により、多くの人々のからだにむくみが現われはじめたのである。

中央政府はこのような状況の改善策として「労働と休憩のバランスをうまく取るように」という指示を出した。職場では仕事の時間を短縮し、学校でも授業時間が縮められた。

当時、黎明姉と大明姉は「唐山鉄道第二小学校」に在学中だった。鉄道関係者専用病院の医者と看護婦が月に一度小学校に訪れ、生徒たちのむくみの状態を調べた。彼らは親指で子どもたちの足首を力を入れて押す。そして、そのときできた凹みが一定の時間内にもとに戻らなければ「むくみがある」と判定するのである。そして、むくみがあると判定された子どもたちには、五百グラムの「糧票」が支給された。

数ヵ月が経つうちに、同級生のほとんどが「糧票」を手にした。だが、二人の姉は「むくみ、なし」である。

本来は喜ばしいことだが、そこは子どものこと、なにやら淋しかったという。

だが、しばらくして、ようやくチャンスがやってきた。黎明姉にもむくみがあると判定されたのである。彼女は手にした「糧票」をしっかりと握り、自慢気に父母に差し出し、「私がもらったの」と嬉しそうに話した。「よかったね」という返事を期待したのである。しかし、誉められるどころか、母の表情は一変、硬くなってしまった。そして父は「もっと、食べ物を増やしたほうがいいね」と母に言ったという。

それ以来、母は農村の自由市場へ行く回数を増やした。そして、自転車の荷台にさらにたくさんの食料品を積んで帰って来るようになったのである。

4 母のいない我が家

韓おばさんは友人の石《せき》さん（同じ団地に住む任朗《にんろう》教授家のお手伝いさん）と新しい市場を開拓するために、唐山から二十五キロ離れている豊潤県《ほうじゅんけん》に向かった。もしかしたら、安い品物が豊富にあるかもしれない。そんな期待があったからだ。

期待どおりだった。その日、彼女らはたくさんの「収穫」を携えて戻って来た。野菜に大豆、そして、干芋などだ。韓おばさんらは、市場でゆで卵を一つずつ食べたそうだ。

そんな話を耳にした黎明姉は、さっそく韓おばさんと次回の豊潤県行きの計画をたてた。

二回目の買い出しはしかし、好首尾とはいかなかった。バスが遅れ、市場についたときにはすでに、品物はあらかた売り切れていたのである。農民たちは空になった籠を片付け、地べたにしゃがんでたばこを吸いながら世間話をしていた。誰も黎明姉たちに食糧を売ろうとしなかった。何人かの農民に残り物はないかと確認してみたが、無駄だった。無論ゆで卵など、どこにもなかった。せっかく遠路はるばるやって来たのである。手ぶらで帰るわけにはいかない。韓おばさんはどうしてもあきらめきれず、市場の隅から隅まで丹念に残り物を探しはじめた。

そしてやっと、冷凍大根を売っているおじさんを見つけた。その大根は人工的に冷凍したものではなく、唐山の強い寒さで、自然に凍ってしまったのだという。最後まで売れ残っているところをみると、おそらく、あまりおいしくはないのだろう。

それでも韓おばさんは、大きな袋ごとその冷凍大根を買い、黎明姉と二人で袋を引きずり、やっとの思いでバス停にたどり着いた。

最終バスにはどうにか間に合ったが、車内はすでに乗客でいっぱい。まるで、満員すしづめの通勤電車状態だった。大きな大根袋はどうやっても積み込めなかった。

仕方なく、韓おばさんは近くにいた馬車の車夫と交渉をはじめた。何人かにあたってみたが、どの馬車も夜中にしか唐山市へ向かわないという。

困りきった彼女らに救いの主が現れた。かなりガタのきている牛車の車夫が三十分後に唐山市へ向かう予定らしい。そして、その車夫が乗せてもいいというのである。しかも、ただだという。

しかし、そんなわけにもいかない。韓おばさんは彼の手に無理やり二元を握らせ、ほっとして牛車に乗り込んだのである。

なんとか足の確保ができたのは幸運だったが、この牛車、なんとも遅い。がたの来た車を年老いた牛がゆっくりゆっくりと引っ張って行く。人が歩くよりも遅々とした動きなのである。けっきょく、豊潤県から唐山市までの二十五キロを九時間もかかってしまった。

途中、寒さと空腹が彼女らを襲った。車夫さんはとても好人物で、震える黎明姉に布団を掛けてくれたという。

それはありがたいのだが、「あんなに汚い布団を使ったのは生まれてはじめてだった」と黎明姉は言う。布団の顎の部分は真っ黒、油で光っていた。あまりに気持ちが悪いので、布団を一回転させ、足の部分を首に掛けた。すると今度は、しみこんだ足の悪臭に悩まされるのである。しかしそれでも、厳しい寒さをしのぐためには、我慢するほかはなかった。

車輪はがらー、がらーと、じつにのんびりとした音を出しながら進んだ。黎明姉は最初、その音と韓おばさんと車夫の会話を聞いていた。だが、知らず知らずの内に眠ってしまった。

「唐山市内に着いたよ」

韓おばさんに起こされ、眠そうにこすった黎明姉の目には夜空いっぱいの星が映った。

「今何時」

「夜の十一時過ぎよ」

牛車から降りた二人は人力車を呼んだ。そして家に到着したのは、すでに夜中の十二時を過ぎていた。

いつまでたっても二人が帰ってこない。両親は「事故にあったのではないか」と、部屋中行ったり来たり、ドアの音に耳をすましたり、気が気ではなかった。二人がなんとか無事に家にたどりついたとき、心底ほっとして、肩の力が抜けたという。

「こんなにたくさんの大根。すばらしい成果だ。しかし、早く食べないとね」

父は小山のような大量の大根を見て、嬉しそうに言った。そして、家族みんなで、その大根を廊下のタンスの上にあげた。その場所が一番寒く、しかもじゃまにならないからだ。

やっとの思いで家まで運んで来た冷凍大根はしかし、どんな調理の仕方をしてもおいしくならなかった。やはり、残り物に福というわけにはいかなかったのだ。それに、たくさん買いすぎた。かなりの回数食べたのだが、いっこうに減らないのである。そして、そのうちじわじわ溶けはじめた大根の汁がタンスの上から流れてきた。その匂いたるや、なんとも臭くてたまらなかった。

「悪夢を見たようなものね。もう二度と豊潤県には行かない」

このとき、黎明姉はそう誓った。しかし、その三年後、彼女は豊潤県に行かざるを得なくなった。さらにそこで十三年間も強制的に生活させられることになるのである。もちろん当時、そんなことになるとは知るよしもない。

「人間は簡単に誓わないほうがいい。誓っても無駄。自然の流れに身をまかせるのが一番よ」

それ以来、黎明姉はしばしばそう口にする。

父のような立場の人間は、特別な待遇を受けることができた。黄色いカードが配布され、それを示せば、大学の売店の中にある特別コーナーで一般の人が買えない物を買うことができるのである。毎月、五百グラムの砂糖、一キロの豚肉、五百グラムの大豆、二百五十グラムのごま油、五百グラムの飴玉、五百グラムのクッキーと「大前門」というたばこワン・カートン。それが特別優遇物資だ。正月には五百グラムの魚が追加されるときもあった。

月はじめになると、父は子どもたちを大学正門近くにある売店に連れて行った。そして、飴玉を手に入れ、待ちかまえている私たちに一つずつ渡してくれた。

久しぶりの飴玉に興奮しながら家へ帰ると、今度はクッキーだ。父の指示どおり、母の分を残し、三十分もしないうちに全部をたいらげてしまった。

そのクッキーに父は手を出さない。彼は、子どものためなら、どんな我慢でもできる親だった。当時、空腹を満たすことだけに気持ちが向いていた私たちに、そんな父の思いは理解できていなかった。

五百グラムの大豆も当時の我が家にとって貴重であったことは言うまでもない。韓おばさんはいつも一握りの大豆を水に浸け、二日間置いたのちに、漬け物と一緒に炒めて、家族に食べさせてくれた。

この時期育ちざかりの中学生になっていた黎明姉は、食事をしても、またすぐにお腹が空いてしまい、手足に力が入らない。そこで彼女はこの大豆に目をつけた。誰もいないときを見計らってつまみ食いしていたのである。

我が家の台所には、レンガで造った大人の腰ほどの高さの石炭炉があった。炉の上には直径三十センチの穴が開いて、その穴に合わせて大小二つの鉄で作られた輪が置かれている。食事を作るとき、鍋のサイズに合わせて、その鉄の輪を調節するのである。炉の下には石炭を入れる口があり、そこに石炭を載せるための数本の細い鉄棒が嵌《は》められている。その上に石炭をのせて燃やすと、灰が下の空間に落ちるという仕組みである。

黎明姉はその石炭炉の構造を利用した。彼女はおたまに大豆を入れ、鉄棒の下の空間に差し込む。そして、燃えている石炭をおたまの中に落とし、急いで熱い石炭と大豆を混ぜるのである。燃焼している石炭の色が黒くなったとき、大豆がちょうど食べ頃になるというわけだ。大豆がうまく焼け上がったときの香ばしさは今でも忘れられないという。

両親は仕事に出かけて、大明姉は友だちのところに遊びに行き、韓おばさんは私を連れて散歩に出かけていたある日のことだ。

黎明姉は、こっそり大豆を炒りはじめた。そして、ちょうど香ばしい大豆ができ上がったそのとき、父が突然帰って来た。そして、その香ばしい匂いに誘われたのだろう、めったに顔を出さない台所に入って来たのである。驚いた黎明姉の手は止まってしまった。

「そのまま続けて作りなさい」

黎明姉は顔を伏せたまま、どきどきしながら作業を続けた。

「いい方法を考えたね」

父は黎明姉のつまみ食いを叱るどころか誉めた。そして、鼻歌を歌いながら、なにごともなかったように台所を後にしたのである。

叱られるのを覚悟していた黎明姉はほっとして緊張感が解けた。だが、いつ母にこの秘密がばれるかわからない。母に知られたら、激怒するだろう。そう考えると彼女は不安でならなかった。しかし、父は秘密を守ってくれた。そして、黎明姉は家族みんなのものである貴重な大豆を二度と食べなかった。

一九六一年、中央政府から「幹部は農村で労働せよ」という司令が発せられた。大学の共産党委員会はすぐさまそれに応え、教職員を数班に分け、農村に派遣した。

私の母も第二班に組み込まれ、豊潤県 韓城公社《かんじょうこうしゃ》 東歓村生産隊に派遣された。期間は一年間、家に戻れるのは月に一度だけだ。

その年の秋の終わり頃、韓おばさんは五歳になった私を連れ、息子の家族がいる河北省廊房県に帰った。食糧難のひどかった当時、都市より田舎のほうが生活が楽だと言われていたからだ。収穫後のからいも畑をたんねんに探せば、ときには掘り忘れた芋を見つけることができる。また農家を訪ねれば、農産物も少しは安い値段で手に入る可能性があったのである。

母は生産隊に、韓おばさんも田舎に行ってしまい、家事は父の肩にのしかかった。したことのない洗濯や、食事も作らなければならなくなったのである。

その頃、「燃料、穀物、サラダ油、塩、酢とお茶」、そんな最低限の生活物資にさえことかいていた。それまで父は、家事いっさいを母と韓おばさんに任せて来たため、塩一つ手に入れるのにも、かなりの苦労をしたようだ。

ある日、父は黎明姉と大明姉を連れ、街に出かけ、ふらりとある店に入った。その頃、どこも極端な品薄状態だった。その店もがらんとしていた。それでも彼は目ざとく棚に置いてあった数個の缶詰を見つけた。ゆでキャベツの缶詰である。

「その四つの缶詰を全部ください」

「店にある品物はこれだけです。全部売るわけにはいきません。棚に飾らないといけないので、二つだけにしてください」

また、べつの店でトウモロコシ粉で作った団子を四つ手に入れた。

「お前に任せる。この二品でなにか料理を作ってくれ」

父からそう言われた黎明姉は鍋に水とキャベツ、塩、そして団子を入れた。

「もう少し水を入れたらどうだい」

父は心配そうに声をかけた。

「そうね」

黎明姉は父の言うとおり、水を足した。

「もうちょっと入れたほうがいいんじゃないか」

二度も水をたし大きな鍋は料理でいっぱいになった。味も悪くなかった。

「おいしい、おいしい。たった二つの缶詰と四つの団子でこんなにたくさんの料理になるんだね」

父と姉たちはお腹がぱんぱんになるまで食べた。

だが、二時間も経たないうち、父はまた、黎明姉のところにやって来た。

「お前たち、お腹は空いてないかい。父さんはまたお腹が空いてしまった」

「もちろん空いたよ。お父さんがたくさん水を入れてと言うから、たくさん入れたけど、食べたあと、二回トイレに行って全部出ちゃった。またお腹がぺこぺこになっちゃった」

「そうだな、この作り方は間違っていたようだな」

父はそうつぶやきながら、自分のお腹を撫でたという。


母からの手紙が届いた。手紙には、子どもたちに会いたい。家に帰りたいと書かれていた。その手紙を読んだ父はすぐ、黎明姉と大明姉を街の写真館に連れて行った。母の手元に子どもたちの写真があれば、少しは寂しさがまぎれるのではないかと考えたからだ。

写真を撮るには、着る洋服を考えなければならない。父は母から収納場所を教えられていた姉たちの新品の洋服を取り出してきた。

黎明姉は一、二年先を考えて買ってあった茶色のだぶだぶズボンを履き、赤い毛糸でモダンに髪を結ぶというお洒落をした。

一方、大明姉は三、四年先にしか履けない大きなズボンを履き、季節に合わない綿入りの黒い靴を履いた。

父と姉たち三人が訪れた写真店には、髪にべっとりと油を塗って、オールバックにした写真屋がいた。

彼は満面の笑顔を浮かべて父たちを招き入れ、写真のバックにする風景画を一つ一つ説明してくれた。父はその中から一番気に入った風景を選び、姉たちにポーズを指示した。まるで映画監督のようだった。

「黎明は手を大明の肩にのせて」

そう言いながら、父は黎明姉の襟をちゃんと直し、大明姉のズボン裾をきれいに曲げ、真っ直ぐなるように引張った。

そして、写真機の後ろに戻った父は、姉たちの表情を満足そうに見つめていた。

写真屋が自分の手を高く上げた。

「私の手を見てね。そう、そう。一、二、三と数えます。目をつむらないようにしてくださいね」

姉たちは彼の手を見つめながら、笑顔を作っていた。あとは一、二、三の合図を待つだけだ。

姉たちは眩しいライトに照らされ、まばたきを我慢して、必死に笑顔を作り続けていた。けっして楽な演技ではない。

「はい、いいね、いいね。撮ります」

シャッターを押そうとした、まさにそのときだった。

「すみません。ちょっと待ってください」

父は突然、隅っこに置いてあった満開の菊の花を姉たちのそばまで移動しはじめた。そして、その構図に満足したのか、「いいよ、続けてください」と写真屋に言ったのである。

父の突然の行動で、姉たちがせっかく作り続けていた笑顔は完全に消えてしまった。そのあとどんなに「もう一度笑って、もう一度笑って」と言っても、彼女らは笑顔を作ることができなかった。仕方なく、写真屋はそのままシャッターを押したのである。

一週間後、写真ができ上がった。黎明姉は不満そうな顔に、大明姉の顔には小さな大人のような失望感が現れていた。

しかし、自分の子どもたちが一番可愛いと思っている親ばかの父は、その写真を見て「悪くない。悪くない。可愛く写ってる」と自慢気に言ったそうだ。

田舎から一時帰宅した母に、父は嬉しそうな顔をして、とるものもとりあえずその写真を差し出した。

「二人は母親がいない、いじめられっ子のようね」

母は眉間《みけん》に皺を寄せてそう言った。

「やーい、いじめられっ子、いじめられっ子」

大明姉は母の背中から、両手を母の首に廻して、笑いながらはやしたてた。

そんな母娘の姿を見て、父も大きな声で「ハ、ハ、ハ」と笑った。

韓おばさんと一緒に田舎に行った私は、いつもみんなより先に一人で食事をとっていた。私に特別な料理を食べさせるため、おばさんがそうするよう段取りをしたのだ。そして彼女は、私が食べる料理を孫に取られないよう見張ってくれていた。

ある日、私が食事をしているとき、韓おばさんがちょっと表に出た。その隙に、孫が入ってきて、いきなり私を殴ったのである。泣き声に驚いた韓おばさんは慌てて部屋に戻って来た。

「このバカ、なぜ殴るんだい」

彼女はそう言いながら、私を抱きかかえ、自分の孫の顔に平手打ちをくらわした。

騒ぎを聞いた韓おばさんの嫁が部屋に入って来た。

「子どもたちは皆、お腹を空かしているんです。どうして、この子だけいつも特別にしなければならないのですか」

彼女はそれまで腹にためていた不満を姑にぶつけた。

「この子の両親は私をいつも大切にしてくれる。だから、私もこの子が可愛い。大切にしたい。それのどこが悪い」

韓おばさんは一歩も引き下がらない。息子が間に入って説得、ようやく嫁姑のけんかはおさまった。

「こんな家にいてもつまらないね」

翌日、韓おばさんは私を連れ、唐山の我が家に戻った。けっきょく、私が韓おばさんの里に滞在したのは、わずか十日間ほどだった。

次姉の大明はとてもおっちょこちょいだ。小さなことにはけっしてこだわらない。またくよくよしない。明るい性格の持主である。ただ、彼女のおっちょこちょいぶりは少し度を超している。

大学の運動場で誰かがときどき羊を遊ばせていた。しかし、羊の番人はあまり仕事熱心ではない。羊に長いひものついた首輪を付け、ひもの端を鉄棒の縦棒に結んでいた。そうすれば遠くに行ってしまうことはないからだ。

羊は草を食べながら、糞を落としていた。その糞は真ん丸で、黒光りしていた。いつも空腹に悩まされていた大明姉の目には、それが黒いナツメに見えたようだ。ハンカチを広げ、一つずつ大切に拾い集めて包んだ。おそらく本人は、空腹に耐えられないときの備えにしようと思ったのだろう。

ちょうどそのとき、黎明姉が近くを歩いていた。大明姉は彼女に向かって、大切そうに握っていたハンカチを広げて見せた。

「お姉ちゃんほら、これは黒いナツメだよ。食べられるの。あちらにまだたくさん落ちている」

大明姉は得意そうだった。黎明姉は妹が指した方向に目を向けた。そこには羊が一頭、地面に寝そべり、舌を出して、ゆっくりと口の周りを舐めていた。ときに顔を上げ、「めー、めー」と鳴く。その表情と仕草は、まるで姉たちをばかにしているようだったという。

「これは黒いナツメじゃない。羊の糞だよ。あなたは黒いナツメと羊の糞の区別もつかないの。まったくおばかさんね」

大明姉はそれまで宝物のように握りしめていた「黒いナツメ」を、燃えている熱い石炭のように感じ、あわてて地面に捨てた。そして、手を洋服に何度も何度もこすった。

「もう食べたんでしょう」

「ううん」

大明姉は顔を真っ赤にして、小さな声で答えた。

「本当に食べてないのね」

「食べてない」

黎明姉の追及に大明姉は目をそらした。だが、大明姉と一緒に「黒いナツメ」を拾っていた友だちが口をはさんだ。

「食べたよ。二人とも食べた」

「どんな味だったの」

「あんまり味はなかったよ」

この話はあっという間に、学校中に広がり、みんなの笑いの種になった。

月に一度の母の帰宅日がやって来たときも、当然ながら、この我が家の「大事件」が真っ先に母に報告された。

「母さんがいないと、子どもがかわいそう」

そうつぶやく母のそばで、父は黙り込み、なんだか悪いことをした子どものように小さくなっていたという。

母が生産隊に戻って数日ほど経ったときのことだ。我が家は「そうじし（蒼耳子）」事件に追われ、ばたばたしていた。「事件」の中心人物はいつものように大明姉である。

「そうじし」は紫色の花をつけ、葉っぱのふちに硬い刺が生えている植物だ。実は一センチほどで、両端は尖っている。ナツメの核とよく似た形をしている。また、その核のまわりは緑色の刺でおおわれている。

核を割れば、中から白い実が出てくる。空腹に耐えがたかった子どもたちがその白い実を試しに食べたらしい。それから、「そうじしが食べられる」という噂が広がった。

たくさんの子どもが「そうじし」を食べた。大明姉もそのたくさんの子どもたちの一人だった。

ちょうどその頃、子どもたちの間で、食中毒が多発した。原因ははっきりしないが、おそらく「そうじし」ではないか。そんなあやふやな結論が出たらしい。共産党唐山市委員会はこの事態を重く受け止め、さっそく全市的な調査をはじめた。

「そうじし」を口にしたことのある子どもは、自己申告すること。そして、一定の量を食べている子どもたちはとりあえず入院して観察を受けるという緊急指示を出したのである。

その一定の量以上を食べていた大明姉は、入院して観察を受けなければならなかった。親の心配をよそに、彼女は友だちと一緒に入院できる、しかも学校に行かなくてもいいと聞き、まるで修学旅行に行くような興奮ぶりだった。

入院前日、韓おばさんは魔法瓶、コップ、洗面器、歯磨き粉、石鹸と着替えなどを準備した。大明姉自身がバッグに入れたのは数冊のマンガ本である。

「この子は本当に手がかかる。羊の糞を食べて心配させたばかりなのに、今度はそうじし中毒だ。いったい親にどれだけ心配をかけたら気がすむのかね」

韓おばさんは入院準備をしながらぶつぶつ言っていた。その様子をそばで見ていた父は、終始無言で、心配でたまらないという表情を浮かべていた。

その日、家族はいつもより早く夕食をとった。そして、韓おばさんが呼んだ人力車二台で、大明姉は韓おばさんと黎明姉と一緒に小学校へ向かった。

校門に入るとそこには、すでに二十数人の子どもが保護者とともに集まっていた。大明姉は仲間のところに飛んでいった。子どもたちはみな笑いながらお喋りに興じ、元気いっぱいだった。

「お医者さんから注意事項の説明があります。子どもたちは教室に集まりなさい」

校長先生からの指示があった。

黎明姉と韓おばさん、また他の子どもの保護者たちは、教室の窓の外から、背伸びをして自分の子どもの様子を心配そうに見ていた。

大明姉は教室の机と机の間に立ち、両側の机に両手を乗せていた。そして、いきなりからだを持ち上げ、ブランコのように両足を大きく振り、その勢いを利用して自分のからだを隣の通路に移動させた。同じ動作を数回繰返し、大明姉は教室の端から端まで移動したのである。

とても面白かったのだろう。大明姉は、その遊びをやめようとはせず、また、同じことを繰り返そうとした。

「こら、いつまでも遊んでいるんじゃない。早く席に座りなさい」

大明姉は先生に怒鳴られてしまった。その様子を窓越しに見ていた黎明姉と韓おばさんは、思わず笑ってしまったらしい。そして韓おばさんが言った。

「大明はどう見ても病人には見えないよね」

医師の説明を受けた後、子どもたちは迎えのバスに乗り、唐山市内にある労働者病院に向かった。

二日後、黎明姉と韓おばさんが病院へ見舞いに行ったとき、大明姉は静かにベッドで寝ていた。お医者さんの話では少し微熱があるという。二人はとても心配した。

その二日後に行ったとき、大明姉は病室にいなかった。どうやら友だちと一緒に庭で遊んでいるらしい。ベッドの横の台にみかんの皮があり、引出しの中にはビスケットやキャンディが散乱していた。

そして、さらに二日後、大明姉は無事退院した。

「病院にいるときは寂しくなかった」

「ううん、ちっとも」

家族の心配をよそに、大明姉はあっけらかんと答えたのだった。

まじめさが取り柄の母は派遣先の生産隊でも懸命に働いた。慢性的な栄養不足のため、全身がむくんでいたが、それでも文句一つ言わず、過酷な環境の中で働き続けた。

だが、九ヵ月目に入ったとき、母は生理が止まっていることに気づき、上司に不安を訴えた。

「一度医者に診てもらいなさい」

母は上司から所属生産大隊の診療所へ行くことを勧められた。

「重労働と栄養不足によるものです。このままここに残ることは望ましくない。身体を壊してしまいます」

医者の指示で、母は予定の一年間を二ヵ月間切り上げ、私たち家族のもとに帰ってきたのである。

5　黎明姉の下放

一九六四年の秋、私が小学校一年生になったばかりの頃である。

毎日のように、母と黎明姉が泣いている。そして父が二人を懸命に慰めている。家族に何か大きな変化が起こったに違いないと感じた。私は父に尋ねた。

「何かの手違いがあって、黎明が高校受験に失敗したんだよ。農村に行って貧困農民から再教育を受けることになった」

黎明姉は小さいときからよく勉強ができた。それは父と母にとって大変な自慢だった。

「お前は聡明だ。ちゃんと勉強して、北京大学の物理学部に入るといい。そして、将来は物理学者、中国のキュリー夫人になって、国家と人民に貢献するんだよ」

父は彼女によくそう言ったそうだ。

黎明姉も自信満々だった。小学校に入ったとき、すでに父の示してくれたレールに沿って歩いて行こうと決心していたという。

彼女が中学三年生になったとき、母は突然思い出したかのように、次のようなことを話したという。

「運命占いは本当に信じられないねえ。小宝《しょうほう》（黎明姉の愛称）が二歳、私たちがまだ沈陽に住んでいたときのことよ。街に目の見えない有名な占い師がいてね、人の運命をいつでもぴったり言い当てるというので、誰もかれもがその占い師を頼っていたの。ある日、その占い師が隣の家に占いに来ていて、私もみてもらうように誘われたの。それで、小宝を連れて行ってみたんだけど、もうたくさんの人が占い師を取り囲んでいたわ。

で、小宝を占ってもらったんだけど、『この子には学業の運がない。小宝は学校で勉強できるチャンスが少ない』と言うのね。まだ二歳の子どもなのに、どうしてそんなことがわかるのか。嘘に決まってると思った。そしてやっぱり、あのときの占い師の話ははずれていたのよ」

「そんなの初耳だわ。どうしてもう少し早く教えてくれなかったの」

「だって、ずっと以前の話だしね。現にお前は成績がとてもいいし、お父さんとお母さんはとても安心している。たまたま、あのときの占い師のことを思い出したから、笑い話と思って言ってみただけなの」

母は笑いながら黎明姉にそう説明した。

このときは、黎明姉も「その占い師は人を騙すのが得意かもしれないね」と母と一緒に笑い、少しも気にしてはいなかったのである。その盲目の占い師の予言が本当のことになってしまったのだ。

中国の占い師には目の見えない人が多い。

「どうしてそうなのか。占い師はそもそも最初から目が見えないのではなく、占っているうちにだんだんと視力が落ちていく。それは彼らが、神様しか知らない秘密を言うからだ。その秘密を何回も占い師がばらすから、その天罰として人間にとってとても大切な視力を奪うのだ。しかし、自分の運命をより正確に知りたいときは、やはり目の見えない占い師に占ってもらったほうがいい。信じる信じないは、あなたしだい」

中国人はそう言う。


一九六四年の夏、黎明姉は中学を卒業した。高校受験も順調に終り、姉は試験の出きばえにとても満足していた。そして夏休み、黎明姉は何もかも忘れて、思う存分に遊んだ。

合格者発表の日がやって来た。すべての高校の合格者は市内にある「第一高校」という名門高校で発表される。

この日黎明姉は、合格者の中に自分の名前があることを疑いもせず第一高校に行った。だが、なかった。張黎明という名前はなかったのである。

「おかしい。なぜ第一高校合格者の中に私の名前がないの」

彼女はその次に人気のある高校の合格者掲示板に移動した。だが、そこにも彼女の名前はない。その次、その次……。どの掲示板にも黎明姉の名前はなかった。中学で自他ともに認める秀才が、当時もっとも人気のなかった職業高校にも入れなかったのである。校長も担任の教師も、同級生もみな驚き、同情の視線を彼女に向けた。

当時、十六歳になったばかりである。幼い頃から温室のような家庭で、父母に可愛がられ、教師たちからはいつも誉められ、同級生からは羨望の眼差しを向けられていた。そんな彼女には、目の前に突きつけられた現実をとても受け入れることができなかった。

そのとき黎明姉は、まわりで何かが起きているような、何も起きていないような、そんな不思議な感覚にとらわれていた。呆然と立ちすくみ、頭の中が真っ白になっているにもかかわらずぱんぱんに張っている、そんな感じだったという。

黎明姉は無言のまま、まわりから送られてくる同情の視線に笑顔で応えようとした。だが、笑顔が出ない。涙が出そうになる。

「だめ、泣いちゃだめ」

人前で泣くなんてプライドが許さない。

「我慢、我慢するのよ」

黎明姉は自分にそう言い聞かせ、帰路についた。

いつもは風景を楽しみながら歩く通いなれた道が、この日は違っていた。周囲の景色はみえず、音もまったく耳に入ってこないのである。涙をのみこみ、泣き声をこらえた。胸がとても痛い。家までの三十分間は、半世紀も歩いたように長く感じられた。

「第一高校どうだった。当然合格だろう」

笑顔で黎明姉を迎えてくれた父の姿を見たとたん、こらえていたものが一挙に噴き出した。大声をあげて泣いた。いつまでも涙はとまらず、それから、三日間泣き続けた。泣き疲れるまで泣いた。

父は落着かない様子だった。一言も喋らず部屋中を何時間も行ったり来たりしていた。母は黎明姉と一緒に泣いていた。母の目も腫れ上がっていた。

「小宝は私のせいで、高校に入れなかった。小宝はあんなに勉強が好きで、成績も優秀なのに……。私はあの子に本当に申しわけない」

母は自分が日本人であるために、黎明姉が入学を拒否されたと思い込み、自分を責め続けていた。

この出来事は我が家にショックを与えただけではなく、教授団地にも大きな不安をもたらした。

「どうして秀才の黎明さんが落ちたのか」

その原因を探るため、同じ団地のもう一人の張教授夫人が動きはじめた。なぜなら、彼女の家にも黎明姉より一つ下の娘がいて、成績が優秀だった。来年中学を卒業する彼女のためにも、ことの顛末《てんまつ》をはっきりさせておきたかったらしい。彼女は知人に頼み、こっそり試験の結果を調べてもらったのである。

黎明姉のテストの点数は受験者の中でトップだった。張教授夫人はその情報をすぐ我が家に知らせてくれた。それを聞き、さすがの父も大きなショックを受けた。

教授団地の人たちの不吉な予感は当たった。翌年、高校と大学を受験した唐山鉄道学院教授の子どもたちも、黎明姉と同じように「失敗」したのである。彼らは黎明姉の友だちで、みんな中学と高校で優秀な成績をおさめ、秀才と呼ばれていた人たちだ。


この時期、中国共産党は「社会主義教育革命」運動を起こした。「知識人は要労働、労働者は要知識化」。毛沢東はそうした指示を出したのである。インテリ家庭で育った者は肉体労働をすべし。労働者は知識を学べ。「文化大革命」の前兆とも言われるこの運動によって、黎明姉は教育を受ける権利を奪われた。彼女は高校受験に「失敗」したわけではなかったのである。

合格者の審査段階でなにか手違いがあったのではないか。父はあきらめきれず、中国民主同盟委員会（略称「民盟」）の知人を訪ね、事の経緯を調べてもらおうとした。「民盟」というのは共産党以外の党派の一つで、父はそのメンバーだった。

その知人は当時、唐山市教育委員会で局長を務めていた。そして彼女は父の依頼を喜んで引き受けてくれた。

合格者選考経過を確認する準備が整った。黎明姉は一度は捨てた希望を少し蘇らせた。しかし、その前日になって、父はそれまでの考えを変えた。

「私たちは共産党と政府を信じるべきだろう。社会主義建設を着実に行うために、共産党は学問ができるだけではなく、政治的にも信用のできる人間を育てたいのだ。小宝は幼い頃から温室育ちだ。それだけでは忍耐強い立派な人間にはなれない。貧しい環境で心身を鍛えるのも大切なことだ。共産党はいつも将来に目を向けている。私たちも将来に目を向けよう。今回のことは小宝と私たち家族にとって、共産党から出された重要な試験なのだ」

父は共産党の行うことを、いつも盲目的に信じてきた。その背景には、国民党に対する大きな失望感がある。またたとえ、仮に共産党に疑念を抱いたとしても、彼らに抵抗する力をもってはいなかった。父は自分自身が敗者であることを認めざるを得なかったのである。

しかし黎明姉には、このときの父の判断が正しいとは思えなかった。少なくとも、こんなあやふやな形ではなく、共産党からはっきりとした説明をもらいたい。共産党に挑戦してみる価値はあった。彼女は心の底でそう思っていたのである。


「貧困農民から再教育を受けるため、農村へ行くべきだ。農村という広い大地で、自分の才能を大いに発揮せよ」

そうした毛沢東の指示になんら実情を理解していない中学生たちも呼応し、「真っ赤な心をもって、二つの覚悟をしよう。政治的に、また専門的知識の面においても社会建設事業の後継者になろう」というスローガンを叫びはじめた。この年から、高校、大学受験に失敗した人間は農村に下放されることになったのである。

黎明姉が在学している唐山十五中学では卒業を前にした生徒たちに、「真っ赤な心をもって、二つの覚悟をしよう」と題する作文を書くという課題を出した。

黎明姉はその作文に、自分が高校受験に失敗したら、ぜひ農村に行きたいと書いたという。とても素晴らしい出来だった彼女の作文には九十五点という高得点がつき、三つの卒業クラスで発表された。

黎明姉は、これまでの成績からみて、九十九パーセント高校に進学できないことなど考えられなかった。自信があったから、彼女はあえて、そんな内容のことを書いたのである。

だが、皮肉にも、見えない力によって、それが現実のものとなったのだ。


王前街道弁事処《おうぜんがいどうべんじしょ》の幹部が毎日のように我が家を訪れた。

「毛主席の著作を学習し、雷鋒《れいほう》（毛沢東が作り出した人民解放軍の模範的人物）を目標にする。そして貧困農民から学べば、あなたの前途は明るいものです」

彼らはそのように言って黎明姉を執拗に説得した。ただ、幹部たちは自分の子どもをけっして農村に行かせようとはしなかった。

黎明姉はけっきょく農村へ行く決心をした。農村で自分を鍛え、政治的なハードルをクリアした後、あらためて大学に行こうと考えたのである。当時、それが黎明姉の選択できる唯一の道だったのだ。

自分なりの目標を立てた黎明姉は、精神的な落ち着きを少し取り戻した。そして、下放を直前にした九月中旬の爽やかな天気の日、王前街道弁事処と共産党唐山委員会の「上山下郷弁公室《じょうさんかきょうべんこうしつ》」（知識青年下放推進機構）に出向いたのである。

母は泣きながら、黎明姉の荷物をまとめはじめた。母は以前一年近く幹部の下放で農村生活を体験している。娘がこれから直面するであろう苦労をよくわかっていた。できれば行かせたくない。しかし当時、母であっても自分の子どもを守ることさえできなかったのである。

「上山下郷弁公室」には唐山市内に住む三十五名の街道青年（受験に失敗し、仕事もしていない青年を指す）が集まってきた。

「毛主席著作学習班」という名目だったが、実際には黎明姉たちは数日にわたって、焼き豚や饅頭、お米のご飯などでもてなされ、市の幹部たちも激励に現れた。まだ大人になり切れてない姉たちはそんな待遇にすっかりいい気分になってしまい、自分たちの前途がとても明るいものだと錯覚した。

黎明姉たちが唐山市から三十キロ離れた河北省豊潤県の「小韓荘《しょうかんそう》」という村に下放される前日の九月二十日、家族と別れの夕食をとるため、それぞれの自宅に帰ることが許可された。

出発の朝、父は大切な娘を見送りに行く準備をしていた。母は見送る辛さを想像してか、家を出ようとはしなかった。言葉を詰まらせながら「からだには気をつけてね」と言うのが精一杯だった。

一九六四年九月二十一日、三十五名の「革命青年」を農村に送り出す唐山市は賑わっていた。集合場所の唐山青年宮の前にはカラフルなリボンと国旗が飾られ、たくさんの人々が集まっていた。太鼓やシンバルが鳴り響いた。

到着した青年たちの胸には大きな真っ赤な花がつけられていた。そして彼らを載せるトラックの両側には「農作業に参加し、革命事業の後継者になろう」、「貧困農民に学び、自らの思想の改造に努めよう」というスローガンが貼られていた。

見送りにいった父は、革命青年たちに混じり、黎明姉と一緒に歩きはじめた。

「父さん、恥ずかしいから、ちょっと離れて」

黎明姉は小声で言った。だが、父はまるでその声が聞こえていないかのように、彼女のそばから離れようとはしなかった。

黎明姉はトラックに乗り、自分の姿を父に見せるため、最後尾に座った。ゆっくりと動きはじめたトラックの後ろには、厚化粧した女性たちが踊るパレードがついていった。父はその中にいた。そして、娘を見つめながら休むことなく手を振り続けた。黎明姉も大勢の群衆の中で父の姿しか見えていなかった。

歩きに歩いた。パレードが終わってからも、父はトラックについて歩いていった。そしてとうとうだんだんと小さくなっていく父親の手を振っている姿があるだけだった。

トラックがカーブを曲がり、黎明姉の視界から父の姿が消えた。

「太陽は赤い、太陽は明るい。春風は私たちを故郷へ送り返す……。貧困農村を私たちの手によって豊かにし、私たちは新しい歌を歌う」

誰かが歌いはじめ、みんな一斉に合わせた。黎明姉も歌おうと思ったが、胸が詰まり声が出なかった。いつまでも手を振り続けた父の姿が頭から離れなかったのである。

一週間後、黎明姉の手元に父からの手紙が届いた。

「お前が見えなくなってからも、父さんはパレードの道を何度も何度も歩いた。そして、翌日もまた行ってみた。大切なものをそこに落とした、なにかを失ったような気がしてならなかったからだ」

黎明姉はそれ以降、ふたたび学生生活に戻ることはなかった。のみならず、その村で十三年間の歳月を送らねばならないことになろうとは、彼女自身はもちろん、家族の誰一人として思いも及ばなかった。

黎明姉が小韓荘に下放されてから、我が家の空気は重苦しくよどみ、喪失感が漂っていた。父は意気消沈し、「なくしたものを取り戻したい」と毎日のように口走るようになっていた。母も黎明姉のことを思い出すたびに涙を流していた。

黎明姉が小学生のときに、もっとも楽しみにしていたのは週に一度ある音楽の授業だったという。音楽を教えてくれた女性教師、王先生は山西省出身で、音楽のほかに美術も教えていた。彼女は色白で、いつも口紅を付けてでもいるような可愛い唇をしていた。

彼女はいつも真っ白い長袖ブラウスとロングのスカートを身に着け、靴もきれいに磨き、とても上品な印象だった。

音楽と王先生が大好きな黎明姉は、音楽の授業を心待ちにしていた。ただ、一つだけいやなことがあった。それは、音楽教室のすぐそばに汲み取り式のトイレがあったことだ。そのため、窓を閉め切る冬を除いて、年中いやな臭いが教室に漂ってくる。とりわけ夏は最悪だった。

授業の終る十分くらい前、王先生はゆっくりとピアノの蓋を閉める。彼女は残りの十分間を生徒たちの自由活動時間にあてていた。

指名された生徒が教壇に立ち、歌を歌ったり、笑い話をしたり、短い物語を話したり、謎々《なぞなぞ》を出したりするのである。クラス全体が和気あいあいの雰囲気に包まれ、とても楽しい時間だったそうだ。

ある日、転校してきたばかりの男子生徒がすばやく手をあげた。彼が教壇に立つと、みんなしーんと静まりかえり興味津々の眼差しを向けた。

「半尺の棒が一つ、真ん中に黒砂糖がついたもの、なーんだ」

彼は謎々を出したのである。

「なんだろう。なんだろう」

みんな互いに目を合わせながら考えた。しかし、わからない。

そんなクラスメートの様子を転校生はにやにや笑って見ていた。「ほら、わからないでしょう。俺の謎々は」と得意になっているようだった。

自信たっぷりな彼の顔を見て、みんなの闘争心に火がついた。「絶対に当ててやるぞ」。頭を絞って必死に考えてみたが、けっきょく答えがわからないまま、十分間が過ぎてしまった。

「もう時間ですね。答えを教えてもらいましょうか」

王先生が時計を見て言った。

「みんなわからないようだから、教えてあげよう。それはうんこをした後に、紙の代わりに棒でお尻を拭くこと。だから、真ん中に黒砂糖がついてるんだよ」

都会育ちの姉たちはいっせいに大笑いをした。王先生もしばらく我慢していたが、吹き出してしまった。

「トイレットペーパーがあるのに、なぜ棒なんか使うの。変だよ。変」

黎明姉は、この謎々が「変」でないことを小韓荘に下放されてはじめて知ることになる。実際自分の目で確かめると「なるほど」と納得することができたという。

「人間は『能上《のうじょう》、能下《のうか》』にならなければならない」

黎明姉が下放させられたとき、父が彼女に送った言葉である。

人間はいい環境に置かれても、悪い環境に置かれても、それを受け止めるべきだ。そして、それまで体験をしたことのないまったく違った環境で生活することになっても、いつも教養を高める努力をしなければならないという意味だ。黎明姉はこの言葉を「座右の銘」とし、もちまえの積極性、利発さを発揮し、いろんな困難を克服したという。

中国の小さな村に住む人々のほとんどが親戚同士だ。小韓荘も例外ではなく、九割以上の人の名字は「韓」である。当時の中国には豊かな農村はほとんどなかった。小韓荘には小学校をちゃんと卒業した人さえいなかった。

そんな状態だから、中学を卒業している黎明姉は重宝された。畑仕事の他、村長のスピーチ原稿を書くのも彼女の仕事だった。ときが経つにつれて、黎明姉の名は小韓荘だけではなく、周辺の村にも知れわたり、ラジオや地方新聞に黎明姉に関する記事が出るようになった。そのことを知った両親は、安心すると同時に娘の適応能力の素晴らしさに賞賛の声さえあげた。黎明姉は教授の娘であることを鼻にかけず、慣れない畑仕事にも黙々と従事していたのである。

小韓荘での生活が落着いたタイミングを見計らい、父ははじめて黎明姉を訪ねることにした。彼女には内緒である。豊潤県でバスを降り、そこから徒歩で一時間ほど歩き、小韓荘の入り口に到着した。村の入り口で驢馬が引く汲み取り車が一台出て来た。父は驢馬を引く人に声をかけた。

「張黎明の父です。張黎明のことはご存知ですか。ご存知でしたら、居場所を教えて頂けませんでしょうか」

「ええ、知ってるとも、知ってるとも」

彼は慌てて車から降りた。

「家の娘が大変お世話になってます。感謝します」

父はその男に握手をしようと近づいた。感謝の意を表したかったのだ。だが、男は困惑したように何度も自分の服で手を拭き、おそるおそるという感じで父のほうに手を伸ばした。

父の行為に彼は感激したらしい。

「あんなにすごい人が俺と握手するなんて、とても信じられない。ああいう素晴らしいお父さんがいるから、娘さんも立派な人間になったんだ」

会う人ごとにそう言っていたらしい。

彼は自分の仕事を後回しにして、父を黎明姉のところへ案内してくれた。

黎明姉は村の人と一緒に農作業をしていたところだった。数ヵ月ぶりに会った黎明姉はすっかり田舎娘になっていた。日焼けをして、からだつきも家を出るときに比べ、ひとまわりもふたまわりもたくましくなっていたという。

6　文革の足音

黎明姉が小韓荘へ下放された一九六四年頃から、「世界情勢が緊張していて、第三次世界大戦が起きるかもしれない」と連日のように報道されるようになった。

唐山鉄道学院は政府に指定されていた重点大学の一つだった。しかも首都北京のすぐ近くにある。もし戦争にでもなれば大学が危ない。そんな判断から、唐山鉄道学院を安全な内陸地へ移すという指令が出た。この指令は極秘扱い。いっさい外部に漏らさないよう関係者は厳しく口止めされていた。

当時中国は「反帝国主義」―米、英、仏、独、西側諸国、それに日本に対してだけではなく、「反修正主義」―ソ連、東欧などの社会主義国をも攻撃するスローガンを大きく掲げ、世界中から孤立していた。

そして、「帝国主義、修正主義と各国の反動派が連合して中国を攻撃して来るに違いない」という妄想を膨らませはじめた毛沢東は、「中国内陸部の四川省《しせんしょう》、貴州省《きしゅうしょう》と陝南《きょうなん》（陝西省の南部）、鄂西《がくせい》（湖北省の西部）に展開する事業計画『三線建設』を作り上げ、外部からの侵略時に備えるよう」という指示を出したのである。

軍事関連の大規模な施設は奥深い山の中に移転し、世間から隔離された。交通の便が悪いために、それぞれの工場への道路を整備しなければならない。莫大な予算が注ぎ込まれた。それが生産コストにはねかえって来たのは言うまでもない。

このばかげた「三線建設」は毛沢東が死ぬまで続けられた。その間、水の泡と消えた資金は一千億ドル以上と言われている。

唐山鉄道学院の移転も、その「三線建設」の一環だったわけである。

当時の中国鉄道部呂正操《ろせいそう》部長の指示で、唐山鉄道学院は四川省峨眉県《がびけん》という山岳地に移ることになった。

呂部長は八路軍《はちろぐん》の将軍だった人物である。国民党との戦いでの功績が認められ、中華人民共和国成立後も毛沢東の信頼を受けて、鉄道部長という要職についた。彼は軍隊を指揮することには、たけていたのだろう。だが、大学建設や知識人の指導についてはまったくの素人だった。

彼は戦場のほこりを落とさないまま、国家建設の指導者に変身した。そして、指揮台に立ってでたらめに指揮棒を振り回しはじめたのである。当時、中国では彼のような素人指揮者が数え切れないほどたくさんいた。彼らが指揮ができるという根拠は、彼ら自身の言葉を借りればこうなる。

「素人は専門家を指導できる。また、素人こそ専門家を指導しなければならない」

移転先は鉄道も通っていない山の奥と伝えられた。しかし、それでは鉄道学院の意味がなくなる。教職員、学生とも移転に反対だった。そして何度か、中央政府に移転先を変更して欲しいと申し入れた。だが、聞き入れてもらえなかったのである。

移転先が峨眉県でなくてはならない確たる根拠などなかった。

「峨眉県はいいところですよ。山も水もきれいです」

呂正操のそのひと言で、唐山鉄道学院は「山も水もきれい」な山の奥へと引っ越すことになった。「東洋のコーネル大学」として国内外に知られていた唐山鉄道学院は、原始林の中に埋もれてしまうことになったのである。

一九六六年五月下旬、北京大学哲学部共産党支部の聶元梓《しょうがんし》書記を中心とする数人が壁新聞を出した。

毛沢東はこの壁新聞を称賛するとともに、五月末には、中国共産党中央を代表する陳伯達《ちんはくたつ》の名のもとに「人民日報」呉冷西《ごれいせい》社長を解任した。この日から、「人民日報」は毛沢東と夫人の江青《こうせい》を中心とする「中国共産党中央文化大革命指導チーム」（略称は「中央文革」）の元、徹底的にコントロールされるようになったのである。

そして、翌六月一日、人民日報に「牛鬼蛇神《ぎゅうきじゃしん》のすべてを一掃する」という社説が発表された。それは、「暴風雨のような無産階級文化大革命の高波がまもなくわが国において起こる」という内容だった。

引き続いて、毛沢東自らの指示で、聶元梓の壁新聞の内容がラジオで放送され、人民日報も「人間の魂まで突き刺さる文化大革命」と題した社説を発表し、それを援護した。

そこで彼らは、「徹底的な革命派になり、毛沢東思想の偉大な紅旗を永遠に高く掲げよう。牛鬼蛇神のすべてを一掃し、無産階級文化大革命を最後まで徹底的にやり抜こう」と呼びかけた。

こうした国家最高指導者の煽《あお》りに、人々はいっせいに応じた。そして、闘いの武器として、全国各地で「壁新聞」があふれはじめたのである。

こうした状況になることは毛沢東の強い願望だった。国家副主席劉少奇《りゅうしょうき》との間の権力争いを包み隠すため、無産階級の偉大な事業と言って人々を煽り、利用したのである。

文化大革命のはじまりだ。

ちょうどその頃、両親は黎明姉に手紙を書いた。

「大学移転のため、私たちは四川省峨眉県へ行かなければならなくなった。その土地で文化大革命を実践する。現在すでに講義は行われておらず、革命に専念している。出発する前、ぜひ会っておきたい」

家に帰りたくて仕方がなかった黎明姉はこの手紙を読み、すぐに小韓荘を発った。いつもの帰省時と同じように、そのときも気分が高揚していたという。だが、大学の正門を入った途端、学内の雰囲気が大きく変わったことに気づいた。

道端の両側に植えられている桧並木のすべてに大きな看板が取り付けられ、板には壁新聞がいっぱい貼られていた。そして、その中の多くは私たちの両親を中傷するものだった。ところどころ「張黎明」の名前も見つけることができた。

「張鴻逵が娘を下放させたのは自分の政治的立場をよくするためだ。彼は娘を下放させて、共産党の信任を得ようとしている。その目的は極めて汚い。張黎明も、積極的な革命者を装っているが、父親同様政治的な目的を隠蔽《いんぺい》している。

張鴻逵、田玉華のこれまでの仕事に対する努力はすべてが装ったものだ。彼らには歴史的に汚点があり、社会主義と無産階級革命派の敵である」

壁新聞には、そうした信じがたい侮辱と罵《のの》りが並べられていた。

黎明姉は突然冷水を頭から浴びせられたように感じた。そして、空気を抜かれたボールのように意気消沈して家に帰ってきたのである。

六月の陽は長い。夕食を済ませても、まだ太陽は沈んでいない。夕陽がリビングに射し込んでいた。父は黎明姉を呼んだ。

「私に対する侮辱は、今のところ忍耐できる。彼らが遅かれ早かれ私に謝罪しなければならないときがくるだろう。ただ、ママとお前に対する侮辱にはどうしても我慢できない。いつか正しい結論が出ると信じている。それまでお前も耐えてくれ。

この一年間余り、お前は農村で本当によくやってくれた。インテリの子どもの中にも立派な人間がいることを世間にわからせた。お前は苦労に耐えて一生懸命働き、農民ともいいお付き合いをさせてもらっているようだ。父さんとママは、お前のことを誇りに思っている」

「一番つまらない人間とはおけらの鳴声を恐れて、その土を耕すことができなくなる奴だ。小韓荘の農民からそんなことわざを教わったわ。彼らをおけらと思えばいいのよ。言いたければ言わせておけばいい。私は自分でしっかり考えて歩んで行くから、心配しないで」

黎明姉は父を慰めたのである。

「近い将来、お前が大学に入れることを願っている。中国社会を進歩させるためには優秀な人材が必要だ。これほど広くて人口も多いのに、鉄道線路の総距離はインドより短い。これは中国の恥だ。革命は成し遂げなければならないが、国家建設も大事だ。建設にあたって、学問が必要だ」

「わかってる。その話はこれまで何度も父さんから聞いているから」

「天地神明に誓って、私たちはなんら悪いことを働いたことはない。人に迷惑をかけるようなことも一切していない。彼らは壁新聞で、私的な恨みを晴らそうとしているだけだ。いずれ破綻するに違いない」

こんなにまでゆえなき誹謗中傷を受けても、父はまだ毛沢東と共産党を信じようとした。いや、父だけではない。当時、誰もがこの文化大革命が十年という長い歳月続くとは、想像もできなかったのである。


唐山鉄道学院の大移動がはじまった。

まず先発隊として、教職員のほとんどが家族を残し、四川省峨眉県へ向かった。もちろん父母も例外ではなかった。彼らは私と大明姉の世話を韓おばさんに託し、四川省へ出発した。私が九歳、大明姉は十四歳のときである。

韓おばさんは赤ん坊の頃からずっと私の面倒をみてくれており、自分の娘のように可愛がってくれていた。私も韓おばさんのことが大好きだった。父や母と離れればなれになることはとても寂しいけれど、韓おばさんがいてくれる。両親の出発を見送るとき、なんとか涙を流さずにすんだ。

私と大明姉のことを心配し、黎明姉は小韓荘からときどき様子を見に帰ってきてくれた。そんなある日のことである。

玄関を入ってすぐのリビングで、テーブルを囲むように韓おばさん、任教授の家のお手伝いさんの石さん、呉教授の家のお手伝いさんの斉さん、そして、見たことのない若い男性が座っていた。みんなの前には、毛沢東語録が一冊ずつ置かれている。

韓おばさんが若い男性を黎明姉に紹介した。

「この同志は入学したばかりの大学生です。紅旗戦闘隊から派遣され、私たちに思想教育をしています。この思想教育はすでに一ヵ月近く続いています」

大学生は立ち上がって、礼儀正しく黎明姉と握手を交わし、「あなたもここに座って、一緒に勉強しましょう」と提案した。

その青年は背が低く、黎明姉の身長とそれほど変わらなかった。年齢も同じくらいだろう。

「いいですよ。私が下放している農村でも毛沢東思想学習班があります」

黎明姉は彼の勧めに応じた。しばらく「紅宝書《こうほうしょ》」を読んだ後、（当時毛沢東語録をそう呼んでいた）彼はそれを閉じ、みんなに言った。

「我々革命群衆は毛沢東思想で武装されています。だから、物事に対する考え方はしっかりとしています。階級同志間の精神的な絆はとても強い。あなたたちは自らの苦しみを言うことのできる時代になったのです。さあ、話してください。あなたたちの雇い主は、どのようにあなたたちの血や涙を吸い取っているのですか。彼らは、どのような反革命言動をとっているのですか。すべてを教えてほしい。

無産階級文化大革命を勝利に導くためには、あなたたちの力が必要です。この文化大革命は労働者、農民、兵士及び革命的教師と学生だけではなく、あなたたちも参加すべきなのです。何も恐がることはありません。毛主席と共産党中央があなたたちを支えています。ちっとも恐くなんかないです」

青年の演説に対し、石さん、斉さんと韓おばさんは互いに目を合わせ、黙り込んでしまった。

彼は黎明姉に視線を移した。

「あなたは下放された知識青年ですね。あなたは農村でとてもまじめだという評判です。反革命的な両親が、自宅でどのような反革命言動をとっているか、子どもであるあなたが一番わかっているはずです。両親とは思想的に境界線を引かなければなりません」

「父と母がどんな反革命行為を行ったかはわかりません。両親は共産党と毛主席に対する不満は一度だって言ったことがないんです。私は何も言うことはありません」

「あなたの父親は資産階級の臭い知識人だ……」

「私の父は資産階級ではありません。資産階級は労働者を働かせ、その利益を横取りするということですが、私の父はそんなことはしていません。自分の力で生活しています」

「資産階級であることはまぎれもない事実だ。勤勉な労働者から直接利益を横取りしていないかもしれないが、彼らは資産階級の利益を必死に守ろうとしている。資産階級の思想は彼らの骨の髄まで浸込んでいる。これも疑うことのできない事実だ」

黎明姉が黙って聞いているのをいいことに、彼の口調にますます力がこもってきた。

「毛主席がこのように素晴らしい文化大革命を起こさなかったら、無産階級の権力は、とっくに反逆者やスパイ、反動派の手によって奪われていたはずだ。あなたの父親も、地主、裕福農民、反動派、チンピラや右派と同じように労働者にとって天国のようなこの社会がひっくり返されることを望んでいる」

男の陳腐《ちんぷ》な演説を聞きながら、黎明姉は思った。

自分は大学はおろか高校へ進学する権利も奪われている。この男はせっかく大学で勉強できるチャンスを手にしたのにもかかわらず、ちゃんと学問もせず、勝手に人の家に入ってきて、偉そうに人を説教している。

黎明姉の我慢は限界を超えた。

「父はそんなことを一度だって言ったことはありません」

「そうだろう。資産階級は、そのような反革命言論はあなたたちの前で言うはずがない」

「そうです。私たちの前では言わないとおっしゃるなら、どうして私に尋ねるんですか。両親が自宅でどんな反革命言動をしているのかを聞くのでしょうか」

大学生は自分の発言の矛盾を黎明姉に指摘され、赤面し、しばらく沈黙した。

彼の様子を見て、ほら、あんたもたいした人間じゃない。黎明姉がそう感じたときのことである。

大学生は大声で怒鳴った。

「あなたの言葉は革命青年を愚弄する暴言だ」

「あなたに暴言をはくなんてとんでもない。私もあなたと同じ革命青年です。私は毛主席の指示に従って農村に行きました。そして、そこで毛主席著作学習模範と雷鋒を学ぶ模範、河北省知識青年の模範に選ばれたのです」

ふだん自分の自慢話をけっしてしたことのない黎明姉が当時、輝かしい栄光とされていた称号をいくつも並べたのである。

大学生は言葉に詰まった。怒りの感情を目から噴き出そうとでもしているかのように姉を睨んだ。姉は目をそらすことなく、そんな彼を見つめ返した。

ことの成り行きをそばで見ていた石さんは手を口に当てて笑いをこらえ、斉さんは心配そうにうろうろしていた。

「もういい。二人ともやめたほうがいい。今日の学習はここで終わりにしましょう」

韓おばさんはその場面を打開しようとして提案した。

「そうだな。もう一時間を超えた。ここで解散にしよう」

大学生は手を伸ばし、袖から腕時計をのぞかせ、時間を確認するようにして言った。

周囲の変化は小学校三年生になった私も感じていた。

いたるところに「無産階級文化大革命万歳」（プロレタリアの文化大革命万歳）、「将文化大革命進行到底」（文化大革命を最後まで徹底的にやろう）、「革命無罪、造反有理」（革命に罪なし、造反するこそ真理である)、「対資産階級実行無産階級専制」(ブルジョアにプロレタリア独裁を実行せよ)といったスローガンが貼り出された。十歳になったばかりの私には、それらの意味をしっかりとは理解できなかった。ただ、周りの雰囲気が背筋をぞっとさせる恐怖を帯びたものだったことは、はっきりと覚えている。

それまできれいに手入れされていた大学の塀に、壁新聞が所狭ましと貼られ、至るところで高音スピーカーによる放送が鳴り響いていた。そのほとんどは、「毛主席に反対する人間は、一万回死んでも罪を償えない」(誰反対毛主席、罪該万死)といった毛沢東を神格化するものだった。

それまで、私たち姉妹をちやほやしていた周囲の人たちの多くが、手のひらを返すように態度をかえた。無邪気に駆けよって挨拶しようとする私を、みんなが避けた。素知らぬ顔をして、逃げるようにその場を離れて行った。まるで私が重い伝染病患者ででもあるかのように、誰一人として私に近づこうとはしなかった。

「日本鬼、日本に帰れ。よくも平気な顔していられるなあ」

一人ぼっちで通学する私の背中には、そんな罵声が浴びせかけられた。そして、わざと大声で戦争映画に出て来る日本兵の日本語、「メシメシ、馬鹿野郎」という真似をしてみせる者もいた。無視すると、ふざけてぶつかってくる。そんな状態が毎日のように続いた。私はひたすら沈黙し、ただ耐えるしかなかった。

さらに追い打ちをかけるように、とても哀しい出来事があった。

四川省を出発する前、母は印鑑と家の通帳を韓おばさんに預けた。それだけ彼女を信頼していたということだ。

しかし、私たちの両親が日本のスパイだという噂が大学構内の隅々まで流れはじめた頃、韓おばさんは、その通帳から大金を引き出してしまった。

その事実に黎明姉が気づいたときは、すでに手遅れだった。通帳にはわずか百元しか残っていなかったのである。

「そんな大金を何に使ったの」

黎明姉は韓おばさんを問い糺《ただ》した。

「あんたたちのために使ったんだよ」

何度追求されても、彼女はそう繰り返すだけだった。

その頃、紅衛兵はお手伝いさんを雇うのは資産階級のすることだ。このような行為を禁止するという運動を巻き起こしていた。

このために、教授の家で働いていたお手伝いさんたちは二人、三人とやめていった。

韓おばさんのした行為を許せないと感じていた黎明姉は、彼女も私たちの家を離れるように告げた。

だが、韓おばさんは私たちから離れようとはしなかった。

「他の家のお手伝いさんは七ヵ月しか働いていないのに退職金を七十元、その他に三十五キロの

『糧票』ももらっている。この家に来て十三年。私はそんないい思いをしたことはない。それに、もし私がいなくなったら、建明の世話はいったい誰がするの」

私のことに言及したとき、彼女は涙を流した。幼かった私は韓おばさんの涙を見て、彼女の手を握って泣いた。

この光景を見て、黎明姉は韓おばさんを追い出すことをいったんあきらめようとしたのである。

しかし、その数日後、黎明姉は台所で、韓おばさんの枕に入っていたわらを見つけた。わらが抜かれた枕の中には、我が家の大切なものがたくさん詰められていたのである。

黎明姉の我慢は限界を超えた。公安科の「白顔」劉さんを訪ねた。

「韓おばさんの夫の実家は風俗店経営です。つまり、彼女の出身も悪いのです。無産階級ではありません」

韓おばさんの経歴は、彼女が信頼するほんの少数の人間にしか知られていなかった。その彼女の「秘密」を、黎明姉がばらしてしまったのである。そのため彼女は、今後身分を百八十度変え「出身の悪い人間」として生きていかねばならなくなったのである。もちろん黎明姉はことの重大さを認識していた。しかし、それにも増して韓おばさんへの怒りが強かったということだ。

翌日、劉さんが家にやって来た。そして、韓おばさんに対し、一週間以内にこの家から出て行くよう命令を下した。

その命令を聞いた韓おばさんの口元は震え、頭を無意識に振りはじめた。

そのとき、十三年間の付き合い、また私の世話のことなどが黎明姉の脳裏をよぎり、気持ちが大きく揺れたという。

しかし、ことここに至ってはいかんともしがたい。黎明姉は懸命に動揺を抑えた。

韓おばさんが我が家を離れる日がやって来た。

外でどんなにいじめられても、家に帰れば韓おばさんが優しく接してくれた。彼女のおかげで、その日のうちに心の傷を癒すことができ、一日も登校拒否することなく、学校に通い続けることができたのである。

私は泣き崩れ、韓おばさんの服の裾を握り、放そうとしなかった。大明姉も私のそばで泣いていた。韓おばさんも泣きながら言った。

「この世の中はどうなっているか、さっぱりわからない。こんなに小さなあんたたちを置いて行くのは辛い。でも仕方がないんだよ。おばさんを許しておくれ」

裾を握っている私の手を無理矢理一本一本はがし、ドアを開けて我が家から出て行った。後を追いかけようとする私を、大明姉が引きとめた。

「あきらめなさい。韓おばさんはもう家にいられないの。姉さんがいるから、心配しなくていいよ」

この、韓おばさんとの別れは、私にとって生涯忘れることができないだろう。それほどとても悲しく、辛い体験だった。

いつもきれいにセットしている韓おばさんの真っ白な髪が、冷たい風に煽られて乱れていた。

魏おじさんが人力の三輪車に彼女を乗せ、駅まで送ってくれた。それは一九六六年十一月上旬のことだった。

韓おばさんの実家はとても貧乏だったため、風俗店経営者の息子の嫁になるしかなかった。そして、彼女は自分の両親と家族のために、他人の家の世話をずっと続けてきた。彼女は家庭の温かさ、楽しさを味わったことはない。母性愛を他人の子どもに注ぐしかなかった。彼女の一生はとても寂しく、悲しいものだったのである。

彼女が他人のものに手を出すようになったのも、そんな自分自身を守りたかったに違いない。考えてみれば、彼女も犠牲者なのだ。

韓おばさんがいなくなり、私に対するいじめはますますエスカレートしてきた。だが、いじめられて泣いているとき、何かを相談したいとき、そばに頼れる人は誰もいなかった。けなげに耐えている私の姿を目にし、黎明姉は心の底から後悔した。韓おばさんを追い出したことが大きな誤りだったことに気づいたという。

韓おばさんが出て行ってしまった後、黎明姉は大明姉と相談し、私を一時北京の大ママ、父の前妻、蔡桂芳に預かってもらおうと考えた。彼女の家族とは、父が私たちの母と結婚したあとも親戚付き合いが続いていたのだ。そして、大明姉は自分と一緒に小韓荘に連れて行くつもりだったという。

だが、姉たちの思うとおりにはなかなかいかなかった。

一九六六年十一月中旬、私たち三姉妹は満員の列車に乗って北京に向かった。以前、両親に連れられて北京に行くのはとても楽しいことだった。だが今回は違う。私は大ママに預けられるのが嫌でたまらなかった。しかし、十歳になったばかりの私に発言権はない。姉たちに表立って反抗する気力もなかった。私はうらめしい視線で彼女たちに訴えた。

「私はパパとママを失い、韓おばさんも失った。もうこれ以上は嫌。姉ちゃんたちまで失いたくない。どうして私を大ママに預けるの。どうしてそうなるの」

しかし、姉たちのこの決定が私のためであることは理解していた。私は姉たちに従うしかないのだ。

大ママの家に行く前、私たちはまず、北京駅から路線バスを二回乗り換え、北京市海淀区《かいでんく》中関村《ちゅうかんそん》にある中国科学院の宿舎に向かった。そこには腹違いの姉、次女の張寧姉が住んでいる。

「あら、どうしたの。三人そろって。なんかあったの」

私たちの突然の訪問に驚きながら、張寧姉は部屋に招き入れた。

このときはじめて、北京の親戚が八月二十四日に逮捕されたことを知った。どうやら、私たち両親はじめ親戚みんなが狙い打ちされているらしい。

その日、公安部員たちはなんの前ぶれもなく、張寧姉の家にやって来た。そして彼らは、逮捕状提示もせず、なんの説明もないまま、義理の兄である劉源張《りゅうげんちょう》と腹違いの兄、張春生に手錠をかけて連行したのである。義理の兄の手錠は後ろ手に、兄の手錠は前にかけられていたという。後で知ったのだが、手錠を後ろ手にかけられるのは、重罪人の証ということだ。

私たちは張寧姉の家に二日間滞在していたが、その間毎日公安部員がやって来た。

「日本のスパイ、劉源張たちの罪を列挙しろ」

彼らは張寧姉を責め立てた。

「二人の娘がいなかったら、私は本当に死んでしまいたい」

張寧姉は泣きながら私たちに訴えた。このとき彼女の長女の劉欣《りゅうきん》は六歳、次女の劉明《りゅうめい》は三歳だった。

彼女の庇護なしに幼い二人の娘は生きていけない。

それに彼女は、夫が日本のスパイであるなんて信じていなかった。

「二人の娘をしっかりと育てながら、夫の帰りを待つわ」

私たちが暇《いとま》を告げたとき、彼女は気丈にそう言った。

張寧姉の家から大ママの家に向かい、そこでも二日間滞在した。

ここも張寧姉の家と同じだった。公安部員が入れ替わり立ち替わり現れた。劉源張、張春生と同じ日、長女の張岫芝も逮捕されていた。彼らは大ママに対して、張岫芝の反革命罪を列挙するように命じた。だが、大ママは彼らを無視した。「自分はもう年だし、最悪でも死ねばすむ」と腹をくっていたのである。

「お前は反革命的地主婆だ」

彼らは大声を上げ、大ママを罵った。

そんな状況を目の当たりにした黎明姉は思い直した。北京に私をとても置いていけないと考えを変えたのである。ことの重大さを理解していなかった私は大喜びした。姉たちと一緒に暮らせそうになったからである。

北京の家族も大変な厄災に見舞われている。たとえ両親がいなくても、私たち三姉妹だけの力で生きていかなければならない。黎明姉は、はっきりとそう思いを定めたという。大きく狂ってしまった社会の中で、あらゆる手段をもちいて私たち自身を守り、どんな嵐にも勇気をもって立ち向かおう。彼女はそう決意したのである。

このとき、私たち三姉妹は十歳、十五歳、十八歳だった。

私たちが戻った唐山の部屋は、まるで冷蔵庫のように寒くて暗かった。

唐山では政府の定めで十一月十五日から翌年三月十五日までは、石炭炉の使用が可能だった。この年の十一月の天候はまるで政治状況にあわせたようにとても寒かった。

石炭炉に火をつけるには、とても時間がかかる。北京から帰ったばかりの私たちには、それから食事を作って食べる元気は残っていなかった。食事をあきらめ、冷たい布団にもぐりこんだ。姉たちと一緒に唐山に戻れた私はとても興奮して、なかなか寝付けなかった。

姉たちも寝付けなかったようだ。私たちは窓越しに天井や壁に映し出される枯れ木の枝の影を見つめていた。そのとき、カーテンに人影が映り、部屋の中に懐中電灯の光が射し込んできた。私たちは息を止めて、布団を頭までかぶった。男性の声がした。しかし、話している内容は聞こえない。しばらくして、カーテンの人影は消えた。

「姉ちゃん、恐いよお」

おびえる私に黎明姉が言った。

「そうだ、毛主席語録を暗記したでしょう。それを最初から言ってみようよ。だぶったらだめよ」

暗闇の中、私たちは毛主席語録を順番に言い、孤独と恐怖を克服したのである。

韓おばさんが去った後、大明姉と私の面倒を見るという理由で、黎明姉が小韓荘から戻ってくることが大学当局から許可された。

「旧社会を思い出すと、歯をくいしばるほど憎しみがわいてくる。階級がなくならないと生活はよくならない。貧困農民たちは、共産党の恩を忘れない。階級差別の苦しみを忘れてはならない。永遠の革命人になる」

当時の農村ではそんな革命歌がはやっていた。小韓荘の集会があったある日、黎明姉もみんなに合わせて、この歌を歌った。

「あなたにこの歌を歌う資格があるの。あなたはどんな思いで歌っているの」

黎明姉の耳元で、誰かが非難するようにつぶやいた。

「そうか、私にはこの歌を歌う資格はないんだ。この歌は私たち出身の悪い人間の歌じゃないんだ」

姉は、自分自身にそう言い聞かせるとともに、次のように思ったという。

出身の悪い私たちにもなにか支えが必要だ。次から次に目の前に立ちはだかる困難を克服するために、革命の歌ではなく、自分で自分たちの歌を作るしかない。

黎明姉にはできないことがない。裁縫に編み物、そして、料理も抜群にうまい。彼女は畑で小麦に水をやりながら作曲をはじめた。周りには誰もいないので、大きな声で歌える。

「麦は麦、早く成長して……」

麦は風に煽られ、まるで音楽の伴奏のように、シャーシャーと音を出してくれる。黎明姉は自らの思いを込めた一つの歌を作った。

「私は困難に対しけっして負けない。永遠にそうだ。私はいつも楽観的だ。困難と闘うたびに知識は増え、力は倍増する。困難は私たちに生活のなんたるかを教えてくれた。若者よ、勇気を出して嵐に立ち向かおう。私たちは困難を人生の伴走者として、いつまでも前進していく」

唐山に戻ってきた黎明姉は、大明姉と私にこの歌を教えてくれた。そして、私たち三人はそれぞれの場所で、誰にも文句を言われずこの歌を歌い、自分自身を勇気づけていたのである。

7 工農兵がすべて支配する

姉妹三人での生活がはじまったある日、魏さんの同僚で、大学で花の剪定を仕事にしている崔《さい》という労働者が、突然我が家にやって来た。

「こんな広い家にあんたたち三人で住むのは不公平だ。近いうちに私たちが引越して来る。あんたたちにはこのリビングを使わせてやるから、すぐに荷物をまとめなさい」

いきなりそんなことを言うのである。

この時期、「工農兵（労働者、農民と解放軍のこと）がすべてを支配すべきだ」という毛沢東スローガンが、社会の隅々にまで浸透していた。彼らの言うことに対し、それ以外の人は誰もあらがうことはできなかった。反発すれば、すぐに反革命者という烙印を押されるからだ。

私たちは崔さんに言われるまま部屋を片づけはじめた。両親が一緒に暮らしはじめてから二十年、荷物は相当な量になっている。私たちはまず、ふだん使うものとそうでないものを分けた。よく使う物をリビングに、残りはリビングの隣にあるクロゼットに押し込んだ。

まだ子どもだった私は、そのときの出来事をとても理不尽なこととして記憶しているのだが、黎明姉はもっと冷静に対処したようだ。

崔さんは典型的な山東省出身の老人である。話し方はゆっくりで、声も小さい。目はいつも笑っている感じで、口を開く前に、目が先に細くなり、優しい人のように見えた。会った人はみな彼に好感を覚えるはずだ。

奥さんは純粋な山東省の農村出身者で、年中タオルで頭を巻いていた。子どもは男と女が二人ずつだ。

崔さんは学内の花の世話を担当し、「花匠老崔《かしょうろうさい》」と呼ばれていた。季節の変化に応じて、彼はいろんな花を咲かせ、大学構内を華やかにしてくれていた。また、大学でなにかの行事が行われるとき、大忙しだった。

仕事に対する姿勢は大変まじめで、花の栽培技術も高く評価されていた。彼は大きな庭とビニールハウスを管理し、黎明姉と大明姉はよくその庭に遊びに行ったそうだ。

彼女たちを感服させたのは、彼が栽培していた月下美人《げっかびじん》という花である。夏になると、崔さんは月下美人を植えている鉢を学内にある教職員専用のレジャーセンターに持って行き、人々を楽しませてくれた。

月下美人を育てるのはとてもむずかしい。しかし、崔さんの丹精込めた世話ですくすくと育ち、年に一房、元気な花を咲かせていたのである。

崔さんはまた、さくらんぼを作り、姉たちが遊びに行くたびに食べさせてくれたという。冬になると姉たちはいつも、湿気とカビ臭さが充満している暖かいビニールハウスに入り、かくれんぼをしていた。姉たちは崔さんの子どもたちとも仲のいい友だちだったのである。

文化大革命がはじまり、南新と西新は教授の専用団地ではなくなった。狭い住宅に住む大学の職員が、徐々にこの団地に入り込みはじめたのである。

教授たちは一部屋か二部屋を「闖入者」に譲らなければならなくなった。一家族だった一棟に二家族が住むようになり、ひどいところになると、教授の家族を追い出し、勝手に自分たちで気の合う家族を選び、一棟を完全に乗っ取ってしまうこともあった。

当然トラブルは続出したが、負けるのはいつも教授たちのほうだった。

崔さんが我が家を訪れたのも、そんな時期だった。

崔さんは恐縮した様子で椅子に座り、震える手でポケットから幅五センチ、長さ十センチほどの薄い紙とたばこの葉を出し、ゆっくりとたばこを巻きはじめた。そして、そのたばこを一口吸い、いつもの優しい笑顔で口を開いた。

「黎明、俺は、お前の成長を小さいときから見て来た。俺の性格もお前はよく知っているはずだ。文化大革命がはじまって、毛主席が労働者を支持している。我々労働者や農民、解放軍は立上がらなければならない。こんな大きな家に、子ども三人しか住んでいないというのは問題だ。俺の家族がこの家に引越してきたいのだが、お前はきっと反対しないだろう」

黎明姉は住居に関して周りで起きている数々のトラブルを思い浮べた。そして、まったく知らない人よりは崔さん一家に来てもらったほうが安心だと考えたという。

「けっこうです」

私たち三姉妹はリビングルームとクロゼットを使う。そして、両親と姉たちの二つの寝室、廊下を崔さん家族が、台所は共同使用をする。黎明姉は崔さんと話し合い、そう決めたということである。

「樹匠の魏さんと花匠の崔さん」は構内の空地を利用し、トウモロコシや小麦、それにいろんな野菜を作っていた。

文化大革命がはじまってから、大学に新入生は入ってこない。通常の講義も停止されたまま。「学問研究はいいから『革命』に専念せよ」というわけだ。

この「空前の素晴らしい状況」のもとで、大学の教職員は積極的に魏さんや崔さんの真似をしはじめた。学内で利用できそうな空地、自宅の前後、道路沿い、壁の隅、運動場まで耕しはじめたのである。

サッカー場が消え、バスケットコートが消え、鉄棒が消え、子どもたちが大好きなブランコと砂場も消えた。大学は「革命者」と「反革命者」が闘う戦場であると同時に、巨大な農場へと姿を変えていたのである。闘争が本業、農耕が副業である。

人々が懸命に農作物を作れば作るほど大量の水が必要となる。とりあえずは各個人の家から水を汲んでくるわけだが、それだけでは足りない。そこで、人々は公共給水施設に目をつけた。真っ先に標的となったのは消火栓だった。

消火用の水を大量に使われ、消防署は慌てた。彼らは大きな工具で消火栓が開かないように固く閉めたのである。ちょうど我が家のすぐそばにも、消火栓があった。もちろんそれもしっかりと閉められた。

その日を境に、農作物の灌漑ができなくなった。と同時に、消火栓本来の役割も失ってしまい、あまり美しいとはいえないただの飾りとなってしまったのである。

またこの時期、教職員にはたっぷりと自由時間があった。そのためかどうか妊娠出産ラッシュも起った。まるで競いあっているかのように、たくさんの赤ん坊が次々に産まれたのである。

そして、この頃誕生した子どものほとんどが「愛東《あいとう》」（毛沢東を愛する）、「頌東《そんとう》」（毛沢東を賞賛する）、「愛軍《あいぐん》」（解放軍を愛する）、「文革《ぶんかく》」（文化大革命）、「衛紅《えいこう》」（紅、つまり毛沢東を守る）といった名前をつけられた。

私たち三人は当初、両親の貯金を切り崩し、切り詰めた生活をしていた。

肉を買うときは一人分だけで、育ち盛りの私に全部食べさせた。

「姉ちゃんも一緒に食べようよ」

「私たちは食べたくない。いいから、食べなさい」

二人は口を揃えて言った。本当に食べたくないのだろうか。そんなわけはない。私はとてもすまなく思った。

私を懸命に守ろうとしてくれる姉たちを見て、自分も何か役に立ちたかった。

ある日の放課後、大学のボイラー室の近くを通りかかった。ボイラー係の人が石炭の燃え滓《かす》を屋外に運び出していた。大学の労働者の子どもが数人、熊手を持ち、まだ熱い燃え滓をかき集めようとしている。

「なにをしているんだろう」

不思議に思った私は近づいてみた。彼らは燃え滓の中から完全に燃焼しきっていない石炭を探し出していたのだ。そして、それをあらかじめ準備していた籠に入れて持ち帰り、もう一度燃料として使うのだそうだ。

これなら私にもできる。少なくとも燃料代の節約にはなる。そう思って、急いで家に帰り、熊手と籠を探し出し、ボイラー室に向かった。

数人の子どもに混じりボイラー係が燃え滓を運び出すのを待っていた。そして、燃え滓が運び出されると、皆と同じように自分の分を採ろうとした。すると、グループを取り仕切っていた少年が私の目の前に立ちふさがった。

「お前の分はない。皆が採り終えるまで手を出すな」

縄張りがあったのだ。私は彼らが作業している様子をじっと見ているしかなかった。そして、残った灰を隅々まで調べ、石炭を探した。ほとんど採り尽くされ、小さな粒しか残っていなかったが、たまにそれなりの大きさの粒が出てきた。そんなとき私は宝物を手にしたように、嬉しくてたまらなかった。

石炭採りは放課後の日課となった。そして、二ヵ月が過ぎたある日、残り物を探している私に、ボイラー係のおじさんがこっそり教えてくれた。

「みんなが採ったあとじゃ、ほとんどないだろう。朝五時半に第一回目の燃え滓を出しているんだよ。朝が早いから誰も採りに来ないよ」

この二ヵ月間、私のことを見ていて、可哀そうに思ったのかもしれない。

翌朝私は、五時に起き、黎明姉が作ってくれた綿入りの上着とズボンに着替えた。そして、姉たちを起こさないよう音を立てずドアを閉め、ボイラー室へと向かった。冬の五時半はまだ暗かった。

ボイラー係は私の姿を見ると、すぐに燃え滓を運び出してくれた。まだくすぶっている石炭がとてもたくさん出てきた。大きい物は自分のこぶしくらいもある。私は嬉しくて嬉しくてたまらなかった。その場にいるのは私一人なのに、誰かに横取りされるような気がした。まだ火が燻《くすぶ》っている石炭をあわてて集めた。

当然のことながら、いつもよりずっと早く籠がいっぱいになった。籠から大切な石炭がこぼれないよう、家までゆっくりと歩いた。歩きながら、明日の朝も同じ時間に行こう。籠を二つ持っていこうと考えていた。

家に着いたとき、黎明姉は朝ご飯を作ってくれていた。トウモロコシのおかゆだった。私は鼻高々で今朝の成果を報告し、彼女も喜んでくれた。

「寒かったでしょう。さあ、早く手を洗って、朝ご飯を食べよう」

食卓についたが、長時間屋外にいたため、手は感覚を失い、箸をうまく握れなかった。黎明姉は私の手を取って、自分の洋服の下に入れた。手の感覚が戻るまで暖め、マッサージをしてくれた。

「姉ちゃん痛いよ」

感覚が戻った手は、まるで針に刺されているようだった。痛くてたまらない。黎明姉は私の指を見て驚いた。指先にたくさんの小さな火傷のあとがあり、皮膚が破けていたのだ。姉は私を抱きしめて泣き出した。

「ごめんね、ごめん。もう明日は行かないで」

何度も何度も繰り返し言った。

「これくらいの火傷はどうってことないわ。石炭採りはけっこう楽しいよ」

私は、本当にそう感じていた。

その日、学校から帰って来ると、黎明姉は私に手袋を渡してくれた。その手袋は姉の手作りで、厚手の生地で作られていた。

「手袋をすれば、火傷をしなくてすむからね。どうせ明日の朝も行くんでしょう」

姉は私の頑固な性格を知っていた。

手袋を買うお金がないので、私のために、いそいで手袋を作ってくれたのだ。

我が家はその冬、一度も石炭を買わずに過ごすことができたのである。

ときどき石炭滓を拾いに一緒に行ってくれる張崎《ちょうき》という女の子がいた。四面楚歌状態の私には貴重な友だちだ。その子が我が家に遊びに来てくれるという。

私は久しぶりにはしゃいだ。彼女が来てくれた朝、二人は一緒に黎明姉が作ってくれたトウモロコシの粥を食べて、からだを温めた。そして、べつの女の子を二人誘い出し、我が家の表側のベランダで「ゴム跳び」をはじめた。

これは輪ゴムを一本一本、三メートルほどになるまでつなげ、そのゴムの上を行ったり来たりして、歌に合わせていろんな踊りをする遊びである。

まず、つなげたゴムを引張るために、両側に持つ人間が必要になる。遊びをはじめる前に、じゃんけんをして、負けたほうが先にゴムを持つ。そして、歌に合わせて踊り、一曲が終るまで一回も間違わなかったら、一級上がりとして、ゴムを腰の高さまであげる。踊りのふりを途中で間違えると、交替して、ゴムを持つほうにまわされる。

この遊びの動作はとても可憐である。私もこの「ゴム跳び」遊びが大好きだった。

三つ網している私の髪が、からだの動きとともに踊った。私の踊りはミスがなかったので、ゴムの高さは一挙に腰の高さ、頭の高さになった。私は足を懸命に高く上げ、汗を拭きながら踊っていた。このとき私は、父や母と離れていることに対する寂しさ、悲しみを忘れることができた。ごくふつうの十歳の自分に戻っていたのである。

黎明姉は窓ごしに、ずっと私たちの姿に釘付けになっていた。母親が自分の娘を見つめているような気持ちだった。涙があふれ、心の中で叫んでいた。

「そう、踊って。一生懸命踊るのよ。このときだけでも、なにもかも忘れなさい」

私にだけではなく、自分自身にもそう言い聞かせていたという。

一九六六年八月十日、紅衛兵による「抄家《しょうか》」が中国全土に一挙に広がった。

「抄家」というのは警察官や検察官が容疑者に対して行う家宅捜索ではない。毛沢東がお墨付きを与えた、たんなる乱暴狼籍である。

紅衛兵たちは「四旧を破壊せよ」と叫び、裕福に見える家のドアを蹴り破って侵入した。そして、その家の中にあるものを手あたりしだい破壊した。貴重な壷を地面に叩き付け、簡単に割れないものは事前に用意していた棒や鉄パイプで叩き、きれいな洋服をはさみで切り裂き、掛け軸は破いて火に投げ込んだ。また、金目のものはこっそりとポケットに入れ、自分のものにするふとどき者もいた。もし彼らに反抗すれば、殴る蹴る、からだ中を痣《あざ》だらけにされた。紅衛兵は怖いもの知らずの「王様」だったのである。

彼らが言う「四旧」とは、「古い思想、古い文化、古い風俗と古い習慣」である。「打ち、破壊し、奪う」ことが、すなわち紅衛兵の偉大な革命的行動である。

いつ何時、彼らに「抄家」の目標にされるかわからない。人々は日々怯えながら過ごしていた。

「抄家」される前に、隠せるものは隠し、捨てられるものは自ら捨てに行く人もいた。

我が家にも数人の紅衛兵が棒とパイプを持ってやってきた。表側のベランダのドアを蹴り（崔さん一家が引越して来たために、このドアが私たち三姉妹の出入り口、玄関となった）、家の中へ入ろうとした。

「この家のものすべては、張鴻逵と田玉華（父母とは言えない。言えば縁が切れていない。反革命者にされてしまう）の所有であり、公安局がすでに家宅捜索をし、タンスは封印されている。もし物がなくなったら、あなたたちは責任をとれるのですね」

姉たちは噂を逆手にとって彼らにそう言い放った。

「この家はだめだ。張鴻逵と田玉華は日本のスパイだ。犯罪の証拠がなくなったら、大変なことになる。抄家できない。行こう、次の家に行こう」

幸い、彼らは我が家から離れて行った。だが、「次の家へ行こう」という彼らの言葉を耳にした姉たちは、「次の家」がこうむる被害を想像し、気の毒でならなかったという。

それからも次々とやってくる紅衛兵たちに姉たちは同じことを言い続けた。それでなんとか、「抄家」で荒らされることなく、父母が数十年かけて大切に貯えてきた財産、リビングに飾ってあった掛け軸も難を逃がれることができたのである。

我が家のリビングには二枚の古い中国掛け軸が飾ってあった。その内の一枚は清朝の有名な画家、鄭板橋《ていはんきょう》の作品で、ずっと昔に母が日本の友人からもらったものだ。画の全体の印象はとても清らかで雅《みやび》な感じである。

二本の葦とそのそれぞれに小鳥がとまっている。描かれているのはそれだけなのだが、風が優しく吹き、葦が揺れ、まわりにもたくさんの葦が生えているような感じが伝わって来る作品だ。

小鳥の頭には黄色いスカーフがかぶせられ、首には橙色に赤い線が一本入っているミニスカーフが巻かれ、深い灰色の洋服を着ている。そして、黄色く細いかわいい足は風に振り落とされないよう、必死に葦の枝をつかんでいる。

二羽の小鳥のうち、一羽は顔を高く上げ、なにか素敵な歌を大きな声で歌っているようにも、なにかを一生懸命訴えているようにも見える。すぐ横にいるもう一羽の小鳥は、その鳴き声を静かにほれぼれと聞いている様子である。彼らはたぶん、ここで少し休憩をとり、またどこかに飛んで行くのだろう。

この画を見るときはいつも、思わず息を止め、彼らにもう少しここで休憩をとってもらいたい気持ちにさせられた。

もう一枚は、父の古くからの友人で、中国の古い書画の研究に力を注いでいる「白おじさん」（私たちはこのように呼んでいた）から贈られたものだ。白おじさんの画は大きな松が主役で、脇役として驢馬に乗った老人が描かれていた。遠いところに小さな村、その村の建物の一つには旗がひるがえっている。酒屋の目印である。そして、さらに遠い背景に灰色の山がある。

老人は髭をはやし、目はこめかみまで吊り上っている。中国の古い書画の中でよく見られる目である。彼は灰色の服を着て、黒い帽子をかぶり、白い布で作られた靴下とわらで編んだ靴を履いていた。老人は糸で綴じられた本を手にし、その中に完全にのめりこんでいる。驢馬がどの方向に向かっているか、まったく気にしていない様子だ。おそらく、その驢馬はこの道に慣れていて、ちゃんと家まで帰れるのだろう。

驢馬の脇腹にはひょうたんがぶら下がっている。老人は酒好きで、ひょうたんの中はおそらくお酒で満たされている。

この老人はいったいどんな仕事をする人なのだろう。インテリなのかもしれない。もしそうだとしても地位の高い人ではない。きっと山村にある塾の先生だ。わずかな給料で家族を養っていて、好きなお酒もめったに手に入らないのだろう。

その優しい表情から想像するに、温厚な人に違いない。彼は生徒をけっして、叩いたりしないだろう。

いや、もしかしたら、山の奥に住む仙人かもしれない。久しぶりに山から下りて、お酒を買いに来た……。

ともかく、この老人は世の中の雑事一切に無関心で、本を読むことに専念し、完全に自分の世界に入り込んでいる。この画を見た人の誰もが彼の生活にちょっぴり憧れを感じるだろう。

黎明姉は、この掛け軸から、そんなことを想像していたという。

掛け軸全体のバランスから見れば老人が脇役に思える。だが彼女には、この老人が主役と感じられてならなかった。その老人は、髭を除けば、どう見ても、私たちの父にそっくりだったのである。

この画を送ってくれた白おじさんは父のことを「兄」と呼び、二人は長年、兄弟のように付き合ってきた。彼は黔桂《けんけい》鉄道と湘黔《しょうけん》鉄道の建設現場で父と共に過ごした。そして、中国解放直前、東北鉄道の復旧にあたった父の助手を務めている。

夏になると、日当たりのよいリビングにエンジュ花の香りが漂い、この二枚の画がそれぞれ異なった趣きを漂わせた。秋になると、母は自分の好きな白い菊と黄色い菊を画のそばに飾る。そうすると、また違う感じの空間が生まれる。冬になると、真っ白な雪の反射でまた、私たちを幻想の世界に連れ込む。この二枚の画は、私たち家族に無限の楽しみを与えてくれたのである。

そんな大切な掛け軸を「抄家」などで台無しにされてはたまらない。

中国の伝統文化と言えば、面白い話がある。

大学に張という名の大工さんがいた。この張さんのお尻はまるで女性のように大きかったので、みんな彼のことを「張大尻」と呼んでいた。

その張さんの家に、一枚のカラフルな焼物皿があった。どのようなルートで彼のところにたどり着いたのか、誰にもわからない。彼は長い間、その皿を鶏のえさ用に使っていた。玄関の外におかれていて、鶏にくちばしでつつかれたり、足で踏まれたりしていたのである。にもかかわらず、色は鮮やかなままで少しも欠けてはいなかった。

四旧破壊が叫ばれていたこの時期、政府の中にも中国の古い伝統を守らなければならないと考える人がいた。そして、彼らは貴重な歴史的文物の回収に力を入れ、全国各地に回収ステーションを設けた。

その一つが唐山の街にもあった。ある日、「張大尻」が街に行ったとき、偶然そこを通った。ショーウインドウには回収され、値札をつけられた色鮮やかな古い陶磁器が飾られていた。

「ひょっとして、家にある皿もお金になるかもしれない」

彼は自分の家にある鶏のえさ用にしている皿を思い出し、それを回収ステーションに持ち込んだ。

「あなたはこの皿をいくらで売るつもりなのですか」

張さんが持ってきた皿を見た店員の目が光った。

彼は相手の反応を見ながら、心の中で胸算用をした。

「百、百五十、いやもっと、三百元」

「けっこうです。この皿を三百元で買いましょう」

言い値がそのまま通るとは思っていなかった張さんは驚いた。そして同時に後悔した。

「しまった。自分の言った値段は安すぎたようだ。六百元と言えばよかったんだ。本当にばかだな」

皿がいい値段で売れたことは、あっという間に大学内に広がった。そして、しばらく経ち、北京出張から帰ってきた人が張さんにこう話したそうだ。

「あなたの売った皿を北京の故宮博物館で見ましたよ。あの皿は清朝乾隆帝のときに作られた景徳鎮窯《けいとくちんがま》なんだって。でも、一枚だけではなく、四枚だったな。四枚が一セットとなって、うち三枚は皇帝が使うために珍宝館で以前から保存されていたけど、残りの一枚の行方がわからなかった。それで政府は各地の古文物回収ステーションの重要リストにあの皿を入れておいたんだそうだ。あの皿は値段など付けようのない貴重なものらしいよ」

「まさか!」

そのことを聞いた張さんはわざわざ北京の故宮まで確かめに行った。そして、ショーケースに飾ってある皿を見て、「そんな値打ちものだと知っていたら、絶対に売らなかった」とつぶやいたそうだ。

文化大革命がはじまってから、紅衛兵たちの手によってじつにたくさんの物が破壊され、打ち捨てられた。そうしたものの中には国宝級のものも含まれていた。張さんの皿は、鶏のえさ用に使われていたため、紅衛兵の目に止まるという難を免れたわけである。

8　立ちこめる暗雲

父と母が四川省に行ってから半年が経った。この間、両親からの手紙は一度もなかった。大学の中ではいろんな噂が流れ、悪意に満ちた壁新聞がいたるところに貼られていた。

「唐山地区では以前から妙な電波が流れていた。国際スパイ行為の可能性もあるとして、中国公安省と唐山市公安局が数年間にわたって調べたが、けっきょく電波の発信場所は特定できなかった。それが、この文化大革命のおかげでようやくわかった。その闇の電波は、表面的に誠実で懸命に働き、誰に対してもやさしく接していた田玉華が出していた。田玉華は中国に潜伏している日本のスパイなのだ。彼女は長い間、反社会主義、反中国人民的スパイ行為を重ねた。彼女こそ中国人民の敵なのである。

田玉華が張鴻逵をスパイ組織に引き込んだ。夫婦は協力し合い、中国人民と中国の社会主義建設に多大な害をもたらした。この夫婦が逮捕されてから、その妙な電波は消えた。これは中国人民にとって好ましいことだ。有害な者を抹殺し、安心して暮らせる社会を取り戻した。本当に毛主席に感謝しなければならない」

「一九六六年八月二十六日、公安局の局員が成都《せいと》から昆明《こんめい》に向かう列車に乗り込み、張鴻逵と田玉華を逮捕しようとした。そのとき、田玉華はいち早くそれを察知し、急いで列車のトイレに入った。そして、靴のヒールからミニ送信機を取り出し、最後の電波を日本に送り、それを便器に捨て、証拠を隠滅した」

さらには、次のような荒唐無稽な噂もあった。

「田玉華は超小型送信機をさし歯の中に隠し、歯磨きをする度に日本に電波を送っていた。列車でトイレに入った田玉華は最後の電波を送った後、さし歯を抜き、便器に捨てた。そして、なにごともなかったように、平然としてトイレから出て、警察に逮捕された」

私たちはこうした噂をどうしても信じることができなかった。母は自分の考えをもたず、すべての判断を父に頼り、自分の悪口が耳に入るとすぐに泣いてしまう。むしろ弱い女性である。彼女にそんな大胆なことができるはずがない。

私たちの両親は悪人ではない。善良な人であることを心から信じようとしていた。

父は中国鉄道建設に命をかけた。現場から大学に戻り、教壇に立つようになってからも豊かな経験をいかし、自分の持っている知識や技術を学生たちに懸命に伝えようとしていた。そして、その広く深い学術知識はまわりの人々を畏怖させた。仕事には厳しかったが、人に対する優しさは溢れるほどもっていた。そう、父は本当にいい人である。

母ももちろんいい人である。彼女は大学の図書館に勤務していたとき、毎年「優秀職員」の評価をもらっていた。もし彼女が悪人だったなら「優秀職員」という称号をもらえるはずがないではないか。

それだけではない。母は同僚や隣人に対してもいつも親切だった。もちろんお手伝いの韓おばさんにもやさしく接していた。

韓おばさんが年をとるにつれて体力が衰え、家事が思うようにできなくなった時期がある。私たちに悪いと思ったのだろう。韓おばさんは故郷に帰る決心をした。しかし、都会生活の長い韓おばさんにとって田舎の生活は辛かったようだ。嫁姑の確執もあり、一ヵ月もしないうちに泣きながら我が家に戻って来た。

母は韓おばさんに同情した。そして、彼女の負担を軽くするため、洗濯（洗濯機がない時代）は大きいものを自分が洗い、小さいものを韓おばさんにまわした。それを見て母の友人たちは笑った。

「あんたはお人好しにもほどがある。お手伝いさんに以前と同じように給料を払い、洗濯を自分でするなんで、ばかじゃないの」

そう、私たちの母は「ばか」がつくくらいお人好しなのである。母の目には世の中の人間はみな善人だと映り、誰に対しても真心を持って接する。自分を犠牲にしても人に尽くす。お金を貸し、なかなか返してもらえないときも、「その人は本当に困っているのよ。困っている人を助けるのは当然」と、むしろ借りた人を弁護していた。

「全身から日本人女性の優しさ、勤勉さと真心が滲み出ている」

周囲の人々はみな母をそのように評価していたのである。

そうだ。どう考えても父も母もいい人である。それが真実だ。


ただ、両親がスパイだと何百回も聞かされているうちに、私たちは「真実」に対して自信をなくしてしまった。父と母からなんの連絡もないまま、歳月だけがいたずらに過ぎていく。その間、噂話はどんどん膨れ上がり、数々のスパイ・ストーリーが作りあげられていったのである。

もしかしたら、母が私たちに見せた弱さは嘘なのかもしれない。スパイ行為をスムーズにやるために、わざと自分本来の姿を隠していたのかもしれない。私たちの心のどこかで、「ひょっとして……」という不安が芽生えはじめていた。幼い頃から、政府と共産党はつねに正義であり、人権無視などするわけがないと叩き込まれていたためである。

そうした頭の混乱状態が続いたせいか、姉たちは一時期、両親に対して疑念を抱いた。尊敬の念が憎しみに変わり、さらに、自分たちは父や母と同じではないことを示すため、「両親と縁を切る」（中国では、はっきりと境界線を引くという）ことを宣言したのである。

しかし、当時十歳でしかない私は、どうしても彼女らの言うことが理解できなかった。

その頃、私は毎日のように泣いていた。外でいじめられたときは、ベッドに伏せ、何時間も泣き止まなかった。父と母に会いたい思いといじめられて悲しい気持ちとが交差する重圧に、私には耐えることができなかったのだ。

「彼らのために泣いてはだめ。あなたも決心して、縁を切りなさい。それでこそ毛主席の子どもでしょう」

二人の姉は、めそめそしている私を叱りつけた。

「いやだ。パパともママとも縁は切らない。私は毛主席の子どもじゃない。パパとママの子だ」

私は家を飛び出した。

どこを、どれだけ歩いたのか、まったく覚えていない。頭の中は父と母への思いでいっぱいだった。父のひざに座って、可愛がられていたこと、自転車に乗せられ母と一緒に、大学の売店に買い物に連れて行ってもらったこと。両親との数々の幸せな思い出を辿った。

しかし、両親は私の前から姿を消してしまった。再び会えるのだろうか。今の私には、二人の姉しかいない。姉の言うことを聞くしかないのかもしれない。そう思いながら、知らず知らず両親と一緒によく行った道を歩いていた。

私は子どもなりに混乱した気持ちの整理をつけ、ある決意をした。反省文を書き、姉たちがいないときにテーブルの上に置いたのだ。

外出から戻った二人の姉は一緒にそれを読んだ。

「黎明姉ちゃん、大明姉ちゃん。私が泣いたのは、パパとママに会いたいからです」

姉たちは最初に一行を読み、互いに目を合わせた。二人とも涙があふれ、喉はお餅がひっかかったように詰り、声が出なかったという。彼女らとて、無論、両親がスパイなどとは信じたくなかったのである。

「しかし、祖国と毛主席を裏切った父と母は悪い人です。それなのに、私は彼らに会いたいと思いました。それはつまり、私も彼らと同じ人間だということです。これからは私もパパとママと縁を切り、毛主席の教えに忠実なよい子になります。二度と会いたいなどと言わないし、二度と泣かないことを誓います」

それから私は、姉たちの前でけっして泣かなかった。

「両親と縁を切る」と宣言したからと言って、私たちが本当に彼らと無関係だと思っていたわけでは、もちろんない。

一九六七年二月、黎明姉は父と母の行方を知るために、中央文化大革命接待所に行くことにした。当時、中国の「知識青年」（田舎に下放された青年のこと）たちが全国各地から北京に集まってきていた。彼らはいろんな名目で戦闘隊（自称、毛沢東を守るために闘うチーム）を作り、北京に滞在していた。黎明姉と同じ豊潤県に下放されていた王平均《おうへいきん》と張四喜《ちょうしき》の二人も北京に行くことにしていた。この二人はそれまで中国各地を「串聯《せんれん》」（文化大革命中、中国の青年が自由に行きたいところへ行くこと。このとき切符を一切買わなくてもよい）の名目で旅していた。彼らが一番自慢しているのが、新彊ウイグル自治区まで串聯したことだ。黎明姉に比べ串聯の経験ははるかに豊富である。

「俺たちと行こう。一緒なら心配ないよ」

彼らは黎明姉を誘い、唐山駅で彼女に人民元五分（一円弱）の見送り切符を渡した。

満員列車の中は汗と足の臭いが充満し、おまけにトイレとたばこの煙が加わり、黎明姉は吐き気を催すほどだったという。

荷台の下には洗濯用のひもが結ばれ、それにすっぱい匂いのタオルときれいに洗っていない靴下が干してあった。床には果物の皮や紙切れ、吸い殻がちらかり、足の踏み場もなかった。座席の下に寝ている人、荷台の上に寝ている人、通路とデッキまで人、人、人。そのほとんどが若者だった。

首筋に血管を浮かせ、顔を真っ赤にして口論している人たちがいる。また、トランプをしている人たちはまわりを完全に無視し、自分たちだけの世界に入り込んでいた。注目されたいのか、大声を出して、「毛主席語録」を読んでいる人たちもいた。彼らはどうしても人々の注意を引きたいらしい。語録を読む声はしだいに絶叫調になっていた。不思議なのは、そんな喧騒の中で熟睡している人たちもいたことだ。

黎明姉はそんな環境から一刻も早く脱出したいと思う反面、切符なしでどうやって北京駅を出ればいいのか、心配でならなかった。

やっと北京駅に着き、列車からは降りたものの、彼女はホームで立ちすくんでいた。

「怖くない。俺たちが守ってやる。これまで何回もやっているけど、ばれたことなんて一度もない。俺たち知識青年には切符を買うお金なんかない。切符を買う金があれば、妹に飴玉でも買ってやんなよ」

王平均、張四喜はそう言いながら、黎明姉を真ん中にはさむかっこうで歩き出した。そして、群集の中に入り、一斉に大声を出す若者たちに混じって、改札口を無事通過することができたのである。

王平均、張四喜と別れた黎明姉は、建国門外の永安里街《えいあんり》にある大ママが住む家に向かった。

バスに乗った黎明姉はまたも不思議な光景に出会った。

彼女の乗ったバスにハンサムな青年が乗って来た。その青年は車掌に行き先を告げることなく、黙ってバスに乗っていた（中国では通常、バスに乗るとき車掌に行き先を告げ、切符の代金を払う）。そんな青年の態度に腹を立て、車掌が他の乗客に向かって大声を出した。

「革命群衆の皆さん。この青年はこんないい体格をしているのにもかかわらず、バスのただ乗りをしようとしている。これは恥ずべきことだと思いませんか。最近、彼のようにバスのただ乗りをしようとする若者がたくさんいます」

「恥だよ。恥。彼はバス賃を払うべきだ」

乗客たちは怒りを込めて、車掌に応えた。

しかし、この青年は恥じいるどころか、堂々と反論した。

「各位革命群衆、叔父様、叔母様、故郷の皆様、私は切符を買わない丈夫なからだをしている若者です。私は北京から陝西省《きょうせい》に下放された知識青年で、半月前、革命の聖地延安《えんあん》から様々な困難を克服し、やっと北京にたどり着きました。共に苦労をした人たちとヒッチハイクし、人々の協力を得て、お金のないままここまで帰って来られたのです。お金は一銭もありません。一銭もない私にお金を払えと言うのでしょうか。

私は陝西省の田舎で一年間懸命に働きました。どんなに働いても、お金はもちろん、お腹いっぱい食べることすらできません。乗客の皆さんの中にはお子さんをお持ちの方がいるでしょう。あなたたちの中に、子どもや孫が知識青年として下放されている人はいませんか。

私は確かに丈夫なからだをしています。しかし、どんなに働いても、報われないのが現実です。皆さん、私はどうしたらいいと思いますか。そして、今の私になにかできると思いますか。陝西省の田舎はとてもまずしい。家族全員にズボンが一枚しかないところだってあるんです。幸い私には父に買ってもらったズボンがありました。それで裸でなく、北京に帰ることができたのです」
彼の話を聞いて、バスの中はしんと静まりかえった。誰一人として言葉を返す者はなかった。黎明姉は心の中で彼に拍手を送ったという。

翌朝、黎明姉が大ママの家から向かった中央文化大革命接待所は労働人民文化宮の中にあった。ここはかつて明と清朝皇族の寺院だったところだ。塀の中には大きな殿堂と古い桧《ひのき》の木があった。早起きしたつもりだったが受付で渡された番号札は三三六番。その数字は順番がまわってくるのは午後であることを意味している。

黎明姉は黄色い瓦が乗っている赤塀の近くの長椅子に腰を下ろした。そして、持ってきたパサパサのパン（当時の中国で売っている食べ物は、パンだけではなくすべてがまずかった）をかじり、いろんな時代を見てきた歴史の証人ともいえる古い桧の木を見つめながら考え込んでしまった。

外来の敵ではなく、中国人同士、家族同士が互いに血を流しながら争う、こんな最悪な時代を、この木はこれまで見たことがあるのだろうか。黎明姉の問いかけに、この桧の木は枝も弱々しく垂れ下がり「悲しい時代ですね」と答えているような気がしたという。

赤塀、黄色瓦、大殿堂、そしてこの古桧の木は今、全国各地から、冤罪《えんざい》と悲しみを持って駆け付けて来た不幸な人たちを見ている。庭園では中国各地のいろんな方言が飛び交っていた。

接待所の入り口には長い行列ができていて、その列はゆっくりとしか動かない。彼らは、白い息を吐き、手には白い番号札をしっかりと握っていた。そして、つま先立ちになり、自分の前にまだ何人が並んでいるかを数え、救われることを期待していた。

すでに話が終って出てきた人たちの多くは、失望した表情だった。中には涙を拭きながら出てきた女性も数人いた。

二月の北京はとても寒い。待っているうちに、黎明姉は手と足がしびれてきた。彼女は自分の番号をもう一度確認し、東北から来ているとおぼしき、ひげぼうぼうの中年男性の前に並んだ。

やっと黎明姉の順番がきた。招待所の中に入り、緊張してあたりを見回した。赤いペンキが塗られた大きな柱、巨大な窓、とても高い天井。テーブルが窓際に沿って一列に並べてあり、そのそれぞれに中国人民解放軍の兵士が一人ずつ座っていた。テーブルの前には訪問者が座る椅子が置かれている。白髪交じり、色褪せた解放軍服を着ている一見インテリタイプの軍人は、戦場の匂いをまったく感じさせなかった。その軍人の柔和な笑顔を見た黎明姉は、それまでの緊張感を一挙に解いたという。

「小鬼（小鬼というのは解放軍に入っている十代前半の青年の愛称として使われてきたものだ。おそらく姉に親しみを感じさせるためそう呼んだのだろう）どうぞ、お座りください」

「いえ、私はもう十八になっています。農村に下放して、すでに二年が経っています」

姉は落着いた調子でそう答えた。

「おー、鍛えられている若者ですな」

軍人は感心した様子だった。

「そうです。私は毛主席選集を積極的に勉強し、雷鋒を懸命に学び、知識青年の模範に選ばれました」

黎明姉は印象をよくするために、必死に自分のことをＰＲした。彼女はふだん、そんなことはいっさいしない。

「若いのにすごいですね。あなたを見習わなければならない」

黎明姉はスタート好調との手ごたえを感じた。

「私たち若者が毛主席の本を読むこと、毛主席の教えに従うことは当り前のことです。私たちは毛主席の後輩として、勉強だけではなく、政治的思想ですばらしい人間になり、共産党が安心する後継者になりたいのです」

「私は本当に嬉しく思います。あなたのような若者が、このように意欲的にいろんなことに取り組んでいるのを見ると、中国の将来は安心ですね」

彼は大先輩のような口調でそう言った。

「老同志（尊敬する先輩の意味）、今回ここに来た目的は、父と母の行方を探すためです。彼らは文化大革命に積極的に参加するため、四川省峨眉山《がびざん》に行きました。出発してからすでに半年が経ちますが、なんの連絡もありません。大学の中ではいろんな噂が流れています。彼らは日本のスパイで、警察に逮捕されたという話もあります。しかし、もし逮捕されたなら、逮捕状があるはずです。それに、家族には知らせられると思うのですが」

黎明姉は必死で訴えた。

「そのような不幸があなたの身に起きているとは知らなかった。しかし、我が国の政府は善良な人に罪を着せることはしない。あなたのお父さんとお母さんが本当にいい人であれば、調べればいずれわかります。

私は小さいときから革命に参加し、いろんな体験をしてきました。しかし、現在のように人民がみんな一体となって、参加する革命運動ははじめてです。限りのある人生の中で、このような偉大な時代を生きられる私たちは本当に幸運です。

どんな冤罪を着せられたとしても、どんなにいじめられたとしても、それは個人レベルのこと。国全体で考えると微々たるものです。我々は、現在の中国のすばらしい情勢と共産党の偉大な事業をいつも心に抱き、自信を持ち、どんな試練も耐える決心が必要です」

彼は黎明姉を説得しているようでもあり、自分に言い聞かせているようでもあったという。

「父は解放前から、国民党から与えられた高官の地位と財産を拒否して、共産党を支持してきました。解放戦争と朝鮮戦争でも、自分の命をかけています。それでも父が悪い人と言えるのでしょうか」

「だからこそ、この時代は偉大なのです。すべての人民は自分の思想の中に革命を起こさなければならないのです。中国革命のために以前どんなに貢献したという実績があったとしても、例外ではない。あなたは賢い若者ですから、私の言ったことをきっとわかってくれるでしょう」

「しかし、たとえ両親が反革命者、スパイであったとしても、子どもには知らせるべきではないでしょうか。悪い人だからと言って、どこかに隠してしまうことはおかしいと思うのですが」

黎明姉は少しいらいらしはじめた。

「もう一点説明しなければならないようですね。わが政府と共産党は一人の悪い人も許すことはしない。また、罪のない人を逮捕したり、罰したりもしない。自分の顔に泥を塗らない。本当の純金は強い火をあてられても平気なのです。私の言うことを信じてください」

軍人はそう言いながら、重ね置いてあった二種類の冊子の上から、一冊ずつ取り、黎明姉に渡した。

「この二つの講演記録をよく読んでおいてください。きっとあなたに役立ちます」

彼は黎明姉に対し、反革命者、スパイの子どもではなく、「小鬼、小同志」と終始礼儀正しく笑顔で対応してくれた。最後に握手し、彼女にとてもいい印象を与えた。それで瞬時、黎明姉は何かを得たような気持ちがして、はずむように殿堂の入口にある高い柵を跳び越えた。

門を出た途端、冷たい風が顔に強く吹きつけてきた。黎明姉は思わず全身を震わせ、現実に戻った。激しい虚しさが襲ってきた。けっきょく今回の上訴の収穫は、林彪《りんぴょう》と陳伯達の二冊の講演録冊子だけだ。父と母はいったいどこにいるのだろう。どうして失踪したのか、肝心なことはなに一つわからなかったのだ。

黎明姉は強い失望感に包まれ、空を見上げた。黒い雲が冷たい風に流され、頭の上にやってきた。桧の木はますます衰弱したように見えたという。

北京航空学院付属中学の校庭に一つのスローガンが貼られた。その内容は「父親が英雄であれば、その子どもも英雄になる。父親が反革命者であれば、子どもも愚かである。それが基本だ」というものだ。

この血統理論によれば、出身のよい人は「革命の英雄」とされた。一方、出身の悪い人は「反革命者」とされた。

出身のよいというのは、父母方それぞれの祖々父母、祖父母、父母すべてが労働者、貧困農民、革命幹部である人を指す。そして、出身が悪いというのは、父母方のそれぞれの親類の中に一人でも地主、裕福農民、反動派、悪い人間、右派がいる人を指す。

逮捕されてしまうような両親をもつ私たち三姉妹は、当然ながら「愚か者」とされ、「出身のよい」人たちは好き放題に私たちをいじめ、侮辱した。私たちと同じ立場とされた人たち、同情を寄せてくれていた人たちも、自分自身の身を守るため、私たちとのかかわりを避けるようになった。

この血統理論が出されてから、社会の緊張感は息苦しくなるほど高まった。

街のいたるところに、紅衛兵腕章を付けた若者があふれ、毛主席語録を振りながら「父親が英雄であれば、子どもも英雄である。父親が反革命者であれば、子どもも愚か者だ。革命する者は俺たちについてこい。革命しない者はあっちに行ってしまえ」と叫び、「革命踊り」というぎくしゃくした踊りを踊った。

彼らは、「革命する者は俺たちについてこい。革命しない者はあっちに行ってしまえ」というフレーズを叫ぶとき、右足に力をいっぱい込め、左前方へ蹴り出した。この動作で、自分たちと同年齢の「出身の悪い愚か者」たちへの蔑視を表現しているわけである。

同じ時期に北京のある場所に、「紅色の恐怖万歳」という赤字のスローガンが書かれた。そして、そのスローガンのまわりにはわざと血痕のような赤い点々がつけられ、人々の恐怖心をあおっていた。

その後も、文化大革命は生活のすみずみにまで、いろんな形で入りこんできた。たとえば「万寿無限」にあわせて踊る「忠」字踊りの広がりである。

「敬愛する毛主席は私たちの心の中にある赤い太陽。私たちはたくさんの心の話をあなたにお伝えしたい。たくさんの情熱あふれる歌をあなたにお聞かせしたい。あー、千人、万人の赤い心は感激し、激しく動く。千人、万人の笑顔が赤い太陽に向かっている。私たちは心の底から祈る。毛主席万寿無限、万寿無限、万寿無限」

「万寿無限」というのは万歳よりさらに強い願いが込められた言葉である。しかもこの歌の中で三回も繰り返されている。これは歴代封建王朝の「皇帝」への個人的な崇拝が、文化大革命において、最頂点へとのぼりつめたことを示していると言ってもいいだろう。

この歌にのって、たくさんの老若男女が踊りはじめ、「忠」字踊りはあっという間に全国に広まった。

しかし、私たちのような出身の悪い人間には、こうした踊りを踊る権利はなかった。ただ、見ることはかまわないという。私たちはこの時期、「忠」字踊りを何度も見物した。

私たちが住む南新団地と機械学部の車庫との間に空地があった。そこは「忠」字踊りをするのにかっこうの場所だった。

朝の九時になると、近くに住むたくさんの人たちが広場に集まってくる。そして、指導員の指示に従って、十一時過ぎるまで懸命に踊り、毛主席に対する情熱を精いっぱいからだで表現するのである。

この踊りの基本動作は次のようになっている。

まず左足でからだを支え、右足をリズムに合わせて、力いっぱい地面に叩きつける。上半身は歌詞に合わせてまわし、両手を斜め上に挙げ、頭の上で左右に振り、左手を腰にかけると同時に右手を斜め上に挙げる。その動作を繰返すのである。動きは単純だが、とてもリズム感があって、情熱的だ。それに健康のためにはとてもよさそうだった。

ただ、纏足しているおばあちゃんたちには、この踊りは少々苦痛のように見えた。にもかかわらず、一日も欠かさず、広場に現われ、最前列で踊る纏足の老婆がいた。そして、みんなと一緒に音楽に合わせ踊ろうとするのだが、足の先が尖っていて、バランスをうまくとれない。そのおばあちゃんがまじめに踊ろうとすればするほど、バランスが崩れてしまうのである。それでも彼女は一生懸命だ。ときどき私たち「出身の悪い」観衆に恥ずかしそうな笑顔を向けた。本当に可愛らしい、まじめなおばあちゃんだと感心したことを覚えている。

文化大革命当時、生産した教科書用の紙はすべて毛主席語録、毛沢東選集の印刷用にまわされた。どこの書店も毛主席語録、毛沢東選集でいっぱいだった。

学生たちには当然、教科書は行きわたらない。教育なんかどうでもいい。勉強なんかしなくていい。すべての基本は「革命」というわけだ。

また、毛沢東が新しい指示を発表するたび、一万もの人たちが、毛主席の語録を持って街をパレードした。このパレードは当時、「紅海洋《こうかいよう》」と名づけられていた。「紅宝書《こうほうしょ》」（赤い表紙の毛沢東語録のこと）はいつも身につけていなければならなかった。もし忘れたりすると、毛主席に対して不忠実だと批判される。とりわけ私たち「出身の悪い」人間は極度に神経を使わなければならなかった。

飛行機製造用のアルミ合金も毛主席バッジに変身した。ある人は、誰よりも自分が毛主席に忠実だということを証明するため、集めたたくさんの毛主席バッジを毛沢東に見せたという。そのとき、毛沢東は「我要飛機」（私は飛行機がほしい）の四字を書いて、その人に渡したそうだ。当時、いかにたくさんの毛主席バッジが生産されていたか、このエピソードでもわかるだろう。

一般の国営工場、軍事工場も通常生産を停止して、毛主席バッジの製造に専念した。工場間の激しい製造競争までおきた。

当時、大きいサイズから小さいサイズまでいろんな種類の毛主席バッジがあった。大きいものは洗面器ほどのサイズである。そんなばかでかいバッジを胸にかけていた人たちが「もっとも革命的」とされたのである。そんな彼らを羨ましげな目で見ている人もいれば、心の中で苦笑いする人たちもいた。

この時期、唐山鉄道学院にも、いたるところにこのスローガンと壁新聞が貼られていた。壁新聞の内容はほとんどがでたらめだったが、中には「ぷっ」と吹き出してしまうものもあった。壁新聞はかなりしつこく私たちの両親のことを取り上げていた。

その中の一つに、父の膝におとなしく座っている黎明姉に、毒と書かれている食べ物を与えられているマンガがあった。三つ編みをした髪の毛を上に向けた黎明姉、細い目で馬面の父、そのマンガは二人の顔の特徴を完璧に捉えていたのである。

黎明姉はそれを見て、思わず笑ってしまった。そして、実物より可愛く描いてもらった上に、父の膝の温もりも思い出させてくれた。父の膝に座っていたのは、もう遠い昔の話だ。なんだか幸せな気分になった黎明姉は、この「画家」に感謝したい気持ちになったという。

それはともかく、父と黎明姉が描かれたマンガの隣に「龍には龍が生まれる。鳳には鳳が生まれる。ねずみの子どもは必ず穴を掘る」というスローガンが貼られていた。その意味はやはり、出身の悪い者は生まれつき悪い人間になるということである。

四方八方から私たちに対する侮辱と罵りが発せられた。法律や道徳も私たちを救ってはくれなかった。

私たちは、空は灰色、人間も灰色、太陽まで灰色に感じていた。

9　北京公安局の恐怖

なんの情報も手にすることができなかった黎明姉の上訴から二ヵ月が経った頃、北京に住む張寧姉から手紙が届いた。

「前回うまくいかなかったと聞いたので、あれから私もあちこちから情報を集めてみた。この件はどうやら北京公安局が担当しているらしい。この手紙が届いたら、すぐ北京に来て欲しい。詳しくは会ってから話す」

北京に着いた翌日、黎明姉は、すぐに東交民巷《とうこうみんこう》にある北京公安局に向かった。

公安局周辺の道路は、冤罪を晴らすため全国各地から来た人々で埋め尽くされていた。その人の多さに圧倒されたが、「ここまで来た以上、とりあえず待つしかない」と腹をくくった。受付で「父、張鴻逵と母、田玉華を探したい」と来訪の理由を書き込み、待ちの態勢に入った。

「天子でも法を講じるはずだ」

「こんなにたくさんの冤罪があるのに、その事実がきっと偉大な毛主席の耳に入っていないんだと思う。だから、毛主席に伝えたくて、どんなことがあっても北京に来ようと思った」

「もう何週間もこの状態で待っている。いつまで待てばいいのかね」

ほうぼうでそんな会話が交わされていた。

彼らはいったい何日間待っているのだろう。髪の毛はぼうぼう、ひげものび放題、洋服も汚れていた。また、道端には何軒も急ごしらえの小屋ができていた。そして、その小屋から時々顔を出し、外の様子をうかがっている人もいる。「あの人たちはいったい何ヶ月間ここに滞在しているのかしら」。黎明姉は気持ちがなえてしまいそうだったという。

二時間ほど経ったとき、突然受付のほうから怒鳴り声が聞こえた。

「張黎明、張黎明はいるか。いるなら早く来なさい」

「よかった。今度こそ、父と母の行方がわかる」

姉は期待に胸をふくらませ、小走りで人波をかきわけた。

「私が張黎明です。ここにいます」

そう叫ぶ黎明姉の前に二人の男が立った。一人は中年で公安局の制服を着ており、もう一人の若いほうは私服だった。

「あなたが張黎明ですか。張鴻逵と田玉華の行方を探しているのだね」

公安局員は黎明姉本人であることを確認し、「今は何も言えません。今夜七時、もう一度ここに来てください」と言い渡した。

希望が見えてきたような気がした。黎明姉は一刻も早くこの知らせを大ママに伝えたいと必死で自転車のペダルをこいだ。

夕刻、黎明姉はふたたび自転車で公安局に向かった。

「もうすぐ七時だ。七時になれば父と母がどこにいるかがわかる。今回の北京公安局への訪問は正解だった。もう少し早く来ていれば、両親の消息はとっくにわかっていたかもしれない」

姉はそんなことを思いながら、建国門と東長安街を通り抜けた。ネオンの光りで街が美しく見えた。

黎明姉は七時より早く公安局に着いたが、昼間の二人はすでに待っていた。感激気味に挨拶をする黎明姉に対し、中年男は少し微笑み、姉と握手をしてくれた。だが、もう一人の若いほうの顔にはまったく表情がなく、姉に冷たい一瞥を投げただけだ。「嬉しがっていられるのは今のうちだけだよ」。まるで、そう言われているような感じだった。黎明姉はふたたび不安の中に引きずり込まれたという。

若い私服の男が公安局員の耳元でなにかささやいた。公安局員は厳しい表情でうなずいた。若い男がいったん奥の部屋に入り、しばらくして黒い洋服を着た六十前後に見える背の低い男性を連れてきた。

黒服の男の表情は、黎明姉を震え上がらせるに十分厳しいものだった。「俺は甘くない。おとなしくしたほうが身のためだ」。そんな威圧的雰囲気が滲み出ていたという。黎明姉は、「父と母の身によくないことが起こっている」と直感した。

「来い、私たちについて来い」

若い男は威嚇《いかく》するような口調で言った。そして、自分が先導するかっこうで歩きはじめた。黒服が彼に続き、姉はその後を心許ない足取りで追った。はじめは比較的に優しく接してくれた公安局員も、黒服が現れてからは表情を一変させ、姉の後ろについて歩きはじめた。

夜のとばりがおり、静寂が支配する町の中を四人とも押し黙って歩いた。大通りを、狭い路地をひたすら歩いた。姉の耳には四人の足音と自分の心臓の激しい鼓動だけが聞こえていた。

どこをどれだけ歩いたのか、姉はほとんど覚えていないという。壊れた壁を乗越えたこと、垂れていた竹すだれを手で払いながら歩いたこと、それぐらいしか記憶に残っていない。同じところを何回も歩いていたような気もする。時間の流れはゆっくりで、長い長い道のりだった。

「なぜ、こんな真っ暗な夜を選んだのだろう。しかも、どうしてこんなに遠くまで歩かせるのか。私に恐怖感を与えるためだろうか。もし、そうなら、彼らの目的はもう十分達せられている」

姉は歩きながらそう思っていたという。

彼女はこわくてたまらなかった。だが、助けに来る人が誰もいないことはわかっていた。

「怖くない。怖くない。ここまで来てしまった以上、命をかけるしかない。父さんと母さんのことが知りたい一心で、自分からやって来たんじゃないか。もしかしたら、今夜中に父さんと母さんのことがわかるかもしれない」

黎明姉は気持ちを落着かせるため、そう自分に言い聞かせていた。

ようやく若い男の足が止まった。そこは庭のようなところで、奥には小さな建物があり、部屋の中に暗い灯りが点っているのが窓ごしに見えた。

部屋の中には誰もいなかった。しかし、電気はついている。当時そんな電気の無駄使いは許されなかった。部屋の隅には角材や竹のすだれが散らかっていた。入口に面している壁に三脚の椅子が置かれ、その椅子の前には白い布のかけられたテーブルがあった。その手前に、背もたれのない四角い椅子が一つ置かれている。

男たちは黒服を真中にして、壁ぎわの三つの椅子に腰をおろした。

「お前も座れ」

若い男は、背もたれのない椅子を指さした。

黎明姉はとても疲れていたが「どんなことが起きても、落着いて対応しよう」、あらためてそう決意し、椅子に座った。

黒服からの目くばせで、公安局員が口を開いた。

「張黎明、あなたはなぜ北京市公安局に来たのですか」

「父と母に何があったのか、娘である私たち三姉妹は知りたいのです」

「彼らは反共産党、反社会主義祖国、反毛主席の反革命罪に問われている」

「大学の中で、父と母は日本から派遣された国際スパイだという噂が流れています。それは本当ですか」

姉の質問を聞き、黒服の顔の筋肉が少し緩んだ。

「お前には革命の覚悟が少しあるようだね。お前が河北省の農村で積極的に思想改造をしていることを我々は知っている。その改造ぶりから、我々はお前が反革命的な両親との間に、はっきり境界線を引いていることがわかった」

「そんな余計なことなど聞きたくない」。姉は心の中でそう思いながら、落着いた口調でさらに同じ質問を繰り返した。

「私の父と母は本当に国際スパイなのですか」

黒服は緩みかけた顔をまたもとにもどした。

「本案件は現在厳密に調査中だ。この案件にはたくさんの人間が関連している。彼らのすべてに反革命的言論と行動の疑いがあるのは事実だ。彼らは反革命の現行犯なのだ」

「彼らが反革命的現行犯であることは承知しています。そうでないなら、あなた方が彼らを逮捕するはずもありません。しかし、具体的にどんな罪を犯したかを教えて頂けないでしょうか。日本のスパイに間違いないのでしょうか」

姉の執拗な質問に黒服はいらだちを見せはじめた。

「わからないのか。張寧の家には日本製の物がたくさんある。張岫芝も、張寧も社会主義建設に参加せず（無職の人間を指す）、毎日のように派手に着飾り、ブルジョワ的な生活を送っている。その金はどこから来たのか。革命群衆なら、かなりの問題があることがすぐにわかる」

「私が知りたいのは、父と母が日本から派遣されたスパイなのかどうか。それだけです。どうか教えてください」

ドン！　若い男が突然テーブルを力いっぱい叩いた。

「おとなしくしてろ。お前はそんな態度をとっていいのか」

驚いている姉に向かって、黒服が怒り隠さず追い打ちをかけた。

「張寧が使っているベッドを知っているか。彼女は純粋のブルジョワ生活を送っている。この種の人間を思想改造しなくて、誰を思想改造するというのか」

彼らの話すことはめちゃくちゃだ。たとえどんな高級ベッドで寝ていようが、それで反革命罪に問われるいわれはない。彼らは偉い地位にいる人なのだろうが、知的レベルはあまり高くない。

黎明姉は彼らに軽蔑を覚えたという。すると不思議なもので、それまでの恐怖感が多少消えたような気がした。

「私は張寧のベッドに興味はありません。両親について本当のことを知りたいだけです」

姉はそれまでにない少し強い口調で言った。

「国家機密を漏らすことが反革命じゃないとでも言うのか。張寧の夫、劉源張は毎日のように斉木という日本人鬼と一緒に不審な動きをしていた。彼らがどんな悪いことをしているか、革命群衆にはすぐにわかる。どうしていちいちお前に説明する必要があるのか。自分の身分を考えろ。喋り方に気をつけろ」

若い男がまた怒鳴った。

「革命群衆ならすぐにわかる」。彼らは何度もそう繰り返す。しかし、「何がどうわかるのか」、姉には理解できなかった。彼らは見た目だけで人を判断し、自分たちの憶測だけで人を逮捕する。証拠などどこにもない。黎明姉を納得させる材料は何もないのだ。

政治犯罪でも刑事犯罪でも、必ず証拠によって罪が確定される。それが司法の原則だ。文化大革命の中ではそれさえも無視されたのである。

「あなたの農村での評判はとてもいい。私はあなたにこのまま自分のいいところをのばし、欠点を改めて欲しいと思う。反革命的な両親とブルジョワ的な親戚と縁を切り、毛主席の話をよく聞き、主席の良い学生になってください」

硬直した状況を見て、公安局員が口を開いた。三人の中で、この中年男性だけは優しい言葉づかいだった。

「私は父と母に励まされ、貧困農民からの再教育を受ける決心をしました。両親の支えがあったからこそ勇気を出して、厳しい環境の中で自分自身の思想を改造することができたのです。彼らが反革命者であるということがどうしても理解できません」

姉は中年男性に理解してもらおうと必死だった。だが、彼が口を開く前にまた、黒服がわけのわからないことを喋りはじめた。

「反革命者はいつも仮面をかぶっている。共産党と毛主席に深い恨みを持っている反革命者こそ、表面的な支持を装うものだ。お前たちは張鴻逵と田玉華の反革命活動に利用されただけだ。だから、お前たちがきちんと思想教育を受けているかぎり、我々は張鴻逵や田玉華と同じとは見なさない。我々共産党、わが政府はお前たちのような人間に対しても一視同仁《いっしどうじん》（一般人と同じ目で見ること）の態度を取っている。それくらいはわかっているだろう」

「仮面をかぶって革命を装っているとおっしゃいましたが、そんなに長い間隠しとおせるものでしょうか」

「お前はもう十八歳、大人だ（中国は十八歳が成人年齢）。自分の言葉に責任を持て。俺が優しく説明しているのに、その反抗的な態度はなんだ。自分の立場を考えろ」

黒服は威嚇した。

「自分の立場はよくわかっています。私は事実を知りたいだけです」

姉は相手を刺激しないように、声を小さくして弁解した。

「忘れるな。お前はすでに満十八になったんだ」

黒服が首に青すじを立てて怒鳴った。若い男も、一緒になって激しくテーブルを叩いた。

「おとなしくしろと言っただろう。首長はご多忙の中、貴重な時間をさいて、お前に会いに来ておられるのだ。なのにお前の態度はなんだ。このわからず屋め。よく聞け、我々はいつでもお前を別のところに連れて行けるんだぞ」

「いつでも別のところに」というセリフは、彼らが張寧姉の家で取り調べをするときにいつも使う常套句《じょうとうく》だ。それを黎明姉にも使ったのである。彼女は怖くて震え上がり黙り込んだ。そして、頭を深く下げ、二度と上げなかった。

部屋は不気味に静まりかえった。空気も凍ってしまったのだろうか、全身を悪寒がおそった。電力不足のため天井にぶら下がっている電球も、しばしば切れてしまうのではないかというほど暗くなる。

「もしこの電球が切れたら、自分はどうなるのだろう」。黎明姉の恐怖感が極度に増幅された。

「今自分がどこにいるのかわからない。真っ暗などん底、目の前にはおそろしい三人の男がいる。もしかしたら……このまま彼らに消されるかもしれない。自分は生きて帰れないのかもしれない。父や母がわけのわからないまま消えたのと同じように。彼らにはそれができる」

姉は死を覚悟したという。


重苦しい沈黙がいったいどれくらい続いていたのだろうか。シャッという音がした。頭を上げると、若い男がマッチを擦り、黒服がくわえたたばこに火をつけていた。そのマッチの光は電球より明るかった。その光が黒服の不気味な顔を浮かび上がらせた。黒服は鼻と口から煙を吐いた。

他の二人もたばこに火をつけた。小さな部屋に煙が充満し、姉は咳き込んでしまった。

黒服が咳払いを一つして、沈黙を破った。

「我々が言いたいことは全部言った。何をお前に言う必要があるかは我々が決める。これはたくさんの人が関わっている大きな事件だ。中国革命事業に多大な損害をもたらしていることは事実であり、我々は厳密な調査を行っている最中だ。まだ調べなければならないことがたくさんある。長い時間をかけなければならないのだ。とにかく、我々の祖国、共産党と偉大なリーダーである毛主席を敵にするもの、国際スパイといった悪人は絶対に許すことができない。我々は彼らを徹底的に弾圧する。容赦なしだ」

黒服はこの最後の一言に力を入れながら、手を挙げて下まで強く振り、言葉の重要性を強調した。姉は黙って黒服の「演説」を聞くしかなかった。

「新中国が誕生して以来、国内外のたくさんの敵が我々の偉大な事業を破壊しようとしたが、これまですべて失敗に終わった。我々の偉大な事業はますます発展し、敵どもは日増しに苦しい状況に追いやられている。だが、彼らは自分の失敗を認めない。ますますその野心を拡大させている。だから、我々はいっときも気を緩めることができない。毛主席と中央文化大革命組織を中心にしっかりと固く団結し、プロレタリア革命を最後まで徹底的にやり抜くのだ」

黒服は自分の演説に陶酔しているようだった。

姉の質問には何一つきちんと答えられないのに、こうした話になると、まるで小学生が作文を丸暗記したかのようにとうとうと語る。

彼が喋った革命プロパガンダは耳に厚いタコができるほど、いろんなところで聞かされていた。おそらく、他の二人もこれまで何度も何度も聞かされてきたに違いない。だが、若い男は尊敬の眼差しを黒服に送っていた。

黒服の演説がようやく終った。そして若い男が再び口を開いた。

「我々の首長はお前のために、これだけ素晴らしい話をしてくださった。これはお前のこれからの人生観改造におおいに役立つと思う。首長はお体があまり丈夫ではない」

最後の言葉を聞いて、黒服が咳ばらいをした。

若い男は自分の言葉が適切ではなかったことに気づき、喋り方を変えた。

「我々の首長はご多忙にもかかわらず、大切な仕事を後回しにして、わざわざお前に会いに来てくださった。これはお前の両親が起こした事件を大変重視しているからだ。首長のご指導のもと、我々はお前たち家族のすべての反革命的犯罪を調査する。共産党の偉大な事業、偉大なリーダーである毛主席を守り、一人の敵も逃がさない自信があるのだ」

彼も黒服と同じように、言葉の最後を言うとき右手を高く挙げ、そして、力いっぱい振り下ろした。

黒服はもう一人の中年男性にも視線を向けた。

「話すべきことは首長と王同志が全部話された。ぼくからはとくにありません。あなたはもう言うことはありませんか」

彼は優しい調子で姉に声をかけた。その言葉を聞き、黎明姉は少し考えた。このまま帰ってしまったら、けっきょく父と母のことは何もわからない。とても怖いが、この最後のチャンスを逃がすわけにはいかない。

「私の家族は反革命の罪に問われているようですが、両親が逮捕されて長い時間が経っています。しかし、今まで私たち家族に何の連絡も入っていません。それはなぜでしょうか。

私たちが所属している大学の中では、いろんな憶測や噂が流れています。また、これは張寧姉から聞いた話ですが、張春生兄と劉源張兄が逮捕されたとき、そばにいた家族に逮捕状も提示されなかった。このような疑問があったので、私はあなた方から……」

「逮捕状がないって、誰がそんなこと言った。逮捕状は犯人に提示するもので、家族には見せない」

若い男が姉の話に口をはさんだ。

「もういい。きょうはここまで。もう帰っていい」

黒服はあくびをしながら若い男を止めた。

「お前はもう帰っていい」

彼も首長に合わせて言った。

もう一人の男性は一言も喋らず、黎明姉を元の場所、東交民巷の公安局まで連れて行ってくれた。歩きながら、彼女は先ほどまでのことを一つ一つ思い出していた。

彼らはどうしても父と母に反革命の罪をかぶせたいようだ。だが、彼らの口から、父と母が反革命であることが納得できるような答えは得られなかった。強い口調にもかかわらず、彼らの態度からどことなく自信のなさが感じられる。現在のところ彼らには両親の犯罪を立証できる証拠がないのだ。

「でもどうして……」。姉の頭の中はいくつもの疑問でいっぱいになった。

私たちの国家、尊敬する共産党と毛主席は本当に偉大なのか。本当に偉大ならば、罪のない人を簡単に逮捕して、調べたりしないはずだ。証拠もないのに、人を逮捕したりしないはずだ。彼らは誰からそんな絶大な権力を与えられているのだろう。小学校のときから「革命」に憧れてきた。だが、「革命」というのは、無実の人たちに無理矢理罪をかぶせることなのだろうか。そんな「革命」ならお断りだ。黎明姉はそう感じたという。

週に一度、決まった時間に張寧姉の家には、私たち両親の事件の担当者とその随員がやって来る。担当者は中年の男性で、背が高くて、とても痩せている。馬面で、冷酷さを感じさせる鋭い目は「お前の死活は、この俺にかかっているだぞ」と言っているかのようだ。彼の右手の人差し指と中指の間はたばこのやにで茶色になっている。姉たちは彼を「長顔」と呼んでいた。

彼の部下の中に、純粋な北京語を喋る三十代の女性がいた。彼女は、その首に巻いているスカーフが好印象を与える以外、まったくいいところが見つからない。その傲慢な態度は、ときに「長顔」のそれを超えていた。姉たちは彼女に「恐怖女」と名前を付けた。

「長顔」は毎週張寧姉の家に現れるが、随員は輪番制をとっているのか、いつも代わる。彼らは張寧姉に毎週自己反省の書面を求め、その量が十数枚に達していないと「態度が悪い。もし、お前に二人の子どもがいなかったら、とっくに場所を代えてやっているんだ」と、脅しをかけていた。「場所を代えてやる」というのは、言うまでもなく、「お前をお前の家族と同じように逮捕し、この家庭から消してやる」と同じ意味だ。彼らはこの言葉で、張寧姉を脅し続けたのである。

彼らは週に一度必ず現れた。風の日も、雨の日も。

「長顔」が張寧姉の家に入ってくるとすぐ、一週間をかけて張寧姉は、苦心惨憺《さんたん》して書き上げた書面を両手で持ち、「長顔」に差し出す。「長顔」は受取った書面をぱらぱらとめくるだけ、その内容はどうでもいいというように、政治的大理論を講じ、劉源張の「反革命罪」をしつこく聞き出そうとする。

斉木という日本人がこの家にいつ来たのか。お前の家族はいつ斉木に招待されたのか。斉木と劉源張が二人きりになるのはいつなのか。それ以外の人間と会ったりしていないか。どんな人間と一番親しく付き合っていたのか。張鴻逵と田玉華が北京に来たとき、劉源張とどのような会話を交わしたのか。田玉華とは日本語を使って会話していないか……。

彼らは小学校の教師のように張寧姉にたくさんの質問を浴びせかけ、脅した。

「素直にすべてを話せ。少しも隠してはならん。お前は私たちから罪を償うチャンスを与えられているのだ。お前には二人の可愛い娘がいるではないか。二人をおいて行くことはできないだろう」

まるで恐喝である。毎週のようにこのような脅しを受け、張寧姉は混乱しはじめてしまった。なにが本当なのか、わからなくなってしまったのだ。「夫は本当に日本のスパイなのか。どう見てもスパイには見えない。彼はいつも祖国と国民を愛していると言っていた。共産党と毛主席に対する不満もただの一度だって言ったことがない。犯罪的言動を思い出せと言われても、ないものはないと言うしかない。嘘を言って夫に罪をかぶせるわけにもいかない」。張寧姉は自問自答し、心の中で闘い続けた。

「お前は劉源張と同じどぶにいる蛆《うじ》だ。脳みそを絞りたて、いろんな方法で劉源張を美化しようとしているのはわかっている。こんな態度をとり続けるなら、お前を革命群衆に任せるぞ」

これはもっとも恐ろしい言葉である。

当時で言う「革命群衆」とは、毛沢東を後ろ立てにして、やりたい放題する輩のことである。彼らは仕事中に反対意見を言った人間、自分より仕事ができる人間に対して、様々な侮辱を加え、私怨をはらしていた。毛沢東はそんな「革命群衆」に、「反革命者を打倒せよ。そして、さらにその人間を踏みつけ、彼らが一生立上がれないようにしろ」と指示するのである。

「革命群衆」は狂気の集団となった。そして、何千年もかけて培ってきた中国の礼儀を重んじる伝統すべてを破壊してしまった。彼らには他者の人権はもちろん、人間としての尊厳も完全に無視できるのだ。

もし張寧姉が「革命群衆」の前に突き出されたら、彼らは彼女を殴り倒し、彼女のからだをボールのように踏んだり蹴ったりすることができる。そして、直接的な暴力行為だけでなく、彼女を侮辱するため、髪の毛を半分、坊主にして（彼らは「陰陽頭《いんようとう》」と呼んでいた）、首に大きな看板をぶら下げ、町中を引きずりまわす。そうなれば、町のいたるところにいる「革命群衆」から襟を掴まれ、殴られたり、蹴られたり、罵られ、つばを吐きかけられるのだ。

彼らに言わせれば、こうした行為は「革命行動」であり、共産党と毛主席を熱愛する表現でもあるのだ。

張寧姉が一番恐れているのが、この「革命群衆」の前に突き出されることである。「長顔」も張寧姉の家に何度も通っているうちに、彼女の恐怖心のありかに気づいたようだ。その頃から、決めの脅し文句を「場所を代えてやる」から「革命群衆に任せる」に代えた。

週に一度の地獄の日、張寧姉の精神はぼろぼろになり、ほとんど涙で顔を洗っている状態だった。だが、彼女は可愛い二人の娘のために生きた。非人間的な侮辱に耐え、死に神を払いのけながら、立派に母親の義務を果たしていたのである。

この時代、「革命群衆」以外の人間は、少しでも弱気になれば、あの世に行ってしまうしかなかったのである。

二度目の北京訪問でも、黎明姉は、両親の行方について、確かな情報を得られなかった。だが、少し心強くなるような話を張寧姉から聞いてきた。

北京市海淀区の派出所に、龐《ぼう》さんという警察官がいる。当時彼はとても変わっている人間と見なされていた。なぜなら、周りの人からどんなに勧められても、共産党に入ろうとはしなかったからだ。彼の奥さんは共産党員で、北京国営紡績工場の幹部である。彼女は彼に共産党に入ることを再三にわたって勧めたが、彼はまったく無関心だった。

龐さんも時々「取り調べ」の名目で張寧姉の家を訪れていた。しかし、彼は他の警察官とまったく違っていた。世間の人々に対するのと同じように姉たちと接し、必要なときは女手ではむずかしい力仕事を手伝ってくれた。

ある日、彼が張寧姉の家を訪ねたときのことだ。彼女は沈うつな表情で「長顔」たちに指示されていた夫の告発資料を書いていた。

「もう疲れました。こんな状態が続くのなら死んだほうがましです」

唯一まともな人間として接してくれる寵さんの顔を見て、張寧姉は思わず弱音を吐いてしまった。

「張さん、そんなことを言わず、強く生きてください。あなたたち一家にかけられている容疑に根拠はありません。これまで私もいろいろ調べてみましたが、スパイだという証拠はなに一つ出てきていません」

寵さんがそう話しはじめたのである。

「ただ、逮捕状に陳伯達が自ら許可サインし、中央の文化大革命指導部が直接担当しているため、話がとても大きくなってしまったのです。今のところ、この事件がどのような展開をするのかわかりません。おそらく、陳伯達が死ぬか、失脚でもしない限り、現在のままかもしれません。陳伯達も中央の指導部も自らの過ちを認めるはずがありませんからね。

私たち警察官はこれまでたくさんの冤罪を見てきました。あなたたちのケースをこのまま八年、十年と引き延す可能性は十分考えられます。

私はあなたの娘たちを見て、とても可哀そうに感じました。これまで何度もあなたに本当のことを教えようと思ったことがあります。咽《のど》まで出かかっていたのです。しかし、警察官としての守秘義務がそれを押しとどめました。

でも、あなたの今の姿を見ていると限界のような気がしました。それでこんなことを話しました。どうか子どもたちのためにも、強く生きていってほしいと思います」

人間らしい心をもった、この警察官の話は私たちを喜ばせた。そう、私たちの家族は私たちが信じてきたように、悪い人間ではないのだ。と同時に、とても絶望的な気持ちをも抱いた。陳伯達は文化大革命の中央指導部の総責任者である。彼の失脚は考えられない。とすれば、私たち家族の冤罪は永遠にはらすことができない。この国に正義はないという絶望感が深まったのである。

黎明姉が北京から唐山に帰ってきたとき、ちょうど我が家に韓おばさんが来ていた。彼女は私たちのことが心配で、わざわざ廊房から様子を見に来てくれていたのである。

黎明姉が韓おばさんの姿を認めたとき、大明姉と私は不安を感じた。だが、杞憂《きゆう》だった。黎明姉は一直線に韓おばさんに向かって走り、彼女を抱きしめ、頬にキスをしはじめた。

「おばちゃん、生意気なことを言ってごめんね。私を許して」

黎明姉にとっても韓おばさんはいなくてはならない存在、彼女にも頼りになる人の温もりが必要だったのである。

二人は抱き合い、しばらく泣いていた。そんな姿をすぐそばで見ていた大明姉と私がほっとしたのは言うまでもない。

黎明姉は私たちに北京で聞いた警察官寵さんの話を伝えてくれた。

私たちの両親は悪い人間ではない。国際スパイなどではない。潔白な人間だ。私たちの心の揺れはおさまり、両親と再会できるその日まで、信念を持って強く生きて行く覚悟ができたのである。

それは遠い将来かもしれないが、きっと来る。私たちはそう信じた。

寵さんの話は私たちに計り知れない希望と力を与えてくれた。私たちは人前で顔を上げることができる。どんな侮辱にも耐えてゆけると感じたのである。

「どんなことがあっても、どんなに侮辱され、いじめられても、寵さんをけっして裏切らない。彼のような善人を絶対に裏切ってはいけない。寵さんの話を誰にもしない」

私たち四人はそう固く誓い合った。そして、この誓いは守られたのである。

一九六七年六月下旬、黎明姉が二度目の北京行きから戻って二ヵ月あまりが経ったある日のことである。

大学公安処の劉さんと曹さんが我が家にやって来た。彼らは一枚の折り畳んでいた紙を取り出し、とても厳しい表情で朗読しはじめた。

「張鴻逵、田玉華両名は重大な反革命、スパイ行為を犯した……。そのため、法律を根拠とし、一九六六年八月二十六日に四川省夾山市において、四川省公安庁によって逮捕された。現在四川省公安庁看守所に拘留中である。中華人民共和国公安部四川省公安庁。一九六七年七月」

「父と母の行方がやっとわかった。神様、本当にありがとう」

黎明姉は、逮捕状というまがまがしいものを提示されたにもかかわらず、心の中でそう叫んだという。これでやっと宙ぶらりんな気持ちから脱することができると感じたのだ。

ここ数日の間、木の上で、セミが必死に「知了《ちりょう》（中国語ではセミの鳴き声。消息あるの意）知了」と鳴いていた。

劉さんが文章を読み上げている間もその鳴き声はやまなかった。「知了、知了」という鳴き声がなんだか、「わかったね」と言っているように聞こえたという。

「反革命行為というのを具体的に説明していただけませんでしょうか。家族として、私たちに知る権利はありますか」

黎明姉は精いっぱいの勇気を出して聞いてみた。

劉さんと曹さんが目を合わせ、曹さんのほうが口を開いた。

「たとえば、こういうことです。この前、我々が公安庁と一緒に立ち会って家宅捜索したとき、この家から旧満州時代と国民党時代のお金が出てきたでしょう。現在に至るまで、そのようなものを保管しているということは、日本鬼と国民党反動派が統治していた暗い旧社会に戻りたいという証拠でしょう。これを反革命行為と言わず、何が反革命になるでしょう」

母は昔から、古いお金をコレクションする趣味があった。家には清の時代の銅で作られた真中に四角い穴のあいたコインもあった。その当時の年号「通宝」と書かれている。また、孫文の顔が印刷されている国民党時代の紙幣もあった。だが、孫文は一貫して共産党を支持していたのではないか。そして、残りのカラフルな紙幣は、一九四九年に新中国が成立してからも、しばらく使用が認められていた。これはたんなる趣味に過ぎない。にもかかわらず、反革命である証拠になってしまったのである。

しかし、そうした「証拠」にどんなに説得力がなくても、私たちには弁解することはできなかった。

劉さんと曹さんは、長年大学の公安処に勤務していた。学内の治安の維持に貢献し、泥棒を捕まえたことも数回ある。私たちの目には英雄に映っていた。当の両親とも仲のいい知人として付き合い、尊敬の意を込めて「白い顔の劉さん」と「黒い顔の曹さん」と呼んでいたのである。

だが、この日の二人は白黒もわからないように見えた。まるで地獄から派遣された使者のように、二つの黒顔と白顔が黎明姉に向かっていたのである。

中央文化大革命チームの一員である陳伯達のサインで父母が逮捕されたという。それなのにどうして、四川省公安庁が表に立つのか、姉にはなんの説明もなかった。いくつもの疑問があるのにもかかわらず、抵抗すらできない無力感と侮辱されたくやしさに黎明姉は包まれたという。

セミは相変わらず「知了」「知了」と鳴いていた。

両親の逮捕状のことは、まだ幼い私には内緒にされていた。

ある日、部屋に入ると、二人の姉が声をひそめて話をしていた。私が突然現れたことに驚いた様子の姉たちに向かって尋ねた。

「どうかしたの」

「ううん、何でもないよ」

黎明姉は作り笑いをしながら、一枚の紙をあわてて隠した。私はそれが気になって仕方がなかった。あの紙になにか秘密が隠されている。

翌日、姉たちが出かけた隙に私は部屋中をくまなく探しまわった。そして、やっと見つけた。それはドアの後に掛けてある黎明姉のコートの内ポケットの中にあったのである。

自分で懸命に探しておきながら、実際にその紙を手にしたとき、私の心臓は止まってしまうかと感じるほどどきどき高鳴った。震える手で折り畳んであった紙を開いた。

「逮捕状!?　パパとママの逮捕状!　えっなに、これ」

目の前が真っ暗になり、頭の中は真っ白になった。

「これは何かの間違いだ」

何度もそう自分に言い聞かせた。必死に心を落ち着かせようとした。そして、しばらく間を置き、もう一度冷静に読み直した。

「反革命、スパイ行為、スパイ……。北京資料館の内部機密情報を日本に送り、唐山鉄道学院の移転を外部に漏らした」

逮捕状にはそう書かれていた。北京に行く度、一定の地位以上の人でないと入れない内部資料館に父が立ち寄っていたのは事実だ。だがそれは仕事に関する最新情報を得るためだ。まさかあの父が、その情報を外部に漏らした、スパイ行為をしたなんて、とても信じられない。だが、今ここには父も母もいない。ことの真偽を確かめることもできず、とてもはがゆかった。

父が自分の子どもたちをとても可愛がっていたことは、唐山鉄道学院の人なら誰もが知っていた。なかには「子どもを可愛がり過ぎる」と父を批判する人もいたほどだ。以前の「反右派運動」の際にも、「子どもに対して寛容過ぎる。もっと厳しく教育すべきだ」と壁新聞で批判されたこともあるという。しかし子どもを可愛がることが、政治とどうかかわってくるというのだろう。

父はその壁新聞を見ても、平気な顔をしていた。

「私の子どもたちはみないい子ばかりだ。どんなに可愛がっても、悪い子にはならない」

そして実際、彼はそれまでと同じように私たちと接してくれた。

三姉妹の中でも、末っ子の私はとりわけ可愛がられた。

「命の根、命の根」

毎日のように私のことを、そう呼ぶのである。

「命の根」というのは、父の愛情がいっぱい詰まっているということだ。

「命の根を口に入れたいけど、溶けるのが心配だ。頭に載せたいが、落ちたらどうしよう。自分の身につけるとすれば、どこが一番安全か。そう、ポケットに入れるのがいい。だから命の根をポケットに入れて、いつも連れて歩きたい」

父は、私に対するあふれんばかりの愛情をそういう言葉で表現した。そして実際、私は父の愛に包まれ、九歳まではなに不自由なく、父という大きな木の下で庇護されて過ごしてきたのである。父の愛情を一身に受けた私が信じなくて、他の誰が信じてくれるというのだろう。

私は父と母を信じる。

このことについて姉たちに尋ねていいものかどうか迷った。姉たちは、まだ幼い私を傷つけたくなくて隠していたのだ。彼女らの優しい気遣いが痛いほどわかった。

姉たちは私よりずっと辛い思いをしているに違いない。彼女らに対して申しわけない気持ちが一気に込み上げてきた。

「しっかりしなくちゃ」

一瞬のうちに大人になったような気がした。そして、「知らない振りをしよう」と決意し、父母の逮捕状をたたみ、元通りに戻した。私はふだんと変わらぬよう、明るい笑顔で姉たちを迎えた。

その日の夜、いつもと同じように、私はダブルベッドで黎明姉と一緒に横になっていた。

両親のことが頭から離れなかった。父も母もあんなに善良な人なのに、スパイなんてするはずがない。私のノートに「張鴻逵万歳」とたくさん書いてあるのを見て、「万歳という言葉は毛沢東主席にしか使っちゃいけない。毛主席は中国の救世主で、とても偉大な人だ。パパは毛主席とは比べ物にならない。パパのことが大好きだという気持ちはとても嬉しいが、パパ万歳は二度と書いちゃだめよ」と父は注意した。彼が心から毛沢東を支持していることは十歳の私もよくわかっていた。それなのにスパイなんかするはずがない。

両親とはもう会えないのだろうか。もし、会うことができたら、絶対にわがままは言わないでおこう……。いろんなことが頭に浮かんでは消え、一睡もできなかった。そして、とうとう我慢できなくなり、泣き出してしまった。

私の泣き声に驚いた黎明姉が目を覚ました。

「どうしたの」

このときの黎明姉は母のように見えた。私は起き上がった黎明姉の腰を抱きしめ、「パパとママにはもう会えないの。パパとママは悪い人なの」と尋ねた。

黎明姉もまた、私の肩を痛いほど強く抱きしめ、慰めてくれた。

「信じましょう、パパとママを。私たち二人が信じてあげないとパパとママが可哀そうよ。これからは三人で力を合わせて、パパとママの帰りを待ちましょう。きっとまた会える日が来る」

10 宿舎焼失

中国には古くから「福無双至《ふくむそうし》、禍無単行《かむたんこう》」ということわざがある。福は一度に二つ来ないが、災難は必ず複数でやって来るという意味だ。不運なことに、このことわざが私たち家族にぴったりあてはまった。

両親の行方がわからなくなってから、私たち三姉妹は家財道具を少しずつ売りながら、なんとか生活を維持して来た。互いに励ましあい、かすかな希望を抱いて一日一日を過ごしてきたのである。父母が「失踪」して一年と二日が過ぎた一九六七年六月三十日の夜中、二時過ぎのことだった。夏になると中国では、寝るときには蚊帳《かや》をつかう。その夜も、いつもと同じように蚊帳を吊り、私と黎明姉はダブルベッドで、大明姉はシングルベッドで熟睡していた。

ピリピリと木が燃えているような音と、ばたばたした人の動きで、まず大明姉が目を覚ました。彼女はあわてて黎明姉を起こした。

「姉さん、なんか変だよ」

周りの様子をうかがおうと、黎明姉はすぐさまリビングのドアを開けた。目に入ってきたのは、崔一家全員が血相をかえ、懸命に家財道具を屋外に運び出そうとしている姿だった。それで姉たちははじめて火事だということに気づき、急いで部屋に戻った。

「火事だよ。目を覚まして。早く早く。外に逃げよう……」

熟睡していた私を叩き起こし、外へ引きずり出した。どうにか部屋の外へ脱出することができた私たちが、後ろを振り返って見ると、ダブルベッドの真上に吊られていた蚊帳の天井部分に火が移り、燃えはじめていた。逃げ出すのがあと一、二分遅れていたら、私たち三人は間違いなく焼死していただろう。

火事に早く気づいた崔一家は、自分たちが飼っていた猫から家財道具、さらには卵にいたるまで、生活用品のほとんどを運び出していた。だが、彼らは私たちに声一つかけてくれなかった。

火の勢いがだんだんと強くなり、家のドアから外へ炎が噴き出してきた。

「近くに電柱と電線がたくさんある。ここにいたら危ない」

黎明姉は、私たちを運動場まで避難させた。三人ともスリッパにパジャマ姿。それが、家から運び出すことのできた唯一の財産だった。

夏だというのに、震えが止まらなかった。黎明姉は大明姉と私の肩に手を回した。そして、三人は運動場の芝生に座り込み、ただ茫然と、炎に包まれ崩れ落ちていく我が家を見つめていたのである。

周辺は騒然となった。隣近所の人たちも火事に気づき、次々と外に出てきた。だが、私たちのために火を消そうとしてくれる人はいない。

「南新団地火事発生。学内革命的教職員及び学生は大至急南新へ行き、消火活動を行ってください」

スピーカーから火事を知らせる放送が流れた。

それでやっと洗面器やバケツを持った人たちが、四方八方から駆け付けてきた。消防車も四台到着した。だが、水がない。我が家の前にある消火栓は、農作物灌漑を禁止するために、消防署員によってしっかりと閉められていた。そして、その後は点検もされなかったために、誰もその消火栓を開けることができなかったのである。

仕方なく、消防署員は斜向《はすむか》いの魏さん宅の庭の生け垣を倒し、庭先の蛇口にホースをつないだ。そして延焼を防ぐため、我が家と隣の八舎乙の境界線に水をかけるのが精一杯だった。

火事場の喧騒の中から、私たち三人の名前を呼んでいる声が微かに聞こえたような気がした。だが、定かではない。やじ馬たちの騒ぎ、空耳かもしれない。私たちは誰も返事しなかった。

徐々にその声がはっきりしてきた。群衆の中に魏おばさんの姿が見えた。

「探したよ。探したよ。火の中にいるんじゃないかと心配だったよ。三人とも無事でよかった」

心底ほっとした様子で、泣きながらそう言った。彼女の言葉を聞き、黎明姉の目からこらえていた涙が一気にあふれ出た。それを見た大明姉と私も大声で泣き出した。

「主人も心配して、あなたたちを探している。早く無事を知らせなきゃ」

魏おばさんは、自分の家に私たちを連れて行ってくれた。

ちょうどその頃、同じ団地に住むもう一人の張教授の息子（私たちはふだん「お兄ちゃん」と呼んでいた）が火の中に飛び込んでいた。三人がまだ家の中にいると思い、助けようとしてくれたのである。だが、私たちの姿を見つけることはできなかった。あきらめて外に出ようとしたとき、廊下に置いてあった、母が愛用していた自転車を見つけ、それを家の外に引っ張り出してくれたのである。そのため彼は、手に全治一ヵ月の大火傷をしてしまった。

ようやく火の手がおさまったときには、もう夜が明けていた。

火事でなにもかもなくしてしまった。父母が長い歳月をかけてこつこつと貯めたものが一瞬にして消えた。

私たちを楽しませ、慰めてくれた大切な掛け軸も灰になってしまったのだ。

両親がいなくなってからの一年間、本当に次から次へと不幸が訪れた。冷酷な人たちの残酷な仕打ちが私たちの正常な感覚を麻痺させてしまっていた。なにが怖いのか、なにが優しいのか、なにがもったいないのか、悩むことすらできなくなってしまっていた。まだ大人になりきれていなかった私たち三姉妹が背負うには、この間の一連の出来事は、あまりにも重すぎた。

私たちは互いに手を握り、肩を抱き合っているしかなかった。

いつの間にか、たくさんの人に取り囲まれていた。おもしろ半分に私たちの様子をうかがう人もいたが、大半の人は同情の眼差しで見つめていた。ただ、誰一人として、私たちに助けの手を差し伸べようとはしてくれなかった。

「郭震宇《かくしんう》と尹軍《いぐん》がきた。張黎明、早く火事のことを報告しなさい。郭《かく》老総（老総は最高指導者の意）たちの考え方を聞いてみるべきだ」

群衆の中からそんな声が聞こえた。

救いの手を求めようと黎明姉は急いで立ち上った。

郭震宇は一九六六年に機械学部に入学した一年生だ。大学生で多数派を占める派閥「紅旗戦闘隊」のリーダーであり、年齢は十九歳。文化大革命がはじまってすぐ北京国務院に行き、鉄道部呂正操部長（大臣）を部長の座から引きずりおろし、自分が鉄道部長になったと自称していた。ただ、部長の席に座っていたのはわずか十九日間。そんな要職を担う能力がないことを思い知らされ、自ら辞任したのである。それでも、権力の蜜の味だけはしっかりと覚えたらしい。

尹軍は同じ組織の副リーダーで、「副老総」と呼ばれていた。この二人は学内の共産党、行政組織が麻痺している混乱状況の中で権力を握った。そして、学生や労働者を煽り、学内いたるところで傍若無人の振る舞いをしていた。それでも当時、彼らに誰一人として反抗できなかったのである。

郭と尹は解放軍のコートを羽織り、たくさんの「随員」をしたがえ、黎明姉の前にやってきた。

「火事には気づいていたのだろう」

郭震宇は詰問口調で黎明姉に問い糺した。

「いいえ、知りませんでした」

「知らない。なら、どうして逃げることができたのだ」

黎明姉はその言葉を聞き、思わず耳を疑い胸が痛くなったという。

ついで、尹軍から、火事の状況について尋ねられた。救いの手どころか、彼らはそうした詰問をするだけでその場を去った。

この時、有名な「郭老総」にお目にかかり、私たちが感じたのは、彼の無知と冷酷さだけだった。

現場検証が終わり、しばらく経ってから何英杰《かえいけつ》さんと許樹和《きょじゅわ》さんの二人が駆け付けてくれた。

「遅くなって、悪かった」

何さんは私たちの顔を見ると、すぐにそう言った。

何英杰さんは父がたいへん尊敬していた共産党幹部だ。彼は抗日戦争の時代、わずか十六歳の若さで革命活動に参加した。その理由について彼は、次のように語っている。

「大嫌いだった女性と無理矢理結婚させられた。その女から逃げ出すため、日本鬼（日本兵のこと）との戦争に参加したようなものだよ。そして、日本が降伏したあと、自分の好きな女性を連れて故郷に帰ったんだ」

彼はいつも歯に衣きせず、ざっくばらんに本当のことを言う。そのため、共産党組織からはあまりよく思われていなかった。数十年間にわたって共産党のためにすべてを捧げたにもかかわらず、学校では処長（課長）級の幹部止まり。それ以上の地位には昇格しなかった。ただ、彼の誠実さと素朴な性格はみんな知っていて、たくさんの人から尊敬を集めていた。

彼は体調の問題もあって、先発隊として峨眉県には行かず留守処の責任者として唐山に残っていたのである。

ただ残念なことに、彼にはたいした権限はなかった。それどころか、彼のようなあけっぴろげの性格では、いつ、どこでよからぬレッテルを貼られてしまっても不思議ではない。

許樹和さんは当時の学校工会（労働組合）の主席で、まだ失脚せずにとりあえず実権は握っていた。しかし、その彼にも紅衛兵をコントロールすることはできなかった。

唐山育ちの許さんも、人情に厚い素晴らしい幹部である。ずっと昔、父が唐山鉄道学院に在学していたとき、彼はまだ子どもで、構内の花や木などに水をやるといった雑用を丁寧にこなしていたらしい。

「私たちが遅れたのは、あなたたちの身の振り方を相談していたからだ。このような事態になることは誰も予想がつかなかった。もちろんあなたたちに何の罪もない。ただ、焼け出されてしまった以上、なんとかしなくてはならない」

そして、長年、気管支炎をわずらっている何さんが、手を胸に当てながら、周りに集まった人々を見回した。

「この三人の子どもを三つの家庭に分けて預かってもらえませんか。なるべく同じ年齢の女の子がいる家庭がいいと思います。預かってもいいと思う人は手を挙げてください。私と許さんが責任を取ります。なんの心配もいりません」

彼の呼びかけに対して、魏夫婦がすぐさま名乗り出てくれた。だが他の人々はただ互いに目線を合わせ首を傾けるだけ、誰一人として手を挙げようとはしなかった。

何さんはそう裕福とはいえない魏夫婦には、負担が大きすぎると考えたのだろう。次のように裁定した。

「なにかあったら、私と許さんがすべての責任を負います。張黎明は張勃《ちょうぼつ》夫妻、張大明は張震《ちょうしん》夫妻、張建明は孫訓方《そんくんほう》夫妻にお願いします」

いずれも同じ団地に住む教授である。

その夜、私はショック状態で極度の疲労を感じていた。孫教授宅のベッドに入った瞬間、すぐに深い眠りに陥った。

翌朝、食卓に着いたとき、孫教授は鼻でせせら笑うような口調で言った。

「こんなときによく眠れるもんだね。粗末な命を守るために、大切なものは持ち出せなかったんだって」

彼はどうやら、やっかい者を押しつけられて面白くないらしい。しかし、私のような立場の人間は、預かってもらえるだけで感謝しなければならない。そう自分に言い聞かせ、うつむいて涙をこらえ、ご飯を無理矢理喉に流し込んだ。一秒でも早く彼のそばから離れたかった。

窓の外に黎明姉の姿が見えた。彼女は我が家の焼け跡に腰を下ろし、ふちが焼け焦げてしまった父の大切な蔵書をかき集めていた。黎明姉のそばに魏おばさんもいた。

私は食事もそこそこに、黎明姉のところに走っていった。そして、黎明姉の作業を手伝った。そうしながら私は、先ほど孫教授がとった態度について訴えたくて、何度も喉まで言葉が出かかった。だが、黎明姉にこれ以上心配をかけてはならない。なんとかそれを口にせずにすんだ。ただ、孫教授の家には帰りたくなかった。

「今日のお昼は、おばちゃんの家で食べてもいい」

魏おばさんに、そうお願いしてみた。

「ええ、いいよ。お姉ちゃんと一緒に食べよう」

私はほっとした。

しばらくして、大明姉も来てくれた。

この日、魏おばさんは焼け跡の片付けを最後まで手伝ってくれた。また、「お父さんの本などを整理して、廃品回収に引取ってもらえば、少しお金になるよ」と、アドバイスもしてくれた。

夜、私たち三姉妹はまた、それぞれ預かってもらっている家に帰った。

孫教授の意地の悪い質問は夕食のときにも続いた。

「君は、自分自身にどれくらいの値打ちがあると思ってんの」

そんな質問に対し、私がどのような返事ができるというのだろう。黙っているほかはなかった。しかし、孫教授は執拗だった。

「黙っていないで、返事したらどうなの」

何度も何度も繰り返し尋ねた。

「あなた、もういいんじゃない。相手はまだ子どもなんだから」

さすがにやりすぎだと思ったのか、奥さんが孫教授を止めた。

我慢の限界だった。私は泣き出してしまった。そして、食事の途中で孫教授の家を飛び出し、魏さんの家へ走った。驚いた奥さんは、魏さんの家まで追いかけてきた。

「主人に悪気はないのよ。もう言わせないから、帰って一緒に晩ごはんを食べましょう」

だが私は、孫教授の顔などもう二度と見たくなかった。戻ることを拒否した。

「この子は帰りたくないようです。私がお預かりします」

以前から孫教授に対していい印象を持っていなかった魏おばさんは、喜んで私を引き取ってくれたのである。


火事の翌日から毎日、私たちは焼け跡に行き、焼け残った布の切れはしなど、なにか使えそうなものを探していた。そして、燃え残った布切れを整理し、魏さんの家の庭先にある水道で洗った。

数日経ったある日、消防士が何さんと一緒に現われ、私たちに現場検証の結果を説明してくれた。

当時の中国では、日常生活の燃料としておもに石炭が使われていた。石炭の燃焼によって生じた熱と煙りはレンガで造られた煙突の中を通り、屋根の上から噴き出す仕組みになっていた。

だが、崔一家は、そんな構造などおかまいなしに家を改造した。その改造によって熱と煙りが煙突の中を通らなくなり、木造の屋根裏にたまっていた。火事の起きる一ヵ月前から、屋根裏はずっと燻《くすぶ》っていたというのである。

火事の前日、崔一家は麦を収穫し、その麦わらで風呂を沸かしていた。麦わらの強い火の勢いで、燻っていた火種が目を覚まし、夜中に炎となったわけである。

我が家の財産のすべては崔一家のせいで一瞬のうちになくなってしまったのである。だが、崔一家は消防士の現場検証を無視し、「自分は労働者だ」ということを盾に、私たちに謝罪することはなかった。

崔さんはとても臆病な性格だった。

彼の子どもたちは火事を私たちのせいにした。それが事実でないことを知っていながら、彼は自分の家族を守るために、その嘘をやめさせようとはしなかった。

幸運なことに、我が家の火事を扱ったのは良心的な消防隊長だった。彼は崔一家の一方的な証言を受け入れることなく、客観的な実験を試みた。

みんなの見ている前で丸めた二つの紙に火をつけ、私たちの石炭炉と崔一家が新たに作った大きな柴専用の炉の中に投げ込んだ。私たちの石炭炉の煙はちゃんと煙突から噴出したが、崔さんの柴炉の煙は屋根裏のいたるところから出てきた。

消防署の検証は崔さんの柴炉が火元であることを示したのである。

それで私たちは思い出した。崔さん一家が食事を作るたびに、私たちが住んでいたリビングルームには煙が充満していた。それが火事につながることにまったく気がつかず、私たちは彼らが食事を作り終わるまで、ずっと煙いのを我慢していたのである。

消防署が出してくれた結論の前に、彼らは何の弁解もできなかった。にもかかわらず、恐ろしい噂が私たちの耳に入って来た。それは、崔一家が流したものだ。なんと、両親のスパイ容疑の証拠を隠滅するため、私たちが放火したというのである。この噂を聞いた周囲の人たちは怒りの眼差しを私たちに向けた。

「だから、夜中にもかかわらず、逃げられたというわけか」

そんな反応をする人も、少なくなかった。

ただ、魏夫妻だけは違った。この噂を耳にして激しく怒り、弁解する力も失っている私たちの代わりに、会う人ごとに言ってくれた。

「私は労働者だ。何も恐いことはありゃしない。私はこの子たちを小さいときから見てきた。放火するような子どもじゃない。それに、放火するなら、その前に少しでも家財道具を運び出せたはず。可哀そうにあの娘たちは洋服一着、靴一足も持ち出せなかったんだ」

そう言って、必死に私たちをかばってくれたのだ。だが、噂が完全に消えたわけではなかった。

大学キャンパスのいたるところに、私たち三姉妹が父母のスパイ証拠の隠滅のために、放火したという壁新聞が貼られていた。


火事の二週間後、大学当局から楊華斎《ようかざい》という宿舎が与えられた。もともとは日本軍が占領したときの厩舎。それを改造したもので、廊下の両側に十いくつの小さな部屋が並んでいた。十畳ほどの広さのワンルームである。

建物はとても古く、手持ちの桶と洗面器では間に合わないほど雨漏りもひどかった。

もっとも悲惨だったのは、廊下の真中に汲み取り式の男子トイレがあったことだ。そこから放たれる悪臭は鼻がひん曲がるほどひどかった。

当時の中国のトイレはお世辞にも清潔とは言えなかった。

大学構内にはいたるところに汲み取り式のトイレがあり、花や木の世話をする係りの他に、トイレの汲み取りと清掃をするセクションも設けられていた。

文化大革命がはじまると、紅衛兵は教授たちをそのセクションに異動させ、「教授汲み取りチーム」と改称した。

彼らは板張りの二輪人力車の上に、木で作られた長方形の箱を載せて押した。箱の右下に直径三センチほどの穴があり、木で作られた栓で塞がれていた。箱の上には三十センチほどの四角い穴が空けられ、木の蓋がかけられていた。

糞便はトイレの外にあるため池に落ちる。それを木で作られたバケツですくいあげ、三十センチの穴から木箱に入れていくのである。作業自体はたいへん簡単なものだが、誰もが嫌がる作業であることは言うまでもない。

毎日、決まった時間に人力車を押して、「教授汲み取りチーム」が格好よくやってきた。彼らは嫌な顔一つせず、協力し合ってテキパキと糞便をすくって、箱に入れていた。

彼らの見事な動きをたまたま目にした黎明姉は、この箱に入っている糞便は値段のつけようもないほど、高価だろうと感じたという。

そんな気持ちが伝わったのか、父の同僚でもある教授たちは姉に好意的な視線を送り、姉も黙礼を返した。そのとき、夏孫丁《かそんちょう》教授が姉に近づき、小さな声で「あなたたちは本当に強い人間だ」と言いながら、親指を上げた。これは中国人が本気で人を誉めるときに使う動作である。

それはともかく、楊華斎には、私たちが移る前にすでに「牛鬼蛇神」と名指しされた数家族が住んでいた。鉄道学部の王継光《おうけいこう》教授夫妻、図書館の館長許夫妻、またアンテナ研究では中国の第一人者、任朗《にんろう》教授の奥さんと末の息子である。

その男子トイレは王教授部屋の隣にあって、大学でも有名なきれい好きの王夫人を困らせた。これは紅衛兵のさしがねで引越しさせられたもので、彼女にとっては殴られるより辛かったに違いない。

文革前　任小多と私
（火事の廃墟から出てきた写真）

許館長は何度も何度も紅衛兵に連行された。そのため、精神的な変調をきたした。外でなにか物音がすると、慌ててテーブルをたたきながら、「毛主席万歳」「共産党万歳」と叫び、自分が毛主席と共産党を支持していることをアピールするのである。

任教授はアンテナ専門であることを理由に、紅衛兵からスパイ容疑で連行され、一年以上も「隔離審査」を受けた。その間、夫人と息子の任小多《にんしょうた》のところには一度も帰ることができなかった。

大学は私たちにシングルベッドを二つ用意してくれた。

そして、何さんの口利きで、顧《こ》教授夫妻からテーブル一つと椅子二脚、敷布団、掛け布団、それに古着もたくさんもらった。

とてもひどい住環境だったが、私は姉妹三人が一緒に暮らせることがうれしかった。

楊華斎宿舎に入ってから、しばらく経ったある日、夜中に軽くドアをノックする音がした。ドアの前には顧教授の奥さんがいた。彼女は、何も喋らないようにと唇に指を当てた。そして、こっそりと私たちに風呂敷き包みを渡し、すぐ闇の中に消えていった。その包みの中にはたくさんの洋服と、紙に包まれた十元のお金が入っていた。私たちは顧教授の奥さんに最敬礼したい気持ちだった。

それ以後も、顧教授の奥さんは何回も同じようなことをしてくれた。

父と顧教授はまったくべつの学部に所属し、ふだん付合いはなかった。すれ違うとき挨拶する程度だ。にもかかわらず、私たちにこっそり物とお金をとどけてくれる。

両親の行方が知れず、世間の人からも冷たい視線を浴びせられている私たちを不憫に思ったのだろう。ごくわずかとは言え、人間らしい気持ちを持っている人がいることに、私たちは勇気づけられた。

だが同じ頃、張教授の息子のことがいたるところの壁新聞に書き出され、大きな話題を呼んでいた。どの内容もみな同じである。

「なぜ、張教授の息子は命をかけてまで、スパイの娘たちを火の中から助けようとしたのか。そして、中国政府を転覆しようとした人民の敵である人物の自転車を、大火傷を負ってまでなぜ運び出したのか。これを徹底的に追及する必要がある」

多くの人々は「スパイ」の子どもに対し、同情することすら許したくないらしい。

黎明姉は大学当局と政府に救済を求め、走り回っていた。

現金の援助があれば、とても助かるが、それは無理だ。救済と言っても、当時は「布票」（年間一人あたり五メートルの生地を買える配給券）を発行してもらうしかなかった。しかし、どの担当者も、自分たちは無関係というような顔をして、黎明姉をたらい回しにした。

そんなある朝、火事からなんとか救い出してもらった母の自転車に乗り、黎明姉は王前街弁事処に向かった。私たちの今後の生活について相談するためだ。

唐山駅付近を走っていたときのことである。

ちょうどもっとも混雑する時間帯で、道路には貨物を山積みしている馬車、驢馬車、三輪人力車と二輪人力車がひしめいていた。馬や驢馬の首にかけられていた鈴は絶え間なく、ディリン、ディリンと音を発し、車夫は大声を出しながら、鞭で馬をせかしている。また、渋滞にいらつく自動車の運転手がクラクションを鳴らし続ける。さらには汽車の汽笛の音も耳に入って来る。騒々しいことこの上ない状況だった。

歩道には荷積みを待つ馬車が延々と長い列を作っている。馬たちは、飼料をゆっくりと食べながら、水を飲む。そして、長いしっぽを上げ、大便をおとす。その大便はあらかじめ馬の尻につけられている袋に落ち、袋から湯気が立ち上がっている。

歩行者や自転車は、待機している馬車と混雑している道路の間を通るしかない。しかも、その幅は二メートルほどしかない。少しでも気を緩めたらすぐに事故につながってしまう。

赤い腕章をした老人たちが、そんな交通無秩序状態を改善しようと必死で整理にあたっていた。

黎明姉の頭の中は、どうすれば王前街弁事処から良い返事がもらえるか、そのことでいっぱいだった。そのため、周囲が危険に満ちていることをすっかり忘れていた。

彼女の目の前に、突然馬の長い顔が現れた。避ける間もないまま、その馬の顔にぶつかり、転倒してしまったのである。

顔のすぐそばに、二頭の馬が蹄鉄を付けた足で、力いっぱい地面を蹴っているのが見えた。黎明姉はすぐに腕を頭の後ろに回し、膝を顔につけ、からだをまるめて防衛姿勢をとった。生きた心地がしなかったという。

二頭の馬は、興奮気味に前足を使って地面を蹴り、鼻息荒く、姉を威嚇していた。

恐怖にすくみ「もうこれまで」と勘念した黎明姉を、いきなり誰かが引き起こしてくれた。周りに群がったたくさんの人たちの中から「この人は運がいいね」という言葉を聞いたとき、姉は助かったと思ったという。

黎明姉の目の前には、三頭立ての荷馬車が止まっていた。前に二頭、後ろに一頭、おそらく長距離運搬用なのだろう。前の二頭にはアイマスクがかけられていた。気性が荒かったり、大きな音に弱い馬がこのようにアイマスクをかけられるのだそうだ。

後ろの一頭は白い馬だった。目の上に垂れ下がった前髪はきれいに揃えられ、ひたいには赤い飾りがつけられていた。長いたて髪は飼い主によってたくさんの三つ網がつくられている。脚の毛もとても長く、まるで毛糸の靴下を履いているように見えた。

その白馬が姉の命を救ったと言うのである。交通整理をしている老人の一人が身振り手振りをまじえて、そのときの状況を説明してくれた。

黎明姉が馬にぶつかった瞬間、白い馬は前足を上げ、貨物車を斜めにした。そして、後ろの足をしっかりと地面につけ、前二頭の馬が前進するのを止めてくれたという。その拍子に居眠りしていた車夫は馬車の下に落ちたそうだ。

白馬は大きな目をしていて、白い睫毛《まつげ》は光って見えた。そしてその目は、黎明姉のほうをいっこうに見ようとせず、大きなしっぽをぱたぱたさせ、何もなかったような涼しい顔をしていた。

「この馬は頭がいいね。素晴らしい馬だ」

周りにいた人たちから賞賛の声が上がった。

「ありがとう。本当にありがとう」

黎明姉も白馬に向かって、何度も頭を下げたそうだ。

自転車は倒れたが、幸い壊れてはいない。黎明姉は奇跡的に、肘に少し擦り傷を負っただけですんだのだ。交通管理の老人は姉の肩を軽く叩き、典型的な唐山方言で言った。

「娘さん、あんたは運がいいよ。災難不死。そのうちきっと福が訪れる。俺のこの言葉を覚えておいておくれ」

黎明姉が王前街弁事処に向かっていたのは、火事の後、大学当局から「あなたたちは大学関係者ではなくなったので、生活に関する一切を唐山市路北区王前街弁事処に任せる」と宣告されたからだ。

この頃、国中がそうだったように、王前街弁事処でも幹部以下二つの派閥に分かれて争っていた。「革命造反派」と「保皇派」である。革命造反派は毛主席と共産党中央を支持する派閥であり、相対する保皇派は劉少奇を中心とする一派である。保皇派は少数の「資産階級反動派」を守る派閥とされ、革命造反派からは当然ながら反革命的な組織と見なされていた。時間がありあまっているのだろう。この二つの派閥は毎日のように街頭に立ち、互いに罵り、壁新聞を使って侮辱しあっていた。

彼らの言い方を模すれば、それは「立派な革命大弁論」ということになる。

その結果、血のつながっている家族、それまで仲良く付き合ってきた隣同士がみんな仇同士になってしまった。人々は理性を失い、中国を救う「聖戦」をしていると思い込んでいた。

王前街弁事処主任の李さんは河北省保定《ほてい》市出身だ。妻と子どもを保定市に残し、単身で唐山市に赴任していた。当時人々の住民票移動は厳しく規制され、「革命事業に従事」するため、数千万以上の夫婦が長年にわたって別居生活を強いられていたのである。李主任もその例外ではなかったわけだ。

李主任は革命犠牲者の子どもで、政治的な立場はとても強いという。しかし、彼は革命スローガンで政治的圧力をかけるようなことはなく、黙々と人々のために働いていた。周りの人たちはみな、彼を素晴らしい幹部だと信頼を寄せていた。

王前街弁事処を訪ねていった黎明姉を、李主任は「自救組」に配属した。

「自救組」というのは、その名前の通り、自分の力で自分を救うグループという意味だ。所属メンバーのすべては社会から見放され、革命群衆とは別物とされていた人たち。収監されていた強盗犯や婦女暴行犯、地主、裕福農民、右派、会社から解雇された人、また私たちのような「出身の悪い」青年である。

それまでまったく接点のなかった人たちが一緒になって働くことになった。それでも、みな同じ運命ゆえか、心を一つにし、お互いに助け合い協力し合って、うまく仕事をこなしていたという。

李さんは彼の人脈を活かし、「自救組」のためにたくさんの仕事を取ってきてくれた。運がよければ、唐山市内にある工場、行政機関、学校などの大きな仕事にもありつくことができた。自救組の人たちの手が止まるということは、口も止まる（飢餓の意味）しかないことが李さんにはよくわかっていたのだ。

李さんの優しい人柄は、その顔にもにじみ出ていた。長く伸びた真っ黒な長寿眉の下に、大きな真っ赤な鼻がついていて、笑うと目がなくなり、眉と鼻だけが動いているように見えた。

また、李さんとともに自救組を取り仕切る于《い》さんは解放軍の出身だということだ。見た目も軍人風である。彼はめったに笑わなかった。だが、自分の部下である自救組のメンバーを見下すような態度をとることはなく、みなから尊敬されていた。

「あなたの両親は反革命の現行犯ですが、あなたにはなんの罪もありません。私はあらゆる方法を考えて、あなたの住民票を唐山市内に移せるよう頑張ってみます。そうすれば、あなたはずっと自救組で働けるし、幼い妹の面倒もみられます」

李主任はそう言って黎明姉を励ましてくれたという。逆境の中に、私たちのことをこのように親身になって考えてくれる幹部はほとんどいなかった。黎明姉は彼の親切な言葉を聞き、激流に流されているとき、岸から命綱を投げてもらったような気がした。その綱をしっかりと握り、けっして放すまいと思ったのである。

黎明姉が自救組で仕事をすると毎日一元二角がもらえた。一ヵ月でおよそ三十元(日本円で五百円)になる。三人が生活するにはぎりぎりだが、そのときの私たちにとっては、かなりの大金だった。


黎明姉は火事から助け出した母の自転車に乗って、毎日仕事に出かけた。火事の熱で前後のタイヤに二つのこぶができてしまっていた。修理するお金もなく、ペダルをこぐと「がたかた、がたかた」と音が出る。それでも黎明姉は通勤途中は寂しくなくてすむと強がっていた。

朝、大明姉と私は黎明姉を見送った。不安定に前進する自転車が見えなくなるまで立っていた。黎明姉も朝の太陽を浴びている私たちを何度も振返った。本来ならば、とても美しく見える光景が、黎明姉にはとても辛く感じられたという。

また、黎明姉が戻ってくる時間にも、私たちは彼女を迎えに出た。夕陽で長く伸びた妹たちの影を見ると黎明姉の心は千切れるほどだったという。

周りの人たちに後ろ指をさされる中、私たち三人は身を寄せ合って生きていたのである。

黎明姉が出かけたあと、大明姉と私は焼け跡から持って帰った洋服の破片を整理した。焼け焦げた臭いで息が詰まりそうになるのも嫌だったが、もっとも辛かったのは、それらの破片が、二度と戻ってこない幸せな子ども時代を思い出させることだった。楽しく素晴らしかった子ども時代、青春は、私たちからあまりにも早く離れてしまったのだ。

私たちはその布の破片を板に一枚、一枚糊付けし、二、三ミリの厚さになるまで重ねて貼った。黎明姉がそれを縫い合わせ私たちの靴の底を作ってくれるのだ。同じようにベッドカバーも、焦げたところを切り取ってから縫い合わせ、同じ色に染めて、カーテンを作ってくれた。

火事のあと、父母が私たちに残した「財産」はたったの二つだった。一つは自転車、もう一つはアルミの桶である。

「彼女らはある意味で本当の無産階級になったね」

周りの人々は笑ってそう話していた。

同じ楊華斎で私たちの向かい側に住む盛克敏《せいかつびん》先生は、北京大学物理学部を優等生で卒業した人で、黎明姉の尊敬対象だった。だが彼は、大学生たちから「白専《はくせん》」（学問だけ重視し、政治には無関心の人を指す）と批判されていた。

盛先生は私たちに同情してくれた数少ない人の一人だ。どこからか見つけてきた板の真中に長方形の穴を開け、廃墟から見つけ出した母のミシンを使えるようになるまで必死に修理してくれた。彼のおかげで、私たちの「財産」は二つから三つに増えた。

11　張万久《ちょうまんきゅう》教授の自殺

火事の後、大学から与えられた宿舎、楊華斎のすぐ前にあった電柱、その上に、高音スピーカーが設置されていた。

そのスピーカーからは、しばしば夜中に大音響が発せられた。まず「東方紅」が流れ「牛鬼蛇神の某、某、某……、大至急紅旗楼に来い。遅刻は許さん」という威圧的なアナウンスが続いた。当時、学生宿舎の「脊誠斎《けんせいさい》」は紅旗戦闘隊の総本部に変身、名前も「紅旗楼」と改称されていたのである。

名前を呼ばれた人は、まるで待機していたかのようにすぐさま紅旗楼に駆け付け、紅衛兵たちの訓示を受けなければならなかった。そしてもし、彼らの気にさわると、罵られ、麻の袋をかぶせられ、動けなくなるまで殴る蹴るの暴行を受けた。暴行後は、夜中のキャンパスに放り出され、放置されたままだ。

放置された人たちの多くは、しばらく気絶したままで、家族と連絡を取ることもできなかった。意識が戻っても、這うようにして自力で家に帰るしかなかった。脚の骨や肋骨を折られてしまい、ふだん歩いて五分の道のりに何時間もかかる。待っている家族はそれでも、生きて帰って来てくれたことを喜ぶしかなかったのである。

麻の袋を使うのは、紅衛兵の一大「発明」だった。まず、暴行される側が反抗できない。そして、実際に誰が暴行しているか、被害者に見られない。万一致命傷を加えたとしても、責任を取らずにすむというわけだ。紅衛兵とて、人に暴行を加えることがけっして誉められる行為ではないことを知っていたのだ。

「東方紅」という曲は、陝北省《きょうほくしょう》の農村に伝わる民謡をベースにしたものだ。私たちは小学校から中学校、そして文化大革命まで、ずっとこの歌を歌い続けた。この曲とともに成長してきたのである。「東方紅。太陽が昇り、中国に毛沢東が誕生した。彼は人民に幸福をもたらす。彼は人民にとって救世の星である。彼は人民にとって救世の星である」

この歌のメロディーは素朴で優しく、当時の中国人民の誰からも愛されていた。まさか、この曲が暴行の序曲として使われるとは、誰一人として想像していなかった。

底のない深い深い沼のような暗闇の夜。そこに突然「東方紅」が流れ、眠りから叩き起こされる。人々は布団の中で冷や汗をかきながら、自分の名前が呼ばれないことを、息をひそめてひたすら祈っていたのである。

スピーカーはちょうど私たちの宿舎の窓の上あたりに設置されている。それが発する音はすごい迫力で、窓ガラスが揺れるほどだった。私たちの名前が呼ばれないのは幸いだが、その大音響でなかなか寝つくことができなかった。そして、呼ばれた人々の無事を祈らないではいられなかった。

スピーカーが鳴るたび、多くの人が震え上がった。ある晩呼び出されたのは、私の幼なじみのお父さんだった。私は少しカーテンを開け、こわごわ窓の外を見た。暗闇の中、紅旗楼に走って行く人の姿があった。「おじさんはどうなるのだろう」。私は心配でならなかった。

数日が経ち、二度目の呼出しがかかった彼は、からだ中包帯でおおわれていた。最初に呼ばれたとき、部屋に到着するとすぐ目隠しされ、お腹がはりさけそうになるまで水を飲まされた。そして、陸上用のスパイクを履いた何者かが、満杯の腹の上に乗った。さらには棒のような物で全身を叩かれ、脚の骨を折られたという話だ。このような無茶苦茶なことが日常茶飯事に起っていたのである。

文化大革命の間、唐山鉄道学院で殺された人と自殺者は合わせて三十六人にものぼった。この三十六人のほとんどは、いろんな分野において、新中国の建設事業に多大な貢献をしてきた学者たちである。

「ぜひ祖国に戻り、これまで蓄積した知識を活かして、祖国の社会主義建設に参加してほしい」

共産党はかつて、海外に留学している愛国心のある学生、研究者たちにそう呼びかけた。そして、その呼びかけにたくさんの知識人が応じたのである。

彼らは希望にあふれていた。祖国と同胞のために自分の持っている知識と力とを大いに発揮しようと意欲満々だった。

しかし、彼らを待っていたのは、幾度となく襲ってくる知識人の粛清だった。共産党と毛沢東は、手の平を返したように、彼らを反革命者と位置づけ、「反共産党」、「反社会主義」、「反マルクス、レーニン、毛沢東思想」というレッテルを貼りつけた。このために、愛国心をもつ知識人の多くが階級闘争の犠牲者となった。中国の大地には冤罪の汚名を貼りつけられたまま亡くなった人たちの無数の魂が、今だに漂っている。

父の親友である張万久教授は橋梁・トンネル学部の学部長だ。彼は中国広東省の出身で、豪放磊落《らいらく》、明るい性格の人物だった。仕事に対してとても厳しく、信念を貫くタイプだ。自分が正しいと思ったら、たとえ相手が誰であろうと、顔が真っ赤になるまで真剣に議論した。

中国南部に位置する広東省の人たちは一般に背が低い。しかし、彼はとても背が高くがっちりした体格で、笑うときはお腹の底から出てくるような太い声を出した。言葉にはかなりの広東なまりが残っていたが、私たち子どもから見ればすごく格好良く、将軍のように見えた。

文化大革命がはじまってすぐ、教授は「反動学術権威」という罪名をかぶせられ、強制的に隔離審査をされた。

本来「権威」とは、学術分野で多大な研究成果をあげた人に対する名誉ある称号である。だが、文化大革命の最中、「権威」の前にかならず「反動」の二文字が付けられた。そして彼らを、「反革命者」、打倒すべき人間としたのである。

突然、張万久教授の家に数人の紅衛兵がやって来て連行し、路南地区にある大学分校の一角に監禁した。もちろん家族には彼の居場所はわからない。

監禁、尋問は数ヵ月に及んだ。だが、彼はけっして自分の信念をまげることはなかった。けっきょく学生たちは、優れた学識を持っていること以外、彼を有罪とすることができず、しぶしぶ釈放した。

張教授が釈放されたのは、雲一つない素晴らしい天気の日だった。彼は衰弱し、足どりは重かったが、それでも以前と同じように胸を張り、毅然として長期間監禁されていた小屋から出て来た。彼は家族が心配して、自分の帰りを待ちわびていることを知っていた。だが、家には戻らなかった。

「人間に生命は一つしかない。そして、その大切な生命は尊厳をもって受けとめられるべきだ。自分は無実である。潔白な生命をかけ、無法と恐怖に包まれたこの世の中に対して最後の抵抗をしよう。狂っている人たちを正気に戻そう」

張教授はおそらくそう決意したのだろう。そういうまっすぐな人物なのだ。

彼は唐山市を路南地区と路北地区とに分かつ鉄道の踏み切りに差し掛かった。この踏み切りを渡ると、大学本部の正門が目の前に現れる。そして、その構内には彼の家がある。

私たちはその踏み切りを「道門」と呼んでいた。なぜなら、路線の両側は高い塀になっているが、踏み切りのところだけ、鉄と木で作られたとても大きく丈夫な門が付けられていたからだ。その門は列車が通るときは閉められ、通り過ぎると開いた。門の開閉は鉄道職員が人力で行っていた。

張教授は道門が開いているとき中に入ったが、踏み切りを渡らなかった。塀にからだをくっつけて身を隠し、列車が来るのを待っていたのである。

道門が閉まった。速度を上げて走って来る列車が遠くに見えて来た。彼はレールに出て、少しも迷わず列車に向かって歩き出した。

道門をコントロールしていた鉄道職員は驚きのあまり身震いした。口をぽかんと開けたまま、声も出なかったという。

機関士が列車に向かって歩いてくる男の姿に気づいた。そしてすぐにブレーキをかけたが、間に合うはずもなかった。

誰からも尊敬され、全国的に名の知られていた橋梁の専門家、張万久教授は、自らの命を賭して、この非人道的な「政治運動」に壮絶な抗議をしたのである。

私たちは二度と彼の豪快な笑い声も、大声で話す広東語も聞くことができなくなった。

「どうしてなのか。隔離審査が終ったのに。長い間待っていた家族ともすぐに会えたのに。なぜ自ら死を選んだのか。どうして死ななければならなかったのか」

彼の死を聞いて驚かない人はいなかった。

人間の意志は本来そんなに強いものではない。とりわけ死に直面したときはひるみがちだ。だが、張教授は侮辱を受けながら生きているより、潔白の身になったとき死を選んだ。彼はきっと、くじけそうになりながら生きている人たちにエールを送ってくれたのである。

彼の死を契機に、物事をもっと冷静に考えようという気運が高まり、文化大革命に対して疑問を抱く人も増えはじめた。

張万久教授には男二人、女一人の三人の子どもがいた。私たちはその三人の子どもの名前を呼んだことがない。彼らそれぞれを「大すいか」、「中すいか」と「米（小さくて可愛い意味）すいか」と呼んでいた。

「米すいか」は末っ子娘で、黎明姉の親友だった。名前は張益慈《ちょうえきじ》だ。彼女と黎明姉は小学校、中学校をともに過ごし、成績も優秀だった。彼女のほっぺはいつも赤くて、とりわけ冬になると、完熟りんごのようになった。

張教授に似て、とても明るく、一度笑い出したら止まらない。彼女の笑いにつられて、周りの人も笑い出してしまう。そんな雰囲気をもった少女だった。黎明姉は、彼女と一緒にいるときが一番楽しいと口癖のように言っていた。

彼女と黎明姉は中国将棋が大好きだった。そして、暇さえあれば、私たちの家で将棋をさしていた。二人とも負けず嫌いだ。なかなか自分の負けを認めようとしない。一局終ったらまた一局、延々と続いた。

二人に共通していたものが他にもある。それは重度の鼻炎をもっていることだ。冬になると、将棋の最中に、まるで合唱でもしているように、鼻の穴から出てくる鼻水をすすっていた。鼻水をかむ時間もないほど、二人とも将棋に夢中になっていたのである。彼女らのわきで裁縫をしている韓おばさんはその鼻汁の合奏を聞いて、いつも笑っていた。

張教授の自殺を契機に、そんなに明るかった彼女が笑わなくなった。どんなにおかしなことがあっても、他の人に合わせるように、ちょっと作り笑いをするだけだった。

張教授のお兄さんは、解放前、学生時代に中国共産党に入党し、一九四九年中華人民共和国が成立したときには広東省衛生庁長という高い地位についていた。近い親戚がそのような地位に就いていることを、人々は羨やむ。張教授はお兄さんの伝で、共産党に入ろうと思えば、いつでも入れた。そして、共産党に入れれば、仕事も生活の上でもたいへん有利な立場に立つことができる。だが、張教授は兄の地位と自分とはまったく無関係のような顔をしていた。

「あなたはどうして共産党に入らないのか」

「なぜ共産党に入らなければならないの」

不思議そうに尋ねる友人に、淡々と答えたという。張教授の死は、人々にいろんなことを深く考えさせた。ただ、彼の死の代償はあまりにも大きすぎた。

「張万久は中国人民を裏切った。その罪は一万回死んでも償えない。彼が死んでしまったので、彼の家族は唐山鉄道学院とは無関係だ。張一家は妻の勤務先に引越しするように」

張教授の遺された家族は唐山鉄道学院から追い出され、奥さんの勤め先である唐山第十中学校へ引っ越した。

唐山第十中学校は路南地区にあった。そして、そこは一九七六年に起きた「唐山大地震」の震源地だったのである。

その地震で、張教授の奥さんと夏休みで遼寧《りょうねい》省から帰省していた「大すいか」の子どもたち、二人の孫が倒壊した家屋に押しつぶされ即死した。張益慈は重体となり、唐山市近郊の玉田《ぎょくでん》県病院に運ばれたが、けっきょく二度と目を覚ますことがなかった。

次男の「中すいか」、張益敏《ちょうえきびん》も足に重傷を負い、同じ玉田県病院に運ばれていた。彼は毎日のように、負傷した足を引きずり、必死になって妹の行方を探していた。

「隣の救急室に重体の女の子が一人いる。とても危ないみたいだ。おそらく無理だろう」

混乱の中、そんな雑談が彼の耳に入った。

いやな予感がした。彼は松葉杖を使い、重い足を引きずって救急室に急いだ。ちょうど救急室のドアに着いたとき、一つの遺体が運び出されてきた。そして、それはなんと自分の妹の躯《からだ》だったのだ。

「神よ、どうして私たち家族にだけこんな苦しみを与えるのですか。この世の中はいったいどうなっているのでしょうか。妹を返してください。お願いです」

彼は絶望して叫んだ。

黎明姉の親友は、一人ぼっちでこの世を去った。両親はすでにいなかったが、救急室のすぐ外には兄がいた。それなのに、「さようなら」を言うこともできなかったのである。

もっとも楽しく、美しくあるべき少女時代、不幸があまりにも重なりすぎた。黎明姉はこのとき、彼女はようやく安心して休むことができるようになったんだと思うことにした。そして、「天国でお父さんとお母さんに会えるから、幸せだよね。おめでとう。大親友のあなたは、いつまでも私の心の中に生き続ける。あなたの可愛い笑顔もいつまでも記憶に残る」という言葉を亡き友に贈ったのである。

唐山だけではなく、大学移転先である峨眉山にも、たくさんの紅衛兵たちがやってきた。そして、ここでも激しい人間狩りが行なわれたという。

機械学部主任（学部長）の史家誼《しかぎ》教授は父の大先輩だ。父は彼をとても尊敬していた。その史教授が連日学生たちに連行され批判を受け、黄湾河《こうわんか》に身を投げたのである。この河は浅く、深いところでも大人の腰ほどの水深しかない。もし、彼が本当に死ぬつもりでなければ、また、死に至る過程で恐怖を感じたとしたら、簡単に生還することができた。しかし、彼は強い決意で死を選んだ。

電気学部主任の曹建猶《そうけんきゅう》教授の奥さんは、夫に対する侮辱に耐えきれず、美しい山の中にある苔だらけの橋から飛び降りてしまった。

そして、鉄道学部主任である父は、後にこうした理不尽な現実を知り、その無残さに吐血したという。

橋梁・トンネル学部主任の張万久教授が列車に飛び込んだことは先ほど触れた。

この四つの学部は唐山鉄道学院の名声を支えていたし、四人の主任教授は中国の国家建設に対して計り知れない貢献をしてきた国の宝である。こうした優秀な人材を育成するには数十年という長い年月が必要だ。しかし、国家は躊躇することなく、いとも簡単に彼らを抹殺することを許してしまったのである。

生き残っている「牛鬼蛇神」も「牛小屋」（当時監禁される部屋のことを指す）に入れられ、紅衛兵は彼らを糾弾する歌まで作った。

「私は牛鬼蛇神、私は罪人だ。私は罪のために死ぬべきだ」

牛鬼蛇神は毎日、決まった時間に紅衛兵の監視下、この歌を合唱させられたのである。

また、紅衛兵は連日「牛鬼蛇神」を連行し、批判大会を行った。家族や親友を告発させ、事実無根あるいは針小棒大な作り話をさせた。人々は人間性を剥ぎ取られ、良心を捨てさせられた。誰が家族なのか、誰が友人なのか、この時人々は、物事の善悪の区別すらできなくなるほど狂っていたのである。

「革命を行う」というスローガンを掲げ、峨眉県に向けて出発した革命部隊が、一年もしないうちに、再び唐山へ戻ってきた。このときのスローガンは「再び唐山で革命を行う」というものだ。

しばらく平静さをとりもどしていた唐山鉄道学院が、再び騒然としてきた。教師たちの中にも、日頃の恨みをはらすつもりなのか「紅旗戦闘隊」に参入し、学生と一緒になって、やりたい放題する者も出てきた。そして、自分たちの行為の正当性を示すために、共産党員である教授を仲間に引っ張り込んだ。

共産党員ではない教授のすべては「あほ教授」である。彼らは「あほ教授」に対する「テスト」運動を起こした。

数十人の「紅旗戦闘隊員」に囲まれ、テストを強要された機械学部の倪志強《げいしきょう》教授は、まるで捕虜のようにうつろな目をしていた。

「テスト」がはじまる前、まず、倪教授のこれまでの「罪状」が読み上げられた。そして、隊員たちが「打倒すべきだ」と一斉に叫ぶと同時に、数学の公式を書くよう命令された。数秒内に一つという無理難題である。倪教授は気が動転し、手が震えていたために、時間内に決められた公式を書くことができなかった。

すると、二人の体格のいい学生が倪教授の脇に立ち、彼の両腕を後ろ向きに垂直に高く引き上げた。そして、「飛行機に乗せる」と言い、彼の腰を曲げたまま、テーブルの前に連れて行った。その上には、液体の入った数本のガラス瓶が置かれていた。

「匂ってみろ」

学生たちは彼の鼻を一つ一つ瓶の口にあてさせた。

「これは酢です。これは醤油です。これはごま油です。これは……」

「馬鹿野郎。お前は機械学部の教授だろうが。潤滑油とガソリンの違いもわからないのか。零点だ。

お前はあほ教授だ」

一人の大学生がそう叫びながら、黒板に大きな「ゼロ」を書き、周りの隊員たちは大声で嘲笑した。

これは後に父から聞いた話だが、同じ頃、峨眉県にある刑務所でも「テスト」運動がはじまっていたという。

峨眉県の刑務所の独房は、高さ五尺(百六十センチくらい)、幅三尺(百センチくらい)奥行き七尺(二百三十センチくらい)。房というよりほとんど檻である。そんな狭いところに木で作られた便器が置かれ、囚人たちは身動きにさえ不自由した。

革命教師と革命学生たちは、父に「テスト」を受けさせるため、わざわざこの通称「三、七尺牢屋」に連れて行き、一ヵ月余り監禁したというのである。

「お前が太子河を設計したのなら、その橋の図を書いてみろ」

彼らはそう言いながら、父に鉛筆と紙を渡した。

「テーブルもないのに、どうやって書けばいいのだ」

「テーブルのせいにするな。書けないからそんなことを言うんだろう。まあいい。それなら、鴨緑江大橋を書いてみろ」

父は手のひらに紙を広げ、鴨緑江大橋を書いた。

「線が曲がっている。このテストの得点は零点だ。お前もあほ教授だ。臭い知識分子だ」

「私はあほではない。臭くもない」

父は気丈に一歩も譲ろうとはしなかったという。気力は衰えていなかったが、からだは衰弱してしまった。ちょうど冬に入った頃で寒さにも痛めつけられ、「テスト」を終えて成都《せいと》の刑務所に移送されるとき、父は歩くことすらできなくなってしまっていたという。

そんな峨眉県からの情報の断片が伝わってきたためだろうか、「張鴻逵は死んだ。スパイ罪のために、頭を壁にぶつけて自殺した」唐山鉄道学院のいたるところでそんな噂がささやかれていた。

私たちを盗み見てひそひそ話をする人々の視線は感じていたが、話の内容まではわからない。私たちは戸惑い、不安でならなかった。

ちょうどそんな時期、空が落ちてきても布団替わりにするほどの楽天家である大明姉の顔から笑顔が消えた。いつもはお喋りな口が重くなった。そして、家にも暗くなるまで帰って来なくなった。

「まったくどうしたのかね。一日中遊んでて。早くまきを買わないと、まきの券が期限切れになってしまうよ。今日はどんなことがあっても、大明と話をしなきゃ」

黎明姉はそんな一人言をつぶやいていた。そして、大明姉が帰宅するや、すぐに言った。

「まき券の期限は明後日だよ。明日、まきを買って来て」

「いやだ。私は行かない」

「どうして」

「どうしても」

「必ず行ってもらうからね」

黎明姉は怒りはじめた。

「絶対に行かない」

大明姉も負けずに言葉を返した。まだ二十歳前の黎明姉は、自分の気持ちを抑え込むことができず、ストーブの上に載せてあった沸騰しているやかんを払い倒した。

「あした、行ってもらう」

「行かない」

「姉ちゃんたち、止めて。けんかしないで。お願い」

そばで様子を見ていた私は、彼女らの剣幕の激しさに泣き出してしまった。

だが、けっきょく二人とも譲らず、大げんかになってしまったのである。

父母が「失踪」して以来、黎明姉は保護者のように私と大明姉を守ってくれていた。私たちも黎明姉を親のように慕い、頼りにしていた。

「きょうの大明はふだんと違う」

黎明姉はそう感じたに違いない。

姉妹げんかから数日が経ち、突然、父からの手紙が届いた。宝物を手にしたような気持ちだった。

大明姉と私はその手紙を、私たちの「保護者」である黎明姉に渡した。受取る黎明姉の手が震えていた。

「間違いない。お父さんの字よ。見慣れているからわかる」

「宝」（黎明）、「三三」（大明）（黎明姉と大明姉の間にもう一人東明という女の子がいたが、三歳のときに病死した。大明は三番目なので、こう呼ばれていた）、「命の根」（建明）。手紙の冒頭に書かれた私たちの愛称が目に飛込んで来た。

「父さんは四川省成都市にいる。毛主席語録と毛主席の著作を毎日学習し、自分の思想をより良いものにするために頑張っている。生活は心配しないでいい。将来機会があったら、中国人民に奉仕したい……。成都市の冬は暖房がないので（政府は、南の地域の暖房使用を禁止していた）刑務所の内はとても寒い。毛皮のコートを送ってほしい」

手紙にはそんな内容のことが書かれていた。

「念のため、もう一度よく見て。本当にお父さんの字だね」

たまたま様子を見に我が家に来ていた韓おばさんはまだ半信半疑で、念を押した。

「もちろん。間違うはずがないわ」

「もう一度。よく見て。偽物の可能性は」

「偽物じゃないわ。父の字を見間違うはずがないでしょう。どうして、そんなこと聞くの」

「そう、本当によかった。私は冷たい柿を食べたように気持ちがいい」

中国では安心したことをそう表現する。

「最近大学の中で、張教授が死んだという噂が流れていたんだよ。それを知っていたかい」

「そんなの嘘よ。パパが死ぬはずはない」

私は韓おばさんの話を聞き、興奮気味に言い返した。すると、そばにいた大明姉が小声でつぶやいた。

「大学の中ではみんながそう言ってる。私も本当だと思ってた」

「そんな噂が流れているのに、なぜ私に教えてくれなかったの」

黎明姉は厳しく追及した。

「そんなことは言えないよ。姉ちゃんは長女だし、姉ちゃんの耳に入って、もし倒れでもしたらこの家は誰が支えるの。妹にも言えない。父さんは建明を一番可愛がっていた。この噂があの娘の耳に入ったら、そのショックに耐え切れないと思った」

大明姉は泣きながら、これまで自分の心に秘めていた思いを語ってくれたのである。

黎明姉はそれではじめて大明姉の様子がおかしかった理由を知った。まき券のためにけんかしたことをひどく後悔したのである。

12　十二歳の孤独な暮らし

文化大革命の嵐がおさまる気配はなかった。私たちはいつも恐怖を背に生きていた。構内の壁新聞には相変わらず母が「日本のスパイ」で、父は「反革命的学術権威」というでたらめ記事が大きく掲載されていた。私たちを見る周りの人たちの目は、よりいっそう冷たくなった。

一九六八年秋、大明姉は中学を卒業した。そして、黎明姉同様下放されることになった。そのときの下放場所として、柏各荘《はくかくそう》農場と山奥の農村、二つの選択肢があった。

河北省にある柏各荘農場は戦前日本人が作ったもので、第二次世界大戦中、食糧補給基地としての役割を果していた。この農場ではおもに「小戦稲」という粘り気があり、もち米によく似た品質のよいお米を作っていた。

ここで働く人たちは月に二十一元（一般労働者の月給は三十元）の給料がもらえる。当時のふつうの農村に比べ、金銭の面ではかなり恵まれている。ちなみに小韓荘での黎明姉の収入は「年」二十元である。

黎明姉は何度も中学校に行き、労働者宣伝隊（文化大革命中、共産党が学校に派遣した労働者組織）の責任者や担当の彭《ぼう》先生に大明姉が柏各荘農場に行けるよう頭を下げた。

しかし、いわゆる「おいしい」ところにはみんなの目が向いている。「出身の悪い」私たちに手が届くはずもなく、大明姉はけっきょく唐山市から二百キロも離れた山奥の農村、河北省遷安《せんあん》県冷口大隊《れいこうだいたい》へ下放させられることになった。両親が悪い人種とされてしまった大明姉には所詮かなわぬ希望だったのである。

当時、解放軍宣伝隊は冷口のことについて、大明姉たちに次のように説明したという。

「冷口は万里の長城のふもとに位置している。近くには幅数十メートルにも及ぶ大沙河《だいしゃが》という河が流れていて、三十センチほどの大きな魚が泳いでいる。風光明媚なところと言っても過言ではない」

宣伝隊の話を聞き、十六、十七にしかなっていない大明姉たちの不安は払拭された。

六八年九月二十八日、中国製の「解放」という名のトラックに乗り、大明姉は百数十名の若者と一緒に、遷安県へ向かって出発した。この日、朝から小雨が降っていた。秋雨が顔に当たり、とても冷たく感じたという。

「顔を上げ、胸を張り、私たちは祖国のために、私たちをもっとも必要とする場所に行くのだ……」

雨はますます強くなってきた。軍事用のキャンプシートを頭に載せ、大明姉たちはますます激しくなってくる雨にもまけず、顔を外に出して必死に歌を歌い続けた。

山間の悪路のうえに雨まで降っていたため、二百キロを走るのにまる一日かかり、夕方、ようやく冷口に着いた。

風光明媚であるはずの冷口は、想像とは大きく違っていた。山は荒れ、電気もなく、暗闇の中、山が荒れていること以外、ほとんど何も見えなかった。なんともうら寂しい雰囲気に、先ほどまでの情熱がどこかに吹っ飛んだかのように、みんな沈黙してしまったという。

大明姉は、みんなの中で一番年下、まだ十六歳だ。彼女は自らがおかれた状況を知り、思わず大声を上げて泣いてしまった。そして、泣きながら冷口まで案内してくれた解放軍幹部に訴えた。

「ここはいやです。私は姉や妹のところに帰りたい」

「そんなこと、できるわけがない。君たちは毛主席の指示に従い、貧困農民から再教育を受けるために来たんだ。帰ることは断じて許さん」

解放軍幹部は厳しい顔でそう大明姉に言い放ったのである。

この日から、七年間におよぶ大明姉の過酷な再教育生活がはじまった。

百数十人は全員、遷安県の村々に下放された。冷口には大明姉を含む女子三名、男子八名の計十一名が配属された。大明姉にとって唯一慰めだったのは、一人ぼっちではなかったことだ。

最初のうち、十一名はばらばらに農家に寄寓していた。一緒に行った男性たちは、女子たちのことを心配して、よく様子を見に来てくれたという。互いに助け合い、慰め合うことができたのだ。

しばらくして、村は姉たちの強い要望を聞き入れ、彼らの宿舎を建ててくれた。

宿舎といっても、とても粗末なものだった。泥を型に入れ、それを乾かしてからレンガの代わりに積み重ねる。隙間だらけ、地元の人たちの家畜小屋より何倍も雑な作りで、とても人間の住めるところではなかった。だが、みんな十一人が一緒に生活できることを素直に喜んだのである。

下放されてからすぐ、秋の収穫がはじまった。早朝三時、隊長の笛で起こされる。暗闇の中、目をこすり、けつまずきながら、農民たちと一緒に畑に向かう。

農耕用の器具はまだ揃っていなかった。彼らは村の人から鍬を借り、芋を掘った。鍬の棒は、背が小さく痩せている大明姉の腕よりも太かったという。彼女は力を振り絞り、まったくはじめての農作業にとりかかったのである。

作業開始後、三、四時間が経って、やっと隊長からの合図。朝食である。彼らは急いで、自分たちの宿舎に向かい、火を起こして、トウモロコシのお粥を炊きはじめた。だが、疲れと不慣れで、まだお粥ができていないうちに、隊長の笛が鳴り響く。仕方なく、慌てて半熟の粥を数口すすり、また畑に向かわなければならない。昼食も同様で、陽がどっぷり暮れるまで働かなければならなかったという。

一日十数時間にもおよぶ労働で、みんな極度に疲れ果てていた。彼らは宿舎に戻って、簡単に夕食を済ませると、顔を洗う気力もなく、布団に入ったとたん意識をなくしたそうだ。

冬は唐山市よりも早くやって来た。冷口の冬はとても寒くて、いつも零下十度以下である。大明姉は生まれつき乾燥肌で、冬になると手足のあかぎれがひどくなる。父母がいるときは、いつも暖かいタオルで、手足を温めた後、たくさんのクリームを塗って治療していた。だが、このときの大明姉には、クリームを買うお金さえなかった。彼女の手足はあかぎれで元の形を失い、血が流れて止まらない。しかし、血を止める薬も買えない。黎明姉が作ってくれた手袋、何回も縫い直した靴下に、血を染み込ませるしかなかったのである。

ある夜、あまりの寒さに耐えきれず、大明姉は自分の持っている洋服のすべてを布団の上から掛けた。それでも寒くて眠れない。さらに彼女は黎明姉が作ってくれた帽子やマスク、それに手袋と靴下をつけ、ようやく眠れたそうだ。

そして、朝がやってきた。目を覚ますと見たことのない白い布団がかかっていた。しかし、よく見ると、それは布団ではなく雪だった。

五センチほどの雪が布団の上に積もっていたにもかかわらず、疲労のあまり、みんな熟睡していたのである。

女子三人は急いで身じたくを整え、外の様子を見てみようとした。だが、ドアが開かない。雪が邪魔をしているのである。姉たちが騒ぐ声で男子も目を覚ました。そして、窓から外に抜け出し、姉たちの部屋のドアの前に積もった雪を取り除いてくれたのだそうだ。

そんな文明社会と遠く隔たった環境の冷口だったが、その分、情報も過疎。都市部とはまるで別世界、文化大革命の嵐はまったく感じられなかった。貧しいことをのぞけば、とてものどかで差別もなかったという。

ただ、村人たちは、自分のお腹を満たすことで精いっぱいである。都会からの知識青年の下放で人口が増えると、食糧不足がますます深刻になる。両手をあげて大明姉たちを歓迎したわけではなかったようだ。

村人たちとの親睦を図るため青年たちは「毛主席のご指示に従い、皆さまから再教育を受けるために来ました」と説明した。それに対し、「毛主席って誰なんだい」と逆に尋ねられたという。彼らは毛沢東のことすら知らなかったのである。考えてみれば、電気もない村である。情報が伝わっていないとしても不思議ではないのかもしれない。

一九六九年の旧正月、大明姉が冷口から帰ってきた。

彼女の顔や手足は霜やけで紫色になっていた。唐山で生活している黎明姉と私も、冬になると手と足に痛痒い霜やけができる。だが、顔まで霜やけになるなんて、聞いたことがない。「冷口」は、その名どおり、大明姉の顔にまで「冷」のアタックをかけたのだ。

大明姉の顔を見て、黎明姉と私の心は痛んだ。だが、当の本人はまったく気にしていない様子だった。久しぶりに三人が揃ったことで、にこにこ笑顔をたやさず、もともと超楽天家の彼女は辛い様子は少しも見せなかったのである。

また、長期にわたる慢性的な栄養不良で、私たち三姉妹の髪はやせて抜け落ち、以前は真っ黒く艶のあった二本の三つ網は、枯れ草で作った細い縄のようになってしまっていた。情けないほど見苦しい。だが、どんなに見た目が悪くても、あの憎たらしい「造反髪」にだけはしたくなかった。

造反髪というのはいわゆるショートカットのことで、革命者の証とされていた。逆にこの当時、髪を長く伸ばしている人間は資本階級思想の持ち主だとされ、長い髪の人は必ず三つ網にしなければならなかったのだ。

それはともかく、今回は大明姉が下放されてからはじめての旧正月だ。私たち三姉妹は、この日を首を長くして待っていた。このときだけは、私たちが置かれている悲惨な状況を忘れ、一家団欒を楽しむことができたのである。

大明姉は冷口から地元の正月用食材を持って帰ってきた。その中に、うれしいことに一塊の羊肉が入っていた。肉が食べられることなど期待していなかった私たちは大喜びで、ミンチにきざみ、ギョウザを作った。

「こんなにおいしいギョウザは久しぶりだね。生きていてよかった」

大晦日のこのギョウザに大満足した私たちはベッドに寝転がり、一年間分の出来事を語り合った。まだ子どもの私は途中睡魔におそわれ、眠りの中に引き込まれてしまったが、姉たちは朝方まで話を続けた。そして、旧正月当日、私たちは昼までベッドの中にいた。

旧正月の数日間、私たちは久しぶりに幸せ気分を満喫することができた。一年分のごちそう（と言ってもささやかなものだ）を全部この数日間のために取っておき、毎日少しずつ味わっていた。私も自分で節約した「菜票」を使って、学生食堂で「春雨と豚の角煮」を買い、姉たちにごちそうした。この「春雨と豚の角煮」は「三角の菜票」（一元は十角）で一人前。私たちにとってはとても高価な料理だ。だから、三人一緒に味わいたかったのだ。

大明姉が冷口に帰らなければならない日が二日後に迫った。今回彼女は、食べ物のほかに現金を十九元も持って帰ってきてくれた。それは姉のまるまる一年分の現金収入である。

「今、女の子たちの間で茶色い革靴が流行ってるのよ。ほとんどの子がそれを履いている。建明もみんなと同じようにしてやりたいの。父さんと母さんがいたら、きっと買ってあげたに違いない。このお金の中から、九元を出して、妹にその皮靴を買ってあげようと思う」

黎明姉が大明姉にそう提案した。しかし、大明姉は反対だった。一年間働いて得た現金収入の半分近くを一度に使ってしまうと、これからの生活が心配だというのである。

「小韓荘で配給されるトウモロコシとサツマイモを売って、それを送金してあげるから」

黎明姉はそう言って大明姉を説得した。だが大明姉は納得しない。いくら話し合っても、どちらも譲ろうとはせず、平行線のまま、とうとうけんかになってしまった。そばで見ている私はとても辛く、必死で二人のけんかを止めようとしていた。

黎明姉は突然ドアを開けて家を飛び出そうとした。

「お姉ちゃん、行かないで」

大明姉は半分泣き声で叫んだだが、黎明姉は振り向きもせず家を出ていった。大明姉と私は泣きながら彼女を追ったが、すでに黎明姉の姿は消えていた。

「お姉ちゃん、お姉ちゃん。どこにも行かないで。お願いだから帰ってきて」

家を飛び出したあと、黎明姉は街灯の点いていない道を通り、空地まで行った。そしてそのまま、寒風の吹きすさぶ中、洋服の襟をしっかり掴んで立ち尽くしていたのである。

遠くから、悲しく冷たい風の音とともに、私と大明姉の叫び声が聞こえていたという。私たちの切ない叫び声は周囲の家々にも聞こえたはずだ。

二人の妹が自分を呼ぶ声を聞きながら、空地から楊華斎の暗い明かり（電力も不足しているため、どこの灯りもとても暗い）を見つめていた黎明姉の心はちぎれるほど痛かった。だが、頑固な黎明姉は自分のほうから折れようとはしなかった。

いつまでもやまない叫び声を気にし、同じ楊華斎に住む若手学者の盛先生が私たちのところに来てくれた。そして、彼も一緒になって、黎明姉を探してくれた。

空地にいた黎明姉をやっと見つけた大明姉は、彼女の手をしっかり握った。

「姉ちゃん、帰ろう。建明に革靴を買ってあげよう。もう怒らないで」

「革靴なんかいらない。もうけんかはしないで。私は姉ちゃんたちのけんかを見るのがとても辛いの」

黎明姉にそう話しかけながら、家に向かっているときだった。突然、大明姉が声を震わせはじめた。

「姉ちゃん見えない。私、何も見えなくなってしまった。どうして。どうしたらいいの。なぜ私が、こんな哀しい目に遭わないといけないの」

大明姉の「なぜ私が……」という言葉は、彼女の心の底からの悲痛な叫びだった。今私たちの目の前にいる大明姉は、いつもの明るく、強い彼女ではなかった。

大明姉の話を聞き、黎明姉と私は驚いた。私たちの大明が失明したなんて。家に戻ってから大明姉に少し水を飲ませ、ベッドに寝かせた。

長期の栄養不良、心理的プレッシャー、さらにその上、けんかという激しい刺激が加わり、大明姉の目が見えなくなったのだろう。黎明姉が痛烈に自己反省したことは言うまでもない。

幸いなことに、翌朝になると、大明姉の視力は回復していた。病院に連れて行くつもりだった黎明姉はほっとした。もしこのまま、大明姉の目が回復しなかったら、両親と再会したとき、どう説明したらいいのか。許してもらえないのではないか。もう二度とけんかはすまい。黎明姉は心の中でかたく誓ったという。


旧正月の休暇もおわり、大明姉は冷口に戻り、また黎明姉と二人になった。だが、寂しがっているどころではなかった。

やっと最低限の生活ができるようになったのも束の間、私たちの命綱が切れてしまった。

王前街弁事処の李主任が夜、熟睡していたとき、暖かい布団から引っ張り出され、そのまま麻の袋に入れられて、どこかに連行された。そして翌朝、彼は無残な死体となって宿舎の前に捨てられていたのである。

誰がこんなに残酷なことをしたのか、真相を探ろうとする人すらいなかった。正義感のある人がまた一人世の中から消されてしまったのである。

李主任が殺されたため、黎明姉の住民票を小韓荘から唐山に移すことはあきらめざるを得なかった。彼女はいつ農村に戻されても仕方がないと覚悟するしかなかった。

当時、田舎の住民票のまま都会に滞在している人が少なからずいた。

黎明姉は何度も派出所（住民票を管理している）に出向き、我が家の事情を説明した。しかし、私たちのような出身の悪い人間は公平に扱ってもらえなかった。

同じ頃、中央から「革命を進行させ、生産を促進する」というスローガンが出された。やりたい放題の「革命」は継続しなければならないが、生産が麻痺してしまうと国が立ち行かない。それで、生産も促進すべきだと言い出したのである。このスローガンに運悪くぶつかった黎明姉は危機感を募らせた。

王前街弁事処の職員が宿舎にやって来て、黎明姉に対し嫌味を連発しはじめたのである。

「いつまで都会にいる気なの。まさか田舎に帰りたくないんじゃないでしょうね」

黎明姉は怒りを抑えた。

「田舎に帰りたくないのではありません。妹はまだ十二歳です。せめてあと一年間だけ、中学に入るまで一緒にいてやりたいのです。そうじゃないと田舎で安心して仕事ができません。お願いします。妹がもう少し大きくなったら、必ず田舎に戻りますから」

だが、王前街弁事処の職員の答えは木で鼻をくくったようなものだった。

「毛主席と共産党に感謝しなさい。あなたたちのような人間でも見捨てていない。妹さんの生活費は弁事処が出します。さっさと田舎に帰りなさい」

黎明姉は小韓荘に帰らなくてはならなくなってしまったのである。

出発前、彼女は私のために洋服や靴を作ってくれた。十二歳の私は成長期に入り、身長はどんどん伸び、足も大きくなっていた。姉もそれを考え、洋服も靴も私の成長を見込んで、大き目に作ってくれた。

黎明姉が田舎に戻る日がやって来た。宿舎を出る前、彼女は私をそばに呼んだ。急いで作ってくれた洋服と靴を前に、「これが今すぐ着れるものと履けるもの。小さくなったら、大きいのと換えなさい」と丁寧に説明してくれた。そして、「一人になるからからだに気を付けてね。ご飯はきちんと食べること。女の子だから戸締まりも忘れたらだめよ」と、まるで母親のように付け加えた。

私は黎明姉の顔を見上げた。彼女の目からは涙がいっぱいこぼれ落ちていた。このとき私はまだ、一人になるということがどんな状況なのか、まるでわかっていなかった。無邪気に「大丈夫よ、心配しないで」と姉を慰めたのである。

黎明姉は火事から生還した母の自転車に乗って出発した。私は姉の後ろ姿が見えなくなるまで手を振っていた。

黎明姉が豊潤県小韓荘に追い返され、私は一人ぼっちになった。住民票には私の名前しか記載されない。私は十二歳で世帯主となったのである。

それまでと同じように学校へ通っていたから、昼間はそれほど寂しさは感じなかった。だが、夕方になるにつれ、心の中にぽっかりと穴があいたような気がしてきた。そんな深い寂しさに包まれたのはじめてだった。

気分転換のために、私は自分の茶碗と食券を持って、大学の食堂に向かった。夕食を買うのである。宿舎から食堂まで、ほんの五十メートルしか離れていない。はじめて自分で自分の食事を買う。少し緊張気味の私は、まず黒板に書いてあるメニューを確認した。

全部で三、四種類、一番高いのは野菜と肉の炒め物で二角（日本円三円）、一番安いのは量の少ない野菜だけの炒め物五分（〇・七円）。私はこれからの生活のことを考え、五分の野菜炒めを選び、カウンターで注文しようとした。

「下定決心、不怕犠牲」（決心をして、犠牲を恐れず）

いきなり食堂の職員にそう言われた。「はーっ？」と聞き直した。すると、その職員は「反省してから、もう一度出直して来い」と言う。わけのわからない私は後ずさるしかなかった。次に来た人も食堂の職員から同じ事を言われた。すると、その人は「排除万難《はいじょばんなん》、去争取勝利《きょそうしゅしょうり》」（困難を排除し、勝利を勝ち取る）と答えた。そして、自分の食べたいものを茶碗に入れてもらったのである。

「下定決心、不怕犠牲」は毛沢東の語録の一つだ。文化大革命を経験した人はみな、この文句を知っている。もちろん私も繰り返し暗記していたので、考えなくてもすらすらと言える。

毛沢東を熱愛（日本では恋人同士にしか使わない単語だが）していることを現わすため、たくさんの文句を覚えさせる。この頃から、大学内に限らず、売店や、食堂などを利用するときには、投げかけられた文句の続きを言えないと物を売ってもらえなくなっていた。買い物のためにたくさんの文句を覚えなければならないのである。いつ、どんな文句が飛び出してくるかわからない。楽しいはずの買い物が、私には大きな緊張を強いる苦痛なものとなった。

私はもう一度カウンターの前に立った。今度は「革命無罪」(革命することは罪がない)と言われた。同じ事を言われると思っていた私は、一瞬戸惑った。だが、「造反有理」(造反することが正しい)とどうにか返すことができた。それで、やっと自分の茶碗を受取ってもらえたのである。ただ、その言葉を自分で口にしたとき全身に寒気が走り、嫌悪の鳥肌が立っていた。

宿舎に戻ったときはすでに真っ暗になっていた。なんだか情けなくて、寂しさがいっそう募った。宿舎に入り、私はまず、ベッドの下に誰も隠れていないことを確認した。そして、やっと夕食をとることができたのである。

もっとも恐れていたのは、一人ぼっちで寝る時間がくることだ。得体の知れない恐怖におそわれ、布団に入ってもなかなか寝付けない。ちょっとした物音で心臓が高なる。「明日は学校がある。早く眠らなければ」と思えば思うほど眠れなくなる。起き上り電気をつけた。それ以後私は、朝まで電気をつけっぱなしにしなくては眠れなくなったのである。

王前街弁事処は大学の玄関から歩いて二十分、唐山路北区王前町にあった。私は決められた日時に、生活費をもらいに行った。街道弁事処に着くと、部屋にはすでに十数人の人が座っていた。みな年配の人ばかりだ。私は萎縮しながら部屋に入り、ドアのすぐ横、壁の前に立った。

奥の部屋から女性職員が出て来た。

「全員揃いましたね。今から毛主席語録を勉強します」

よく見ると、その女性は私たちの宿舎に来て、黎明姉を無理矢理小韓荘に追い返した人だ。

私は立ったまま、彼女の得意げな講義を二時間にもわたって聞いていた。これから毎月、このように彼女の話を聞かなければならない。そう思うと、気が滅入った。みじめな思いだった。だが、生きていくためには、そうするしかない。

長い長い話がやっと終った。部屋にいた人たちは彼女の指示で順番に並び、一人ずつ生活費を手渡された。私は一番最後だった。彼女から生活費の入った封筒を受取った際、「毛主席に感謝しなさい。あなたのような人間でも毛主席は見捨てない。自分の思想を常に改造しなさい。毛主席について行くことこそ、あなたの唯一の道です」と、しつこく私に政治教育を施したのである。

そんな政治教育など私にはどうでもよかった。関係ないと思っていた。私の最大の関心事ははじめてもらう生活費がいくらなのかということだ。私は急いで、もう二度と来たくない、しかし来なければならない部屋から出た。しばらく歩き、まわりに誰もいないことを確認してから封筒を開けた。中には人民元九元（百六十円）が入っていた。これが私の一ヵ月の生活費である。

中国農村部の人口は全人口の八〇パーセントを占めている。土地はすべて国有であるため、農民は全員生産大隊に所属し、隊長の指示通りに農作業をしなければならない。当時の中国の農村はとても貧しく、現金がもらえるのは年に一度だけだ。それも、豊作とそうでないときでは大きな開きがある。

隊長は農民の労働態度と体格を基礎に各隊員の一日の点数を決める。点数は一点から十点で、「工分」と言う言葉を用いていた。一点の金額は収穫の具合により、豊作なら七〜八分（十円くらい）、不作のときは半分の三〜四分にしかならない。体力がなく、あまり労働のできない人は六〜七点、若くて頑強で一生懸命働く人は九〜十点。姉たちは女性であるため、八点と決められていた。

一月から十二月までの出勤日数に自分の持ち点数をかけ、一年の収入が算出される。そして、その収入から一年間配給された穀物代が差し引かれ、残りを現金として手渡されるわけだ。姉たちはいくら懸命に働いても、一年間わずか二十〜三十元（五百円）しかもらえなかった。

塩は生活の必需品である。食用油がなくても、砂糖がなくても、酢がなくても、なんとか生きていくことはできる。しかし、塩はないと困る。そもそも塩は調味料の中でも一番安価なものだ。だが、小韓荘の人たちはその安い塩を買うお金さえ持っていない。

塩も国の食糧統制リストに上げられていたので、民間での取り引きは禁止されていた。ただ、「上に政策あり、下に対策あり」である。貧しい農民たちは生活の知恵でそれをしのいだ。

サツマイモと塩を交換するのである。小韓荘のある豊潤県に隣接している玉田県や遵化《じゅんか》県、豊南《ほうなん》県などの海沿いの村や町に行き、彼らはひそかにサツマイモと塩を交換するチャンスを見計らう。この行為は農民の間では「公然の秘密」だった。

男たちは数人でチームを作り、自転車荷台の両側に大きな籠をさげる。中にはサツマイモがいっぱい入っている。それで往復百キロから二百キロもの道のりを走り、海辺に行くのである。

海辺の漁民もまた貧しかった。彼らは海水を汲み、その中に含まれている塩分を取り出す。そして、作った塩を隠して貯めておき、サツマイモなどの食糧と交換し、飢えをしのいでいたのである。

公然の秘密とは言え、違法は違法である。チームを組むときのメンバーは、彼らが信頼している人間だけに限定した。そして、人目につかないよう夜中に出発して夜通し自転車をこぎ、昼間は休む。舗装されていない田舎道を、重い荷物を載せ、なるべく静かに走るわけだから、これはじつにたいへんな仕事なのである。

五キロのサツマイモで一キロの塩。これが平均的な交換比率である。塩はまだ未加工のもので粒が大きく、粒の中には大量の硝酸が混っている。そのため下痢を誘発しやすい。また、この塩は店で売っている塩より味が薄く、色も茶色っぽかった。

黎明姉も信頼できる韓玉山《かんぎょくさん》さんに頼み、塩と交換してもらっていた。ただ、最低必要限度、この物々交換がかなり大変な仕事であることを知っていたため、たくさん交換してほしいとは言い出せなかった。

彼は小韓荘出身で、「貧困農民」ではなく「中上級農民」という階級に位置づけられていた。この階級に属する人たちは一九四九年の解放前、「三十ム（中国土地の単位。十五ムが一ヘクタール）の土地と牛が一頭、妻子はのほほんとオンドルでくつろぐ」という生活に憧れていたため、共産党からは徹底的な革命者ではないとみなされていた。

ただ、この階級に入る人はとても大勢いる。そのため監視するが、いちおう敵とはしなかった。彼らを敵に回すということは、中国国民の過半数を敵にすることを意味するからだ。

中上級農民の大半は解放前の生活に憧れていた。彼らは勤勉で、自分の手で、家族を必死に養っていた。自分たちが努力さえすれば、生活は日に日によくなっていく。だが、一九四九年新中国の誕生で「解放」された農民の自己財産はすべて強制的に没収されてしまった。さらには次から次に政治運動の嵐が吹き荒れた。とりわけ一九五七年に人民公社が設立されたことと、一九五八年の「大躍進運動」により、農民の生活はどんどん貧しくなってしまったのである。

韓玉山さんはまん丸の顔をしていて、何か考えごとをしているときは、いつもぱちぱちまばたきを繰り返していた。彼は村の誰とも仲良くできる、じつに性格のいい人だ。

黎明姉はいつも韓玉山さんに自分の食糧を売ってもらっていた。

「値段は少し安くてもいいから、ばれないうちに早く売ってください」

「まかせなさい。金はたくさんあっても困らない。俺がばれないようにうまくやるから」

そして、いつもいい値段で姉の食糧を売ってくれていた。

北方の田舎にはこのようなことわざがある。

「楽したいなら横になるのが最高、おいしいものが食べたいならギョウザが一番」

当時、中国の農村では、ギョウザが一番のご馳走だった。しかし正月以外、人々の口にギョウザが入ることはほとんどない。

一九六九年初春の旧正月が終わり、小韓荘に戻った黎明姉は、別れたばかりの妹たちのことを思い、さみしく気分が落ち込んでいた。そんな彼女を、以前からよくしてくれる村の人が元気づけてくれた。黎明姉はその女性を「お姉さん」と呼んでいる。

地下洞窟（中国農村で冷蔵庫の代わりに掘っていたもの）から白菜とねぎ、豚肉を出してきて、「さあー、一緒にギョウザを作って、食べましょう」と言ってくれたのである。

「そんな大切な食べ物をいただくわけにはいきません。姉さんの家族で食べてください」

黎明姉は恐縮して辞退した。だが、お姉さんはにこにこしながら言った。

「この肉はあなたのためにとってあったのよ」

「私の身分は反革命者、日本のスパイの子どもです。姉さんたちの親切はとても嬉しいのですが、皆さんに悪い影響を与えることになるかもしれません」

「悪い影響？　心配いらない。うちは階級闘争をしません。私たちは貧困農民で出身がいいから、こわいものは何もありません」

お姉さんはそう言いながら、黎明姉をオンドルの奥、暖かいところに連れていった。

「奥のほうは暖かいから、ゆっくりしなさい。小韓荘の皆はあなたの家族です。少し待ってて、すぐにギョウザを作るから」

黎明姉が帰ってきたことは、あっという間に小韓荘中に広まり、お姉さんの家にたくさんの人が集まってきた。みなそれぞれ、お餅やトウモロコシ団子などたくさんの手土産を持ってきてくれた。それで姉は、二、三日何も作らなくてもよかったという。

「あなたたちも階級闘争しないのですか」

黎明姉は彼らの好意に感謝しつつ、心配でもあった。

「もちろん、階級闘争はしますよ。このような時代に階級闘争をしたくないなんて、怖くて言えません。階級闘争はしますが、相手によります。あなたとは、しない。家族と同じですもの」

みんなは口を揃えて言い、姉の心配を払拭してくれた。

黎明姉は下放された当時、「毛主席著作精読模範者」、「雷鋒を見習う模範者」となった。だが、そのときは、小韓荘の人たちはこんなに優しく接してはくれなかった。

私たちが幾度も災難に遭い、多くの心ない人たちに敵視されていることを知り、彼らは黎明姉に対し、真心を持って接してくれた。この時期、私たちが一番求めていた愛情を与えてくれたのである。

「あなたのお父さんは絶対に悪い人ではない。俺は信じている。かけてもいい。三年以内にお父さんとお母さんはきっと帰ってくる。命かけてもいい」

黎明姉にそう言った人もいたそうだ。

中国の農民はとても誠実で、純粋で、勤勉だ。嘘も言わないし、人情味あふれている。黎明姉は村人たちの暖かい愛情を感じただけではなく、彼らから人間として一番大切なことを学ぶことができたのである。

そんな優しい村人が作ったからというわけでもないだろうが、小韓荘の漬け物は半透明になっていて、歯応えがよく、とてもおいしい。しかし、自分の漬け物はまるで綿花を口に入れたような歯応えで、おいしくないと黎明姉はいう。

それは塩加減が足りず、漬け物の上に白い薄い膜ができてしまうためだ。姉は近くの川でその漬け物を流し洗いし、天日で干す。

唐山に戻ってくるとき、黎明姉はいつもその漬け物を私に持ってきてくれた。そして、炒めて食べさせてくれるのだが、私にはとてもおいしく感じられた。

それ以降、炒め漬け物は私のご馳走となった。漬け物がある間、私は食堂から主食しか買わなかった。そして、節約した「菜票」は、姉たちが次に帰って来るときのためにとっておいたのである。

漬け物はまた、べつの意味でとても貴重だった。私はふだん食堂でご飯とおかずを買って食べるのだが、ご飯とおかずは別々のカウンターになるため、毛沢東語録を二回も言わなければならない。黎明姉の漬け物があれば、ご飯だけ買えばいい。毛沢東語録の応答は一回で済むし、おかずは買わないから、お金の節約もできる。一石二鳥の漬け物は私の宝だった。

私は節約したお金で、年に一度しか会えない遠く冷口にいる大明姉に手紙を出した。そのとき、彼女から返事をもらうために、二角、五角あるいは八分（十分が一角、十角が一元）の切手を一枚同封した。大明姉からの手紙は私の楽しみの一つでもある。

はじめの頃、私は切手ではなく、大明姉宛ての手紙に現金を入れていた。だが、そのお金はしばしば盗まれた。手口はじつに巧妙、カミソリで封筒の端を切り、中から現金だけを抜き取り、また元のように糊で貼るのである。少ない金額だが、それがなければ、大明姉は切手を買うこともできない。

大明姉からの手紙が届かず、私はとても寂しかった。しかし、当時の中国の農村はみんな同じ、貧しい生活を送っていた。なにかが必要なときはお金の代わりに卵を売店に持って行き、必要な物と交換する。卵は大事な収入源でもあった。

「鶏のお尻は銀行である」

大明姉が住む村の人々はそう言っていたそうだ。そんな話を聞いていたので、お金を取られても憎むに憎めず、やり切れない気持ちのほうが強かった。

黎明姉の暮らす小韓荘は大明姉の冷口に比べて、距離的に近い。彼女は月に一度のペースで、私の様子を見に帰ってきてくれた。バス代を節約するために、母が愛用していた自転車で片道二時間かけてである。一回の滞在は二、三日だった。

当時、電話はもちろん、手紙を出す切手さえ黎明姉は買えなかった。いつ帰れるか、私に知らせることはできない。

私は、姉の帰りを首を長くして待っていた。下校途中、毎日のように「もしかして、私が家に着いたとき、黎明姉が帰っていたら」と想像しながら、ひたすら歩き続けた。そんな想像をしている間が私にとって一番楽しみな時間となった。だが、宿舎に着くと、ドアには私が朝かけた南京鍵がかかっている。そのときの失望感はとても大きかった。ある日、学校から帰って宿舎のドアを開けようとしたときのことだ。鍵はすでにはずされていた。黎明姉が帰ってきたのである。久しぶりの再会の喜びを一刻も早くわかち合いたくて、私は部屋の中に飛び込んでいった。

私たちはまず、互いに変わりがないことを確認し、興奮して喋り続けた。そのとき黎明姉が私が使っていたカレンダーを指し、「ところで、この印はなに」と尋ねた。

「黎明姉ちゃんからもらったお漬け物で何日間食べられるか。そして、いくら節約できるかを計算しているの。節約したお金で大明姉ちゃんに切手を送り、めったに会えない彼女から手紙をもらうの」

私のなにげない一言で、姉の目に涙が溢れた。

「あなたのような妹を持ったお姉ちゃんは世界一の幸せ者だよ」

そう言って私を抱きしめた。

この漬物物語はつまり、王前街弁事処からもらう生活費があまりにも少なかったという証拠である。

「両親はまだ大学から除名されているわけではない。妹の面倒は大学側が見るべきではないか。それに、九元という金額では最低限の生活も維持できない」

黎明姉は王前街弁事処と大学の庶務に対してそう申し入れてくれた。この申し入れは王前街弁事処にとってかえって好都合だったようだ。

「この子の両親の判決が宣告されるまで、大学側に面倒を見てもらいたい」

私のことを大学に押し付けようとしたのである。つねづね私を放り出したいと思っている大学当局はいい顔をしなかった。しかし、理屈である。しぶしぶ私の面倒を見ることになった。

二ヵ月後、私の生活費支給は大学の「財務処」に移り、生活費も九元から十二元へと上がった。生活費給付日に受けなければならなかった面倒な政治学習もなくなり、私はとても嬉しかった。

黎明姉が帰って来ると、私は学生食堂に行って、こつこつ貯めた「粗糧票」でトウモロコシの団子、「細糧票」で白いお饅頭と白いご飯を買って姉に食べさせた。それが私の姉に対する精いっぱいのもてなしだった。

そんなささやかな食事でも、彼女は「おいしい、おいしい」と言いながら、満足そうに食べてくれた。その様子を見ると、私はとても幸せな気分になれた。

会えるときは嬉しいが、離れるときはとても寂しい。黎明姉の滞在はいつも短く感じられてならなかった。

黎明姉が田舎に帰る日がやってくると、私はいつも「お願い、あと一日だけ一緒にいて」と姉を引き止めていた。しかし、働かないと「工分」がもらえない。「工分」がないと年末には食糧が支給されないことになる。姉は支給された食糧を闇で売ってやりくりし、なんとか生計を立てていたのである。これは違法行為だ。もし見つかれば、私たちのような出身の悪いものは、特に重い罰を受けることになるだろう。

そんな苦労をしている黎明姉を困らせてはならない。私は寂しさを我慢するしかなかったのである。

一九六九年の春、黎明姉は大明姉の恋人、張志平《ちょうしへい》と一緒に冷口に行くことになった。当時、中国の通信事情は悪く、急遽決めたこともあって、事前に大明姉に知らせることはできなかった。

突然行って喜ばすのも悪くないかもしれない。黎明姉は興奮気味だった。

大明姉と一緒に下放されている知識青年たちはこれまで何度も唐山に帰省し、家族との団欒を味わっていた。だが、大明姉はバスの切符が買えない。いつも同級生たちを羨ましく思いながら見送るしかなかった。そんな大明姉を不憫に思い、冷口行きを実行したのだった。

だが、二人が大明姉の前に現れたとき、彼女は驚きはしたものの、そんなに嬉しそうな顔はしなかった。

「この村の人たちの目はとても厳しいの。私はすでに標的にされている。姉ちゃんは来るべきじゃなかった」

いきなりそんなことを言われ、黎明姉はすっかり落胆してしまった。二晩泊まっただけで、大明姉にうながされるように唐山に戻った。

わずか二、三日の滞在だったが、黎明姉は春の冷口の「冷」気を感じとったという。

この貧しい村の人たちは、なぜか丈夫で上等な豚小屋や鶏小屋を持っていた。それらは大きな青色のレンガで造られたもので、中国の平均的な農家のものにくらべ、はるかに立派だった。どの家もそうだ。冷口の豚や鶏は世界一上等な「住まい」で生活しているのである。

なぜ、そうなのか。大明姉の話によると、冷口の人たちは家畜小屋を作るのに、なんと世界遺産である万里の長城のレンガを使っているというのである。ひどい人になると、自分たちが住む家、庭にまで長城のレンガを使っていた。

長城の青いレンガは、現在のレンガと比べてかなり大きい。表面は滑らかで、きめが細かく、その一つ一つが芸術品と言っていいほどの出来ばえだ。数百年を経っても、ほぼ完全な形を留めている。大昔の職人たちがレンガ一つ一つを魂込めて造ったからだ。

だが、この村の人たちに、そんなことは関係ないらしい。

「このレンガは土に餅米を炊いた汁を混ぜてある。そうでないと、こんな丈夫なものはできない。長城にはたくさんのレンガがある。みなで力を合わせて、一緒にレンガをはずし、持って帰って山分けにすればいいのさ。こんないい材料はどこを探してもない。しかも、ただだからね」

目先の実利だけ。倫理観もなければ、歴史を尊ぶ気持ちなどかけらも持ち合わせていないのである。

冷口に着いた翌朝、姉たちは山に登った。そこからの風景は思わず息を飲むほどの美しいものだったらしい。

「あちらの長城の近くに行けば、もっと景色がきれいよ」

黎明姉は、大明姉がさした方向を見た。そして確かに、そのとおりだった。だが、黎明姉はべつのことが気になった。

大明姉が指示するあたりには人影があり、山の上と下をつなぐ白い滑り溝が見えた。そして、その溝の中をたくさんのレンガが次々にすべり落ちていたのである。

幾多の戦乱や過酷な大自然の洗礼に耐えてきた万里の長城は中国の誇りである。

「銅塀鉄腕の長城はなにをもってしても壊すことはできない」

そう言われてきた長城のレンガが冷口の農民の手と鉄棒によって、一つ、一つはずされているのである。

こうした事実を知りながら、行政を司どる誰一人として、その行為を止める者はいなかった。

この偉大な歴史的遺産をいったい誰が守るのだろう。たんに農民の無知のせいにしていいのだろうか。万里の長城は中国人の血と汗と涙の結晶であり、これを完成させるため、数え切れない人たちが命をかけたのだ。

黎明姉は冷口の長城破壊者たちを見て、なんとも言えぬ暗い気持ちになり、怒りの涙がこみあげてきたという。

黎明姉と一緒に冷口に行った張志平についても少し触れておこう。

彼は大明姉のクラスメートで、父親は唐山市の副市長、十三級に相当する幹部である。

中国共産党では何段階もの級が設けられ、幹部は下から上へと一級ずつ昇格していく。十三級といえば高級幹部といっていい。「高幹」と略称され、一般庶民には手の届かない地位である。いったん高幹にまで昇りつめると、いろんな優遇措置が受けられる。その地位を守るため、彼らはなりふりかまわない。

大明姉は張志平ら数人と一緒に冷口大隊に下放された。

彼らは朝から晩まで生活をともにし、苦しい環境の中で互いに助け合った。それが徐々に恋愛感情へと発展したとしても不思議ではあるまい。

張志平はとても芯の強い人だ。彼の考え方は当時の同じ年代の若者、とりわけ同じ階級にいる若者とはまったく違っていた。

彼は自分の父親の地位を鼻にかけることなく、出身の悪い大明姉を軽蔑もしなかった。逆に大明姉にたくさんの長所を見つけ出し、彼女を尊敬さえしていた。

また彼は、黎明姉に対しても「お姉さん」と呼んで敬い、私たちの事情に同情し、当時の世の中の歪みについても忌憚《きたん》なく口にした。

大明姉との付き合いが張志平の両親の耳に入った。

彼らは動揺した。自分の地位があやうくなるだけでなく、息子の将来にも悪い影響を与えることになる。両親は彼を必死に説得し、あげく大喧嘩になってしまったのだ。それでも、彼は考えを少しも変えようとはしなかった。

「抗日戦争のとき、日本鬼は機関銃で村を襲った。私は農民が掘った野菜洞窟の中で一ヵ月以上も隠れていた。やっと洞窟から出ることができたときは餓死寸前だった。そんな日本人スパイの娘を好きになるなんて、絶対に許せない」

彼の父はそう説得するとともに、高幹の地位を利用しはじめた。

彼は二人がいる遷安県、建昌営《けんしょうえい》人民公社、冷口大隊の幹部を訪ね、直接大明姉に圧力をかけるよう指示を出した。そして、息子に対しては、言うことを聞かないのなら、大明姉が困ることになると恫喝した。さらには、母親もわざわざ冷口大隊まで足を運び、大明姉に息子と別れるよう強要したのである。

そして彼らは、最後の手段をとった。息子を解放軍に入れ、ビルマとの国境線の近く、雲南省永平県に行かせたのである。雲南省永平県と冷口とは遠く離れている。二人は強制的に南と北に別れさせられたのである。

黎明姉が冷口を訪ねることにしたのは、雲南省に出発する前、「大明が心配だから、ぜひ一緒に冷口に行ってもらいたい」と張志平から誘われたからだ。

冷口では、夕食後、彼は女子宿舎を訪ねて、黎明、大明、二人の姉に対して、当時では口にしてはならない話をしたという。

「ぼくはなにも恐くありません。しかし、あなたたちは違います。ぼくの両親は自分たちの身を守るためなら、どんな手でも使う人たちです。あなたたちをさらに苦しい状況に追い込みかねません。ぼくが一番心配しているのはそのことです」

彼は両親に負けたわけではない。大明姉をこれ以上苦しめたくないと決心し、雲南省へ出発したのである。

同じ一九六九年の秋、私は「唐山鉄道第二小学校」を卒業し、「唐山第一中学校」に入学した。入学したものの、相変わらず友だちはいない。登校するときも下校するときも、いつも一人ぼっちだった。

それだけではなく、小学校時代よりさらに強い圧力を感じるようになった。クラスの会議になると、「張、あなたは帰っていい」と、いつも私だけ教室から追い出された。クラス会議に出席する資格さえなかったのである。

唐山第一中学校で政治授業を担当するのは謝文会《しゃぶんかい》という女性教師一人しかいなかった。そのため、政治授業は学年全員、大教室で受けることになっていた。

謝先生は背の低い中年女性だった。三白眼で、表情はとても鋭い。その上、まったく笑顔を見せない。いつも穫物を物色しているような雰囲気を漂わせ、「出身の悪い」生徒たちからは怖がられ、敬遠されていた。

ある日、政治授業の最中に、私の後ろに座っていた「出身の良い」労働者の女子生徒が私の長い髪にいたずらをしはじめた。最初のうちは我慢していたが、その子はいっこうにやめようとはしない。私は後ろを向き、その子に小声で注意した。そのときのことである。謝先生が百数十人の前で私を名指したのである。

「張、立ちなさい。あんたの親がどんな人間かちゃんとわかってるよね。あんたも自分の親と同じ道を歩むつもりなの。政治授業をまじめに受けないと、あんたも反革命者になるのよ。学生諸君」

彼女は声を詰まらせ、自己陶酔したのか、涙を流しながら続けた。

「張の親のような人間がこの世にいるから、中国人民が不幸になる……」

謝先生は私を立たせたまま、教材を教科書から私に代え、「生《なま》」の政治授業へと切り替えたのである。

私の思考は停止した。いったいどれだけの時間、私自身と両親のことを罵られたのか、よく覚えていない。授業終了の直前に、謝先生が数人の生徒に授業の感想を述べさせた。

「生の政治授業を受けることができ、ためになりました。これからも反革命者に対し、いつも目を光らせ、中国労働人民の平和な暮らしを守るために努力して行きたいと思います。本日の政治授業は大変意味深いものでした」

ほとんどの生徒がそんな内容の感想を言った。

私は悪くない。いたずらされたのは私のほうだ。そのことは謝先生もちゃんとわかっているはずである。大教室は階段式になっていて、後ろの席は前の席より、一段高くなっている。教壇からはすべての生徒の言動を把握できるのだ。

毛沢東が文化大革命を起こした目的は、自分の権力を守るためだ。新中国が成立して十数年が経ち、知識人たちが毛沢東の政策に対して不信を持つようになった。また、国家副主席の劉少奇の人気が徐々に上がっていた。このままでは劉少奇副主席に自分の椅子を奪われてしまう。そんな危機感を感じていた。そこで、知識人を押さえるために、いわゆる「出身の良い」労働者と、判断力のない若い学生をわざと高く持ち上げ、利用したわけだ。

「出身の良い」労働者と学生たちは毛沢東という強い後ろ盾を得、恐いものなしになった。好き勝手やり放題だ。いつでも自由に、誰の許可もなく、「抄家」といって、裕福な家に侵入し、宝石や当時は貴重品だった腕時計、洋服などを手当たり次第に奪い、自分のものにしてしまった。

一方、「出身の悪い」人間は、うっかり本音を言ったり、毛沢東の写真が掲載されている新聞を尻に敷いたりすると、すぐに反革命者にされてしまう。場合によっては逮捕されることもあった。そんな状況だから、「出身の悪い」人たちはいつも神経をとがらせていた。いかに自分が革命的で、労働者の立場に立っているか。そのことを言葉と身振りを使って、精いっぱい表現する。それでなんとか、「出身の悪い」人間も平穏無事に過ごすことができるのである。

謝先生の「出身」も、じつは悪い。だから、自己ＰＲするチャンスをずっと以前から狙っていたのだろう。私は運悪く彼女の餌食《えじき》となったということだ。

宿舎の近くに大学の運動場がある。その先は塀になっていて、塀の外には鉄道が通っている。一人の友だちもいない私は、放課後になると、いつも運動場の観客席に登り、列車が通るのを待っていた。

そして、列車が通るたびに、「もしかしたら、父と母がこの列車に乗っているかもしれない」、そんな淡い期待を抱いていた。

もし、父や母と会えたら、真っ先になにを話すかを考えていた。父には「お父さんがいなくてとても寂しかった」、母には「私を日本に連れて行って」と言いたかった。そして、家族全員で日本で暮らすことを想像していた。

しょせんかなわぬ夢だとはわかっていた。しかし、一人ぼっちの十二歳の私にとって、このひときは何もかも忘れ、心穏やかに過ごせる唯一の時間だったのである。

13 黎明姉の結婚

私たちの宿舎、楊華斎の、以前盛先生の住んでいた部屋に、男の子を連れた男性が引越してきた。機械学部の講師、鐘躍良《しょうやくりょう》先生と息子の寧《ねい》である。

彼らも出身が悪かった。出身がいいならこんなところに引越してくるはずがないのである。そして実際、香港出身の「牛鬼蛇神」ということで、高い三角帽子をかぶせられ、学生たちから自己批判を迫られたらしい。

昼間、鐘先生が仕事に出かけているため、息子の寧はいつも首に家の鍵をぶらさげていた。日本流に言えば鍵っ子だ。立場の似た者同士ということで、私はときどき寧の面倒を見るようになった。一緒に遊んだり、学生食堂にご飯を買いに行った。また、寧が鍵を忘れたときのために、鍵を預かったりもしていた。私も一人ぼっちで深い孤独を感じていた頃である。寧の世話をすることによって寂しさを紛わすことができ、嬉しかった。

さらにその上、鐘先生からも大いに感謝された。鐘先生は毎月大学からきちんと給料をもらえる。経済的には我が家より余裕があった。彼はときどき私を自分の宿舎に呼び、寧の面倒をみてくれるお礼だと言ってご馳走をしてくれた。

私の大好物が川蟹だと知った鐘先生は、自転車で片道一時間をかけ、わざわざ川蟹を買い求め、私と寧に食べさせてくれた。鐘先生の作った川蟹料理はとてもおいしくて、今でも記憶として舌に残っている。

寧少年は風変わりなこどもだった。彼は玄関前に立って、ドアを揺らし、油切れのドアを「ジニュウ、ジニュウ」と鳴らしながら、同時に自分のからだも動かす。また、女性服から縫い直した洋服を着ていて、まんまるい大きな目で、廊下を通る人たちを見つめている。それを一時間以上も続けるのである。これは寧ぐらいの年齢の子にしては珍しいことだ。

小韓荘から戻ったとき、その姿を見て不思議に思った黎明姉が私に聞いた。

「あの男の子は最近引越してきた人でしょう」

「うん、盛先生のあとに鐘という先生と一人息子が引越してきたの。あの子の名前は鐘寧。鐘先生はよく自分の作った料理を寧に持たせ、私に食べさせてくれるの。

寧はとても面白いよ。料理を持ってきてくれるときは、いつも九十度のお辞儀をして、皿を頭の上に高く上げるの。そして『長官に献上し、罪を償い、寛大な処分を願います』と『様版劇《ようはんげき》』の中の一コマの悪役を真似するの」

様版劇というのは見本劇の意味で、江青が力を入れたものだ。たとえば、白毛女《はくもうじょ》、紅灯記《こうとうき》、紅色娘子軍《こうしょくじょうしぐん》など全部で八つあり、文化大革命中これ以外の映画、演劇などはまったく上映されなかった。それまでの文化活動はすべて資本階級のものと見なされ、禁止されていたのである。

「あの部屋はいつもいい人が入ってくるね」と姉は笑った。

翌日、黎明姉はお礼を言うため、鐘先生の部屋のドアをノックした。

そのとき彼は、「バレー・紅色娘子軍」のレコードを聞いていた。黎明姉は不思議に思った。

「八つの様版劇は町中のいたるところに流れているのに、どうしてわざわざレコードまで買って聞かれるんですか」

「ぼくは以前たくさんのレコードを持っていましたが、そのすべてを紅衛兵に壊されてしまいました。今はこのようなレコードしか売っていませんからね。八つの様版劇のレコードは全部持っていますよ」

それで息子の寧も様版劇の歌詞を覚えているのかもしれない。

一九七〇年の厳しい冬がやって来た。

中国では冬になると綿の入った上着とズボンを着るが、市場では売っていない。それで毎年、各家庭では母親が家族全員のものを作る。

寧には綿入れを作ってくれる人間はいない。寒くなってもまだ、かなり短くなってしまった夏用のズボンを穿《は》いていた。痩せこけた細い足首は霜焼けが膨れ、学校でもいつも震えている。担任の先生はそんな彼の様子を見て可哀そうに思ったようだ。鐘先生から綿と布を預かり、寧にズボンを作ってくれたという。

鐘先生は食事以外の家事はまったくできなかった。寧の服はおろか、自分の手も霜焼けで紫色になる状態だったのである。

小韓荘から帰ってきたとき、黎明姉は母のミシンを使い、頼まれ物の服を仕立てていた。一着縫えば一元の収入になる。また、セーターであれば、一着につき三元の編み賃をもらえた。

鐘先生も古着を持ってきて、作り直しを頼んだり、毛糸を買ってきて、寧にセーターを編んでもらった。

大学には立派な設備の機械工場があった。学生たちの実習用である。この時期、その工場は大量の軍事物資の生産任務を命じられていた。鐘先生は毎日寧を私に預け、深夜まで仕事をしていたのである。そんなこともあって、私たちの仲はいっそう親密になっていた。

「いつか、黎明おばちゃん（中国ではお姉ちゃんより、おばちゃんのほうがより尊敬の意が込められている）と一緒に小韓荘に行って、田舎暮らしをしてみたいな」

そんな寧の希望がかなった。夏休み、黎明姉は寧を小韓荘に連れて行ったのである。昼間は姉と一緒に畑仕事をし、夜は姉の友だちと一緒に村のそばにある「還郷河《かんきょうか》」で泳いだ。からだを洗い、みんな一緒に水の中でふざけ、楽しく遊んだ。

この二週間の田舎の生活を通して、黎明姉は彼がとてもほがらかで、純粋な気持ちの子どもであることをよく理解した。村の人たちも寧をとても可愛がり、「もう、帰らなくていい。ここにいなさいよ。可愛い女の子を紹介してあげるから」と冗談を言うようになっていた。

実際のところ、彼にとって農村の生活はとても大変だったはずだ。蚊に刺され、蚤にかまれ、全身が腫れ上がり、いつも痒がっていた。このままの状態を続けるわけにはいかない。鐘先生に申しわけないことになったら大変だと思った黎明姉は、強制的に寧を唐山に送り返した。夜中の十二時、小韓荘から唐山市内へ荷物を運ぶ馬車に二人で便乗したのである。

朝の九時、家に到着したとき、鐘先生はすでに仕事に出かけ不在だった。

部屋に入ると、寧はなぜかタンスをひっくり返しはじめた。そして、蚊帳を探し出し、私たちの部屋にやって来た。

「おばちゃん早く行こう。小韓荘に戻ろう。早くしないと、お父さんが帰ってくる。早く」

そう言って、黎明姉の手を無理矢理引っ張ったのである。蚊には確かに閉口したようだが、寧は小韓荘がとても気に入っていたのである。黎明姉は帰ってくるとき使った車夫に頼み、その日のうちに、また小韓荘に戻って行った。自分の思い通りに戻れたことで、寧は大はしゃぎである。車夫を眠気が襲ったときなどは、車夫の真似をして「ジャー、ユー、オウ」(馬を操る言葉)と叫び、鞭を力いっぱい空中に振り上げていた。

私たちは、鐘先生と寧と気がねなく楽しく付き合うようになった。助け合い、喜びを分かち合った。私たちは久しぶりに人間の暖かさを感じていた。

そんなある日、鐘先生が黎明姉を自分の部屋に呼んだ。そして、彼女と目を合わせるのを避け、恥ずかしそうに、言葉を選びながら言った。

「私と寧と、一緒に暮らしていただけませんか」

鐘先生は黎明姉にプロポーズをしたのである。

「私のような出身の悪い人間と結婚しようなんて、恐くはないのですか」

「どうしてですか。親は親です。あなたが悪い人だとはとても思えません。これから、いろんなことに用心深く対処しなければならないでしょう。でも恐いことなどなにもありません」

鐘躍良先生は一九五三年に香港から大陸に戻り、唐山鉄道学院に入学した。そして、卒業後そのまま機械学部の「公差実験室」に配属になったという。仕事には熱心に取り組んだが、性格が内気で無口なためか、ちゃんと評価されることはなかった。

実験室で働いていた当時彼は大きなトラブルを抱えていた。鐘先生の妻は彼の出身が悪いという理由で、別の男性と不倫に陥り、一人息子の寧を人質にとっていたのである。

「離婚してくれないのなら、寧とは一生会わせない」

そう言って彼女は、鐘先生に離婚を迫っていたのである。

このように、文化大革命の嵐は家庭の中にも入り込んでいた。たくさんの夫婦の関係、また親子関係が壊されてしまったのだ。夫婦ともに同じ「出身」であれば、たとえ「悪い出身」だとしても、なんとか夫婦関係を続けて行ける。だが、鐘先生のように、そうでない場合はとても大変だ。「出身の良い」人間は、相手の出身が悪いことをしっかり認識することが要求される。その結果、出身の良い人間が、家庭内別居を宣言するケースが少なくなかった。さらには、離婚されてしまうケースもあったのである。

けっきょく鐘先生は離婚に同意し、寧と二人で暮らすことになったのである。

一九七一年十一月十二日、二人は結婚の手続きをするため、王前街弁事処に向かった。窓口の太った中年女性は「結婚証明書」の欄に「鐘躍良四十一歳、張黎明二十三歳」と書き込んだ。そして、鼻メガネの上にある目を大きく見開き、黎明姉に「本当にこれでいいのね」とぶっきらぼうな調子で尋ねたという。

「はい、いいです。結婚します」

「後悔してもしらないわよ」

「はい、十分考えた上で出した結論です」

黎明姉は迷うことなく、きっぱりと答えた。

彼らの結婚のため、大明姉が冷口から帰ってきた。張寧姉も次女を連れて北京から駆けつけてくれた。張寧姉は紺色の生地を使い、黎明姉に人民服を新調してくれた。また彼女が黎明姉の髪を後に上げてセットし、花嫁姿は完成した。

鐘先生は人に頼み、唐山にはない飴玉を天津で買ってきてもらった。また、自ら十数キロ離れていた市場に出向き、二羽の鶏を買ってきた。

そして、張四姉妹と一人の姪、鐘先生と寧。七人でささやかな結婚披露宴を行なったのである。

この日、夜が更けてから、数人の友人が祝福の言葉を伝えに来てくれたがすぐに帰った。

淋しいほど静かな「披露宴」である。人生でもっとも晴れやかなはずの日にも、私たちは周囲の人たちの冷たい視線を気にし、方々からそそがれる無言の圧力に耐えなければならなかったのである。

それでも、私は嬉しかった。私たちに鐘先生と寧という新しい家族ができたのである。

「私たちは苦境の中で出会った夫婦だ。だから、愛し合う気持ちはむしろ普通の人より強く、一生変わることはない。もし将来、黎明が本を書くことがあるなら、その本のタイトルは『偶然の出会い』にしよう」

鐘先生は黎明姉にそう言ったという。

鐘先生が黎明姉と結婚したことを知り、離婚した前妻が怒鳴り込んできた。

「日本のスパイの娘と結婚すれば、子どもの寧に悪い影響を与える。寧はこれからは私が育てる」

産みの親であることを強調し、寧を取り戻そうとしたのである。

「親は親、黎明はスパイではない。どうしても寧がほしいなら、寧に聞いてみてくれ。寧がお前のところに行きたいと言うなら、私は止めない」

鐘先生はそう言った。寧は母親と暮らすことを拒否し、父親と黎明姉を選んだのである。寧は八歳だった。両親の離婚で、寧もずいぶんと悲しい思いを味わった。母親に対してあまりいい印象を持っていなかったのだろう。

黎明姉と結婚して一ヵ月後、鐘先生と寧は一足先に、唐山鉄道学院から「西南交通大学」と改称された新しい大学へ出発した。そして、その二ヵ月後、黎明姉が鐘先生の待つ四川省へ行くことになった。四川省は唐山市からかなり遠く離れている。当時の交通手段は汽車しかなかった。しかも、唐山市から四川省峨眉県までは直行列車がなく、二度乗り換えなければならない。時間にすると四十八時間、まるまる二日間かかってしまう。

黎明姉が四川省に行ったら、今度いつまた会えるかわからない。そう思うと姉を行かせたくなかった。だが、様々な困難、父母が逮捕され、火事で家を失うという最悪の出来事を乗り越え、やっとつかんだ幸せである。それを私が奪うことはできない。夫婦は一緒にいるのが一番いい。私は姉を笑顔で送り出そうと決めた。

四川省峨眉県の新しい大学建設が進むにつれ、大学の教職員（労働者も含む）は徐々に四川省へ移っていた。そのため、教授住宅もしだいに空家が目立ちはじめた。大学当局も、使用敷地面積を縮小、住宅の整理をはじめていた。

父の同僚の張勃教授の息子で、火事のとき母の自転車を救出してくれた「お兄ちゃん」の家に入り込んでいた労働者家族も四川省へ引っ越しすることになった。そこで、張教授の奥さんが私たちの家に相談に来た。自分の家によその人をもう入れたくない。できれば、私に来てもらいたいと言うのである。黎明姉も私を一人おいて、鐘先生の元に行くことを心配していた。願ってもない嬉しい申し出だった。

「そうしていただけるなら、私も安心して四川省に行けます。とても助かります」

黎明姉は張教授の奥さんの好意を喜んで受けたのである。私たちはさっそく張教授が住んでいる住宅の奥の部屋に引っ越した。

黎明姉が四川省へ出発する日がやって来た。私は姉を見送るため唐山駅に行った。駅のホームで列車の到着を待っているとき、姉は私の手を握った。

「ごめんね。また一人にして。四川に着いたらすぐ手紙を出すから」

黎明姉の目から涙がこぼれた。笑顔で送るはずだった私の胸が詰まった。必死に涙をこらえ、うなずくのが精いっぱいだった。

列車に乗り込んだ姉は、閉まった車窓ごしに私に向かって何かを言っている。

「聞こえないよ」

私は大声で叫んだ。姉は急いで窓を開けようとした。しかし、古く、しかも頑丈な窓はとても重くて、女性一人の力で開けるのは無理だった。だが、それでも、姉は全身の力をふりしぼり、諦めようとしなかった。

姉を乗せた列車が動き出した。スピードを徐々に上げて行く。私は列車と一緒に走り出した。姉の顔が見えなくなるまで、ホームの端まで走った。そして、列車が視野から消えてなくなるまで、その場に呆然と立ちつくしていた。

駅ってなぜこんなにも無情なのか。列車って、どうしてこんなにも冷たいのか。私は周りに見えるすべてを恨んだ。

14　六年振りの再会

同居させてもらった張勃教授の家族はみんな、私にとても優しく接してくれた。ご馳走を作ったときにはおすそわけしてくれたし、私と同年代の息子（火事のとき自転車を救ってくれた「お兄ちゃん」の弟）も放課後よく遊んでくれた。彼の髪の毛は真っ黒く光った天然パーマだった。目は大きくてくりっとし、俳優のようにハンサムだった。彼自身も自分の容姿に自信を持っていたらしい。芸能人になるんだといって、毎日一生懸命トランペットを吹いていた。

彼らのおかげで毎日が楽しく、一人ぼっちの辛さをまぎらわすことができ、思ったより早く黎明姉のいない生活に慣れることができた。

一九七二年十月のある日のことだった。

私は張教授の奥さんと一緒にギョウザを作っていた。調理し終えたとき、奥さんが小銭を取り出した。大学正門近くに出る露店でアイスキャンディーを買おうというのである。アイスが大好きな私は大喜びで自転車を漕いだ。

大学に届く新聞や郵便物はすべて、いったん大学正門横にある伝達室（守衛室）に集まる。そして、伝達室の職員が届いたものを振り分け、それぞれの部署のラックに入れる。だが、電報だけは別だ。一目でわかるよう伝達室のフロントガラスに貼りつけられる。

伝達室のおじさんたちは、大学の関係者の名前をすべて覚えている。私は、正門を出入りするとき、父や母から手紙が届いていて、彼らが声をかけてくれる場面をいつも思い描いていた。彼らはとても親切で、手紙が来ていれば直接教えてくれるのだ。

その日も、いつものように淡い期待を胸におじさんたちの姿を探した。ちょうど席を外しているようで、誰もいない。私は自転車から降り、窓ガラスに貼りつけてあった一通の電報を、なにげなく見た。

「まさか！」

信じられなかった。二通の電報のうち一通が私宛て、四川省にいる黎明姉からのものだった。「姉になにか起きたのかしら」。私はあわてておじさんを探し出し、フロントガラスの内側からその電報を取り出してもらった。気がせいた。ドキドキしながら電文を読んだ私の手は震えはじめた。涙が溢れ、字が歪んで見えた。

「父と母が帰って来た。大至急四川省へ」

アイスキャンディーどころではなくなった。心臓が破裂するくらい強い力で自転車のペタルをこぎ、張教授の住まいを素通りして、奥の自分の部屋に飛込んだ。

部屋に入った途端、ベッドにうつ伏せになった。両親と離れ離れになっていた六年間余りの思いが一気に込み上げてきた。もう誰にも遠慮する必要はない。私は大声を上げて泣いた。

「どうしたの。怪我でもしたの」

泣き声に驚いた張教授の奥さんが部屋まで見に来てくれた。私は喉をつまらせながら伝えた。

「父さんと母さんが四川省の大学に帰って来たの」

「そうなの。よかった。本当によかったわね。あなたたちの苦労ももうこれでおしまいね」

奥さんももらい泣きしながら喜んでくれた。

一刻も早く父と母に会いたい。この日、私は興奮のあまり、なにをしても手につかなかった。夜も眠れなかった。

翌日、冷口から急遽戻ってきた大明姉と一緒に四川省の省府「成都市」行きの汽車の切符を買いに出かけた。切符代は黎明姉が四川省へ行く前に「急にお金が必要になったときに使いなさい」と預けてくれていた鐘先生のお金である。

文化大革命は中国の交通秩序も大幅に混乱させた。汽車の切符を手に入れるには、何日も行列しなければならない。寝台車などに乗ろうとするなら、切符売り場に知合いでもいない限り不可能だ。私たちが切符売り場の長い行列の一番後ろに並び、一時間、二時間、そして半日が過ぎても、列は一歩も前に進まなかった。

このままでは、いつ切符を手に入れることができるかわからない。私は混雑している売り場の窓口に行き、切符の発売時間を尋ねた。だが、係員は私のことをまったく無視した。

「このまま並んでいても、切符は手に入らない。ほかの方法を考えてみようよ」

私は大明姉にそう提案した。

大明姉が孫教授のお姉さんの存在を思い出した。彼女は唐山駅の職員なのである。以前は母とも仲が良かった。なんとかしてくれるかもしれない。

私たちの事情をよく理解してくれた孫おばさんの尽力で、なんとか切符を手に入れることができた。ただ、その日と翌日の切符はすでに売り切れていて、二日後に出る成都市行きの切符だ。もちろん寝台車ではなく、「硬座車《こうざしゃ》」(木で作った硬い椅子のこと)である。

唐山から成都までは四十数時間かかる。幸い乗換えのない列車だったものの、本当に長くて辛い旅だった。

列車内の椅子と椅子の間はもちろん、通路にも乗客がたくさん座っていて、二日間トイレに行くにも大変な苦労をした。トイレどころか、椅子から動くことさえままならなかった。同じ姿勢で座り続けていた私たちの足は丸太ん棒のように腫れ上がり、足首は普通の倍くらいの太さになってしまった。汽車に乗っている間、私は、あと四十時間で父と母に会える。あと三十時間、十時間、五時間、一時間と数えていた。

列車がやっと成都駅に入った。私たちは期待に胸を膨らませながら、ホームに目をやった。出迎えに来ている大勢の人の中から父と母を探そうとしたのである。だが、彼らの姿を見つけることはできなかった。迎えに来てくれたのは黎明姉と大学の共産党委員会の幹部の人たちだった。

「お父さんとお母さんは」

私は汽車から降りてすぐ、黎明姉に尋ねた。すると、共産党幹部の一人が言った。

「お父さんとお母さんは駅には来ていません。ここで、あなたたちと再会したら、きっと抱き合って泣くに違いない。ここには大勢の人目があります。ご両親を説得して、この近くにある鉄道局の招待所で待ってもらうことにしたんです」

駅から招待所までは車で五分もかからなかった。大学は私たち家族のために、二階の部屋を用意しているという。彼らに案内され、階段を上がって行った。

背は低いが、上品な感じのおじいさんが一人、廊下を行ったり来たりしていた。なにか落着かない様子だ。その老人が私たちの姿に気づいた。そして、「来た、来た」と言いながら、小走りで近づいて来た。目の前にいる老人は他の誰でもない。父だった。

一瞬、私は戸惑いを隠せなかった。自分がずっと思い描いていた父に比べ、目の前にいる人がずいぶんと小さく感じられたのだ。しかし、よく考えてみれば、父が小さくなったのではない。離ればなれになったとき、私はまだ十歳、背丈は父の肩までしかなかった。今の私は十六歳、身長は大人と変わらない。

「よく生きていてくれたね」

私たちと再会し、父がはじめにかけてくれた言葉だ。

母も私たちの到着に気づき、急いで部屋から出てきた。だが、言葉が出てこない。父に寄り添い、ただただ涙を流していた。母の涙を見て、大明姉と私もこらえきれず、嗚咽《おえつ》をもらした。

「刑務所でいじめられなかったよね」

私は父と母に尋ねた。この六年間ずっと心配して来たことだ。その場では、父からの答えはなかった。

「ここで泣くな、部屋に入ろう」

父は低い声で言った。共産党幹部たちも「久し振りに親子水入らずでゆっくりお話してください」と挨拶し、一階へ降りていった。父は彼らがいなくなるのを待ちかまえていたように、急いでドアを閉めた。

部屋の中は家族だけになった。

「皆で輪になって、抱き合って泣こう。なにも遠慮はいらない」

父はそう言いながら私と大明姉の手を握り、大粒の涙を浮かべた。

「ずいぶん大きくなったな。もし町で見かけても、自分の娘とはわからないだろう。パパとママの前で、気がすむまで泣きなさい」

私たち家族五人はみんな声を出して泣いた。苦しかった六年間の思いが胸に突き上げてきて、その辛い日々のすべてを吐き出すように泣いた。


どれくらいの時間そうしていたのか、私は覚えていない。みんなの気持ちが落着いたとき、外はすでに薄暗くなっていた。

「久し振りに家族全員が揃ったんだ。駅の近くの写真館で記念写真を撮って、みんなでおいしいものでも食べよう」

父の提案にもちろん全員が賛成した。そして、椅子から立ち上がろうとしたときだ。とても落着いて見えた父が、ふらっと倒れそうになった。父はもともと高血圧の持病を持っている。外見は冷静に見えたが、内心はかなり興奮していたのだろう。

「大丈夫、大丈夫、血圧が少し高いだけだよ。ゆっくり歩けば心配ない」

私たちの心配を打ち消すように言った。

家族五名（6年ぶり再会時）　左から大明姉、母、私、父、黎明姉

大明姉と私が父の左右両側に付き、腕をしっかりと握って支えた。そして、招待所の二階から一階へ、成都駅の近くの写真館へと歩いて行ったのである。

記念写真を撮ったあと、私たちは近くの比較的清潔な飯館（レストラン）に入り、お腹いっぱいご馳走を食べた。家族みんなで、こんなにおいしいものを食べるのも六年ぶりだった。

電報を発信して大明姉と私が到着するまでの一週間近く、父母と黎明姉はこの招待所で待っていた。その間、三人は招待所の食堂で簡単に食事をすませていたという。「家族がみんな揃うまで、ご馳走は食べない」と父が言い張っていたからだ。

黎明姉が四川省から一時唐山に帰ろうとしたとき、鐘先生は彼女を峨眉県から成都市まで見送ってくれた。そして二人は、翌日出る列車を待つために、西南交通大学駐成都市連絡所で一泊することになった。この連絡所で、黎明姉は大学人事処の張さんと出会った。そのとき、彼はとてもやさしい口調で「唐山に帰ると聞きましたが、いつの列車ですか」

と姉に聞いた。

「明日の列車です」

「そうですか。できるならそれをキャンセルして、この連絡所で待機していただけませんか」

「大学の人事処の人からそんなことを言われるのは……」。黎明姉の心臓は音を立てて打ち、頭には血が昇った。きっと父と母が帰ってくるに違いない。そう直感したという。

しばらく沈黙が続いた。彼女はなんとか冷静さを取り戻し、張さんに言った。

「寝台車の切符を手に入れるのに何日もかかりました。もし切符をキャンセルしてしまったら、もう一度たいへんな苦労をしなければなりません」

「切符なら、学校が責任を持って手配してあげます」

ますますもって、普段では考えられないような返事である。

「何かあったんですか」

「はい」

「どんなことですか」

「今は言えません」

「いいことですか、それとも悪い知らせですか」

「いいことです」

少し考えてから、張さんはそう返事した。

「私たちの両親に関することですか」

黎明姉はどうしてもその時に、その答えが知りたかった。

「うーん」

「父と母が帰ってくるのですか」

「数日待てば、わかりますから」

張さんは笑いながらそう言ったのである。

その夜、黎明姉はベッドに入っても、なかなか寝つけなかった。何度も寝返りをうちながら、父と母がいなくなってからのことを繰り返し思い起こしたという。

連絡所に滞在してから三日目の朝、張さんは女子宿舎（連絡所では男子宿舎と女子宿舎に分かれ、夫婦でも一緒に泊まることができない）を訪ね、「きょうは外出しないように」と黎明姉に伝えた。

正午になった頃、張さんと共産党鉄道学部委員会書記の姚玉飛《ようぎょくひ》、そして鉄道学部の革命教師代表の計三人が黎明姉を訪ねてきた。

「今から鉄道局の招待所に行きます。あなたの両親がそこで待っています」

その言葉を聞いたとき、黎明姉は胸がつまって何も言えなかった。目から涙があふれるだけだった。

黎明姉は鐘先生、姚玉飛たちとともに歩いて成都鉄道局招待所へ向かった。招待所はすぐ近くなのに、彼女にはとても遠く感じられた。まるで、時計の針が止まってしまった感じだったという。

部屋のドアが開くと、左右両側の壁にくっ付けられた二つのベッドに父と母がべつべつに座っていた。そばには警察官が二人立っていた。

母は黎明姉を見て、すぐに立ち上がり走ってきた。

「お母さん」

黎明姉は叫びながら母の胸に飛び込み、二人は大声をあげて泣いた。

「気を強くもて、泣いちゃいかん」

父はベッドに座ったまま、大学で講義するときと同じような大声で言った。母と黎明姉は父の突然の厳しい声に驚き、嗚咽をのみこんだ。

「故意ではありませんが、彼らは重大な反革命罪を犯しています。しかし、『保外就医《ほがいしゅうい》』の扱いで、元の職場に戻すことに決定しました。共産党、毛主席と政府に感謝してください」

一人の警察官が黎明姉にそう説明した。

「保外就医」とは、父母の健康を考慮し、人道的な見地から仮釈放するということだ。

「重大な反革命罪」というのはまったくの事実無根、捏造《ねつぞう》である。それなのに、私たちの両親はなぜ六年二ヵ月もの間、裁判も受けられないまま、刑務所生活を送らなければならなかったのだろう。

この国を革命の名のもとに動かしている人間は、自分たちの権力を守るためなら、どんな理不尽なことでも平気でやるし、どんな嘘でもつく。彼らは自らの過ちを認めたことがない。彼らは永遠に正しい。無実にもかかわらず逮捕され、長期間監禁されても、釈放されたときには「寛大な」彼らに感謝をしなければならないのである。

母は痩せて、骨と皮だけになっていた。頭にはたくさんの白髪があった。

父は茶色のジャケットに白いズボンをはいていた。以前と変わらず上品で、とても格好良く見えた。待ち望んでいたこの日、父は毅然たる態度で、彼女の前に現れたのである。

両親の健康を気遣っていることを示すつもりなのだろう、彼らは両親を病院に連れて行った。

そして、X線検査を受けるため、父がジャケットとズボンを脱いだときのことである。下着はぼろぼろ、まるで布切れ状態でお尻が丸見えだった。乞食でもこんなものは身につけないだろう。このぼろぼろの下着は、父が刑務所でどれだけの苦しみを耐えてきたのかを教えてくれた。

我慢の限界だった。母と黎明姉は再び涙を流しはじめた。

「このジャケットとズボンは、逮捕されて以降、一度も袖を通さなかった。私は何も悪いことをしていない。この日が来ることを堅く信じていた」

父は自分の洋服を指さし、そう言った。彼の高い誇りの表現である。

健康診断が終わってすぐ、黎明姉は、大明姉と私を成都に呼ぶため、電報を打ったのである。

四川省は果物が豊富な土地柄だ。とりわけ甘い桃と葡萄の産地として有名である。食事の後、駅の近くを散歩した折、母は果物を買ってくれた。

成都は十月でも暖かく、冬という感じがまったくしない。駅の近くをたくさんの人たちが散策していた。私は、いろんな店を覗いては、「ねえ、これはおいしいそう。ねえ、あれもおいしいそう」と子どものようにはしゃいでいた。ただ、父と母はとても疲れて見えた。

「六年間ほとんど人に会わずに過ごして来た。久し振りに、突然こんなに大勢の人混みにいるととても疲れるんだよ」

そう言う父の横でうなずきながら、母もつぶやいた。

「また誰かが私たちを捕まえに来るような気がして、恐くてならないの」

「私たちがお父さんとお母さんを守ってあげる。たとえ誰かが捕まえに来ても、絶対に渡さない。文化大革命で私たちは強くなったのよ、安心して」

私たち三姉妹は両親を慰撫し、散歩を切り上げ招待所へと向かった。

招待所に戻り、母はやっと安心したようだった。先ほど買った果物を洗って私たちに食べさせてくれた。

母は三人娘のために、刑務所の中で作ってくれたきれいな模様の靴敷きを出して、手渡してくれた。それは母の古いズボンを足の形に合わせて切り、ごはん粒を糊の代わりに使って何枚かを貼り合わせ、そして、蚊帳をほどいた糸で縫ってくれたものだった。作り方は同じ房に収監されていた四川省出身の囚人が教えてくれたという。

母から渡された靴敷きを見て、私は思わず笑ってしまった。

「お母さん、私はこんなに大きくなったのよ。こんなに小さな靴敷きなんて使えないよ」

父も母も、私の言葉につられて大笑いした。

「本当に大きくなったね。もし、ここではなく、街で会っても、自分たちの娘だとわからないだろうな」

父は感慨深げにそう繰り返した。

靴敷きのほかにも、蚊帳の糸で、とてもきれいな巾着を作ってくれていた。母はこうした小物をゆっくりと作りながら、ひたすら時間が過ぎるのを待っていたという。

刑務所には風呂がない。水は毎日コップ一杯しか与えられなかった。日本人の母は風呂が大好きだ。彼女はそのコップ一杯の水を節約し、洗面器一杯になるまで溜めた。そして、庭に出られるとき、それを太陽の熱で温め、からだを拭いていたという。

この日、私たち家族は久々の、本当に久しぶりに幸せな団欒のときを過ごした。

朝まで一睡もせず、離ればなれになっていた六年間の暮らしについて、ずっと語りあった。父母の温もりを感じ、最高の幸せを感じていた。一九七二年十月三十一日、生涯忘れることのできない日である。

父と母は、この六年間自分たちが体験したことのすべてを三人の娘に話してくれた。

一九六六年六月下旬、新しい大学建設先発隊として、父と母は四川省峨眉県に派遣された。父は自分の知識を活かし、大学の教学棟や道路などの設計に励んでいた。

ただ、父は高血圧治療のため、定期的に病院で診察を受けなければならない。峨眉県は山奥にあって、病院らしい病院がないので、月に一度、成都市内の病院で定期検査を受けることにしていたのである。峨眉県から成都まで、汽車で四時間ほどかかる。定期検査の度に母も付き添った。

六六年八月のある日、成都の病院での定期検査を終え、峨眉県に戻るときのことだ。父母が乗っていたのは各駅停車の列車だった。成都から二つ目の駅で停車中、突然、数人の男が乗り込み、父と母の前にやって来た。

「次の駅で二人とも降りてもらう」

何が起きているのかさっぱりわからなかったという。父と母は理由を尋ねる暇もなく、言われるまま次の駅で降りざるを得なかった。駅には二台のジープが待っていた。父は先導のジープに、母は後ろのジープに乗せられ出発した。行き先は告げられなかった。

「どこに行くんですか」

母はジープの中にいた男に尋ねた。しかし、彼らは「着いたらわかる」と曖昧な返事をするだけだった。父にも母にもなすすべがなかった。

やがて、ジープが止まった。母は後ろのジープに乗せられていたため、父を乗せた車も同じところに入って行くのを確認することができた。だが、前のジープに乗せられていた父には、母がどこに連れて行かれたかまったくわからなかったという。

ジープから降り、周りを見まわした。二人とも、そこが刑務所であることにすぐ気付いたという。しかし当初、父も母もこれは何かの間違いだと思っていた。

男は逮捕状を示し、サインするよう命じた。父はあまり深く考えもせず、逮捕状にサインをした。「どうせ、すぐに間違いということがわかる」と思ったからだ。

一方、母は逮捕理由の説明を要求した。だが、その場にいた誰一人として、その説明をすることはできなかった。母は逮捕状へのサインを拒否した。

「後悔しても知らんぞ」

毅然とした態度を崩さない母に、男はそんな脅し文句を吐いた。だが、ふだんおとなしい母も負けてはいなかった。

「後悔なんかしません。私は何も悪いことをしていない。なぜ逮捕状にサインしなければならないのですか。説明してください」

彼女は一歩も譲らなかったという。

いずれにせよそのとき、父も母も、その日、一九六六年八月二十六日から六年余、その刑務所で生活を送らなければならなくなるとは夢にも思っていなかったのである。

逮捕されたにもかかわらず、父も母も取調べを受けることはほとんどなかったそうだ。

母は庭付きの部屋に入れられた。彼女のほかに、刑が確定していた囚人が二人入っていた。中国では刑が確定すると強制労働をさせられる。収監されてからも母は、看守を見かけると毎日のように尋ねたという。

「私は明日にはここから出られるのでしょう」

同室の二人は強制労働に出ているため、母は昼間いつも一人で部屋にいなければならなかった。退屈のあまり、与えられた中国中央紙「人民日報」を隅から隅まで読んだ。それでも時間が余るので、庭先に出て、ハエたたきをして時間をつぶしていた。

母は編み物が大好きだった。自分の使っていた蚊帳をほどき、糸を一本一本つなげた。編み棒は自分が使っていたヘアピンを二つ折りからまっすぐに伸ばし、先の部分を床のコンクリートにこすりつけて、尖らせて作った。その「自家製」の編み棒で、父の靴下や私たちの巾着を編んだのである。

父が最初に入れられたのはベッド一台を置くスペースしかない独房だった。ドアも動物園にある動物小屋のような鉄格子だった。その身動きもとれない、小さな部屋で数日間を過ごし、その後今度はとても広い独房に移されたという。

四川省は籐の産地で、籐家具も有名だ。父の入った広い独房には籐の椅子十数脚が置かれていた。父は私たちのことを考えながら、一つの椅子にゆっくりと百を数えるまで座り、百になったら、また次の椅子に移る。そんなことを毎日何度も何度も繰り返し、退屈をしのいでいたという。

父は学者ということもあって、どこにでもメモ書きする癖がある。刑務所ではちゃんとした紙は与えられない。そこで父はごわごわのトイレットペーパーを節約し、それにメモした。幅七センチ、長さ二十センチほどの濃茶色の紙だ。それにいろんなことを書いて、時間をつぶしていたのである。そうして父がトイレットペーパーに書いたものを、私は今でも大切に保管している。

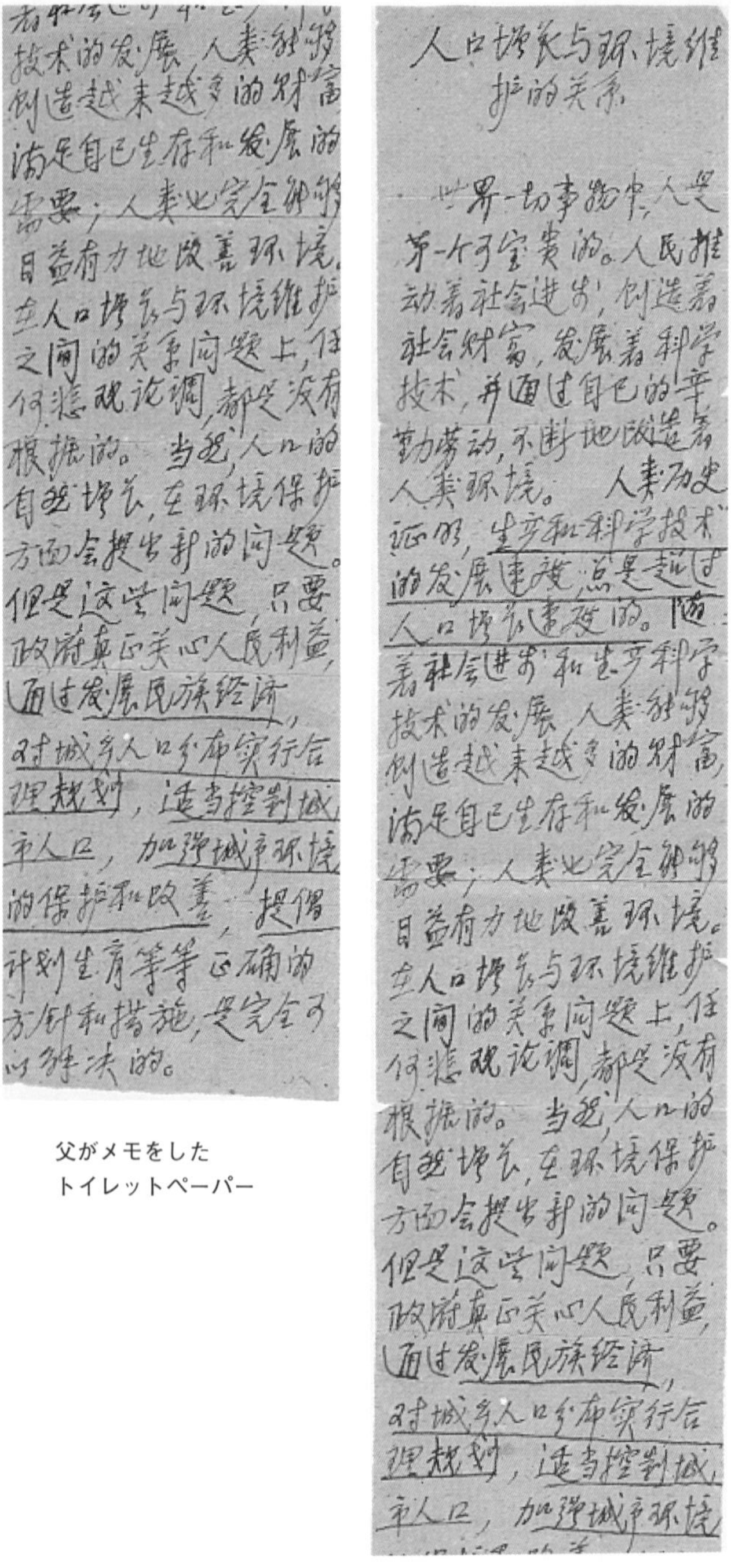
人口增长与环境维护的关系

世界一切事物中，人是第一个可宝贵的。人民推动着社会进步，创造着社会财富，发展着科学技术，并通过自己的辛勤劳动，不断地改造着人类环境。人类历史证明，生产和科学技术的发展速度总是超过人口增长速度的。随着社会进步和生产科学技术的发展，人类能够创造越来越多的财富，满足自己生存和发展的需要；人类也完全能够日益有力地改善环境。在人口增长与环境维护之间的关系问题上，任何悲观论调，都是没有根据的。当然，人口的自然增长，在环境保护方面会提出新的问题。但是这些问题，只要政府真正关心人民利益，通过发展民族经济，对城乡人口分布实行合理规划，适当控制城市人口，加强城市环境的保护和改善，提倡计划生育等等正确的方针和措施，是完全可以解决的。

父がメモをした
トイレットペーパー

以下、父がトイレットペーパーに書いた文章を翻訳したものである。

「人口増加率と環境維持の関係。世界のあらゆるものの中で一番大切なのは人間である。人間は社会の進歩を促進させ、社会を豊かにし、科学技術を発展させてきた。また、自らの努力により人類の環境を絶えず変化させている。歴史から得た結論では、生産と科学技術発展のテンポは人口増加率よりつねに速い。社会の進歩と生産科学技術の発展につれ、自分をより豊かにするため、人間はより多くの社会的財産を作り出す。そして、環境の改善に力を入れて行く。人口の増加率と環境維持の関係を悲観的に考えることは、根拠のないものだと思う。もちろん、人口の自然増加は、環境保護に新たな問題をもたらす。しかし、政府が真に国民の立場に立ち、民族経済の発展、都会人口と農村人口の分布を合理的に計画し、都市人口を適度に抑制し、都会環境の保護改善をさせ、産児政策等など正しい施策を推進すれば、必ず解決できると信じる。」

刑務所にいてもなお、父は中国の将来を心配していたのである。この文章を読むと、政府が推進している計画出産に、父は賛成していなかったようだ。

父はとても芯の強い人だ。自分が正しいと思ったら、一直線に走る。仕事に対しても、少しのミスも許さなかった。いつも自分の知識を最大限に活かす努力を怠らなかった。多くの橋、鉄道やトンネルを設計し、その工事現場の総監督として、数々の立派な施設を作り上げたのである。

大学の教官になってからも、自分がそれまで積み重ねてきた経験を熱心に学生たちに教えた。張教授の講義はとてもわかり易いと学内で評判だった。そのため後輩の教官たちも学生と一緒に父の講議を聞いていた。父は一生懸命努力する学生や後輩には優しく接していたが、努力しない者にはとても厳しかった。

こうした父の前向きの姿勢は多くの人から尊敬される一方で、少数の人の恨みもかっていた。

刑務所にいた六年間に、鉄道学院の学生たちが数回にわたって父を峨眉県まで連行して、「テスト」したことは前に述べたとおりだ。

父は、「テスト」運動を展開しようとしていた学生たちに対しても一歩もひかなかった。

また、テストするために父を刑務所から連れ出す折、学生たちが看守から強く言い渡されていたことも効果があったようだ。

「この人には手を出すな。もしこの人の身に何かあったら、君たちに責任を取ってもらうからね」

その一言もあって、父は彼らに殴られずに済み、難を逃れることができたのかもしれない。


母は、父の居場所をおおよそつかんでいたという。

母は父のからだのことが心配でならなかった。父の無事を確認するため、蚊帳の糸で編んだ靴下を看守に託そうとした。父の特徴を説明し、その靴下を渡すように頼んだのである。しかし看守は、「そんな人は、この刑務所にはいない」と言って母の申し出を断った。母はそれしきのことであきらめるような人ではない。次なる方法を考えた。

刑務所の食事は刑の確定した囚人が配る。その係りの囚人に尋ねることにしたのである。

「……のような人がいますか」

「いるいる、そういう人は確かにいる」

声をひそめた母の問いに、その囚人は知らん振りを装いながら答えてくれた。

とりあえず夫は無事らしい。母は少し肩の荷が下りたような気持ちになった。もちろん私たち三人の娘のことも心配だった。

「娘たちには収入がない。家にある少しの貯金、それと家財道具を売り、何とか生活してくれればいいのだが」

母はそう願っていたという。

私たちは逮捕状に書いてある刑務所の住所へ、父母に宛てた手紙を出し続けた。だが、釈放されるまで、一通も彼らの手に届くことはなかったのである。


日本と違って、中国の刑務所では囚人も私服を着ている。刑務所から支給されるものと言えば、トイレットペーパーぐらいのものである。父母は病院帰りの列車の中で逮捕されたため、着替えも持っていなかった。逮捕されてしばらくして、一度だけ警察から、理由を告げられないまま父母の衣類と身の回りの品を用意するように命じられた。黎明姉は言われた通り日常生活用品を整えた。そして、四川省は暑いところなので、蚊もたくさんいるに違いないと考え、両親の荷物のそれぞれに蚊帳も入れた。後に、この蚊帳が父の靴下となり、私たち姉妹の巾着になったわけである。

父も母もいかなる意味でも自分たちが犯罪をおかしたとは思っていない。いつかはこの刑務所から出ることができると信じていた。警察を通じて黎明姉から届いた洋服の中から、比較的良いものを一着選んでとって置いた。子どもたちに会うときに着るため、備えていたのである。

中国には昔から、かささぎの泣き声を聞いたら良いことが訪れるという言い伝えがある。逮捕されて七年目に入った秋のある日、母は中庭で自分の服を手で洗っていた。そのとき、突然かささぎのさえずりが聞こえてきた。

「いいことが起こるかもしれない」

母はそう期待した。しばらくすると、看守が来た。「ちょっと用がある。一緒に来なさい」と言うのである。母はふだんずっと着ているぼろぼろになった服のまま行こうとした。

「もう少しましな服を持ってないのか。あるなら着替えなさい」

看守は母にそう勧めたという。看守の言葉から、母は「釈放」を予感した。「夫と子どもたちに会えるかも知れない」。母は急いで自分の部屋に戻り、六年間大切にとっておいた、唯一、破れやつぎのない服に着替え、看守と一緒に刑務所の待合室に向かったのである。

父は一足早く待合室に来て母を待っていた。六年ぶりの再会である。母は父の手を握った。言葉はなにも出てこず、ただ涙が溢れて止まらなかった。その場には刑務所の看守や責任者もいた。

「ここで泣くのはよそう」

父は懸命に気持ちを抑えた。そして、自分自身を落着かせるために、看守にたばこをもらえないかと尋ねた。看守はたばことマッチを一緒に渡してくれた。父はマッチを擦ったが、手が震えてたばこに火がつかない。その様子を見た刑務所の責任者が、父の手からマッチを取り、たばこに火をつけてくれたという。父の神経も高ぶっていたのである。

しばらくして、刑務所の責任者から逮捕時に押収された現金や時計、万年筆などが返却された。そして、その中には、私たちがせっせと書いて送った大量の手紙も含まれていた。私たちからの手紙について、父も母もまったく知らなかった。思わぬ「プレゼント」に父母は感激した。と同時に、なぜもっと早く見せてもらえなかったのか、強い憤りを覚えたという。

「毛主席に感謝しなさい。あなたたちの健康のことを考え、保釈します。社会の中で思想改造をしてください。そして、一つ不幸な出来事をお知らせしなければなりません。あなたたちの家は火事に遭い、すべての財産を消失しました。ですが、お子さんたちは皆無事です。これはせめてもの救いです。あなたたちの長女とそのご主人が迎えに来ています。会いに行きなさい」

手続きを終え、責任者はそう言った。

六年間連絡が途絶えていたので、父も母も火事のことはもちろん、黎明姉が結婚していたことも知らなかった。

15　深い後遺症

一足先に峨眉県に戻っていた鐘先生から住宅の確保と入居準備ができたとの連絡を受け、私たちは家族揃って当地へ向かった。いよいよ本格的な新生活のスタートだ。

私と大明姉にとってははじめての峨眉県である。しかも、これからはずっと両親と一緒に暮らせる。列車の中で私は、「新居」、「新生活」を想像し、わくわくしていた。

峨眉県駅には鐘先生が出迎えに来てくれていた。

彼のおかげで、私たちは山の上にある大学のアパートに入ることができた。間取りは八畳くらいの部屋が二つ。そのうちの一つにはシングルベッドが二つ並べられ、もう一つの部屋には二段ベッドと三、四人が座れる小さな丸い食卓が置いてあった。トイレは共同で、アパートの一階から二階への階段の踊り場にあった。

鐘先生は、わずか二、三日の間にこれだけのものを揃えてくれたのだ。とても大変だったに違いない。よその家庭と比べたら、家具らしいものはないに等しいが、私たちは少しも悲しんでいなかった。なんといっても、家族が揃って新生活のスタートを切れるのだ。とりあえず、ベッドと食卓さえあれば、生活はできる。日常生活に必要ないろんなものを揃えるのは、大明姉と私の腕にかかっていた。

中国の田舎では週に二回ほど自由市場が設けられる。そこに行けば、食料品のほかに、家具類や衣類など、たくさんの品物があふれている。食料品はとても新鮮だ。野菜は青々としており、魚はピョンピョン跳びはね、鶏や家鴨は生きたまま売られている。大明姉と私は市場がある日になると、それぞれ、大きな籐かごを背負い、歩いて片道一時間ほどの市場に向かった。

私たちはまず洋服を入れる家具を探した。だが、なかなか気に入ったものがない。みな作りがとても雑なのである。何度も出かけ、使いやすくて軽いものを探したが、けっきょく見つからなかった。

私たちは比較的できのいいケースをタンス代わり、洋服の整理用に使うことを考えた。

値段は三十元だという。これは、私が一人暮らしをしていたときの二ヵ月分以上の生活費に相当する。

「三十元は高すぎる。二十元にまけてください。そうしてもらえば、二つまとめて買いますから」

「この作りで、二十元はないだろう。どんなにまけても二十八元だね。よそと比べてみてから、言ってよ」

売り主は顔をしかめた。

相場は二十五元ぐらいだった。だが、確かに作りはしっかりしている。三元ほど高いが仕方あるまい。私たちは売り主の言い値で二つのケースを買ったのである。

品物を買えたのはよかったのだが、一つ問題があった。幅八十センチ、長さ一メートル、高さ五十センチほどのこのケースはけっこう重く、女性二人の力で家まで運ぶのはむずかしそうだった。

「ケースを見ておいて。誰か手伝ってくれる人を探してみる」

大明姉はそう言い残し、市場の人波の中に消えた。しばらくして、姉は自由市場に買物に来ていた物理学部の丁先生と一緒に帰ってきた。丁先生は私たちと同じアパートに住むスポーツマンで、年齢はまだ三十歳後半だ。彼は自転車を押していた。大明姉の頼みにまったくいやな顔もせずに運搬を手伝ってくれるというのである。天の助けだ。

洋服用ケースは自転車の荷台に紐で固定し、丁先生が自転車のハンドルを握り、姉と私が後から押す。そんなかっこうで一時間かけて家まで運んだのである。

このようにして大明姉と私は、少しずつ家具を買い揃えていった。家の中も徐々にではあるが、生活感が漂うようになって来た。

大学の上層部から、逮捕容疑のちゃんとした説明はないままだった。保釈されたとき、刑務所の責任者から「あなたたちの健康が心配なので保釈する。毛主席と共産党に感謝しなさい」と言われただけだ。時間が経つにつれて、父のいらだちはしだいに増してきた。

「逮捕理由の説明もない。無罪も確定していない。どうやって毛主席と共産党に感謝すればいいのだ」

父は祖国を救うために命をかけて中国東北の鉄道網を回復させた。新中国が設立してからも、一貫して毛沢東と共産党を支持していた。にもかかわらず、六年二ヵ月という長い間、自由を奪われ、刑務所暮らしを強いられたのだ。父にとっては、これ以上の屈辱はなかっただろう。

両親だけではなく、私たちの親戚で六人も「スパイ容疑」で逮捕、収監された。

その一人が張寧の夫、劉源張であることは前に触れたとおりだ。

彼は日本の京都大学を卒業後、カリフォルニア大学で修士を終了。中国科学院数学研究所の研究員である。清代の名臣張之洞《ちょうのどう》の孫にあたる。本名は張定国《ちょうていこく》だが、彼の母が一人娘のため、母の名字を使い跡取りとなったのである。

劉源張は五十年代に帰国したが、TQC（質量管理学）の専門家として、中国国内だけではなく、日本でもよく名前が知られていた。

彼もまた、北京にある秦城刑務所で八年余りを過ごさなければならなかったのである。

北京市北部にある燕山《えんざん》東、昌平《しょうへい》県の五雲山《ごうんざん》のふもとに秦城《しんじょう》という町がある。

一九五八年、秦城刑務所が作られるまでは小さな寒村だった。

この秦城刑務所の建設は、ソ連からの経済と国防援助プロジェクトの一つである。当時、ソ連は中国に対して百五十七の援助プロジェクトを約束していた。だが、秦城刑務所は極秘とされ、政府から公表されていたプロジェクト数は百五十六だった。

秦城刑務所の設計はソ連の専門家によって行なわれ、公安部第十三局、当時の北京市公安局長、馮《ひょう》基平《きへい》が工事監督の責任者の一人となった。その彼が文化大革命のとき、この監獄に入れられたのだから、人生というのは皮肉なものである。

刑務所の塀の高さは五メートル、大鉄門は三重という厳重なものだ。

この監獄には、中国共産党内部の異分子、度重なる権力闘争で敗北した人間たちも収監されていた。その中には、中国共産党副主席、政治局常務委員会委員、行政職では国務院副総理、部長（大臣）、省長（知事）、また軍事関係では大将、総参謀長らが含まれている。さらには、私たち家族の逮捕を許可した陳伯達も後に、この秦城刑務所に入れられることになった。おそらく、彼自身、ここの「住人」になるとは夢にも思っていなかっただろう。

秦城刑務所に入れられる「犯人」は入獄してはじめて逮捕状を見せられる。その時期はいろいろで、すぐに見せられる人もいれば、数年が経ってからの人もいる。もっとひどい場合は、釈放された後も自分の逮捕状を見たことのない人もいる。当時のこの国は、確かな証拠もないまま、いとも簡単に人を刑務所に入れ、自由と人権を奪っていたのだ。

劉源張の弟、張定民《ちょうていみん》も逮捕され、山東省青島刑務所で七年余りを過ごした。彼は山東海洋学院の教授で、「海水養殖」の専門家だ。釈放されてからは、日本の研究者と共同研究を行ない、中国の海水養殖事業に多大な貢献をしたが、その後交通事故で亡くなってしまった。劉源張の妹、張斌《ちょうひん》は中国科学院化学研究所の研究員である。夫の林同驥《りんどうき》と共に、アメリカハーバード大学で研究活動をした後、五十年代に帰国した。彼女も秦城刑務所で七年余り服役している。服役中も絶えず無実を主張したため、鎖で足を拘束され、手錠を後ろ手にかけられたままだったという。そのため現在でもなお、手首には深い傷が残っている。

数年間にわたって手錠をされていたため、食事も犬のように食べるしかなかった。トウモロコシ団子を皿に入れず、わざと部屋の中央の床に転がされたという。そんな苛酷な扱いを受けたため、釈放されたときは、精神的にかなり不安定な状態になっていた。

私たちの腹違いの兄、張春生は上海同済大学電気学部卒業後、北京石景山《せきけいざん》鉄鋼工場でドイツ語の通訳を務めていた。武漢鉄鋼工場へ転勤を命じられたため退職した。彼も張斌と同じ秦城刑務所で八年余り過ごした。

さらには私たちの腹違いの姉、張岫芝。彼女は中国東北大学を卒業したが、仕事にはつかず、専業主婦を通していた。

一九六六年八月二十四日、張岫芝は劉源張、張春生と同時に公安局によって逮捕された。突然のことで、彼女は数枚の着替えと大ママに作ってもらったばかりの靴しかカバンに詰めることができなかった。

この日を境に、張岫芝の消息は一切途絶えた。

ときどき監視に訪れる公安局の人間によると、「彼女には自分の罪を思い起こしてもらい、毎日それを書面にするよう指導している。だが、彼女の態度はひじょうに悪い」ということだった。

逮捕されて三年、六九年六月のある日、大ママのところに北京公安局の人間がやって来て、冷淡な口調で言った。

「張岫芝は死んだ。出かける仕度をして、一緒に来なさい」

大ママのからだは激しく震え、無意識にソファーに倒れ込んだ。どのくらいの時間その状態だったのか、まったく記憶にないという。意識を取り戻した彼女は大きな塀に囲まれた場所に連れて行かれ、小部屋に通された。

娘は真っ直ぐにベッドに寝かされていた。胸には自分の作った靴がきちんと並べて置かれ、両手は腹部で重ねられていた。

再会できる日を首を長くして待っていたのに、三年ぶりにやっと会えたのは物言わぬなきがらだった。

大ママは泣かなかった。茫然自失のまま娘の遺体に近づいた。顔はとてもきれいで、微笑み熟睡しているように見えたという。

娘は自分の手作りの靴を心臓に一番近いところに置いたから、こんなにきれいな顔で安らかに眠れたのかもしれない。大ママはそう考えて自分を慰めた。

ただ、その靴を手にして、娘がそれを一度も履いていないことに気づいた。おそらく娘はこの靴を精神的な支えとして、三年間の刑務所生活を送ってきたのだろう。しかし、彼女は力尽きたのである。

大ママはその場から離れようとはしなかった。

「遺体をどうするつもりだ」

公安局員は、相変わらず事務的な口調で言った。

「あなたたちが、家族みんなをどこかに連れて行ってしまった。私のような年寄りが一人ではどうしようもないでしょう」

大ママは娘の遺体を自宅に引き取ることをあきらめるしかなかったのである。

張岫芝は三十九歳という若さだった。

張岫芝の夫、鐔凱《たんかい》のことにも触れておきたい。

鐔凱は東北の四平《しへい》県出身だ。ハンサムで、がっちりしたからだつきをしている。また、とてもユーモアがある。彼は張岫芝姉の、中国東北大学の同窓生だ。

岫芝姉は成績が優秀である上にたいへんな美人である。

鐔凱は彼女以外の結婚相手を考えられなかった。そして、岫芝姉が結婚を決意するまで、十一年間も待っていた。

一九五八年、彼らは結婚した。しかし、鐔凱は青海《せいかい》省の省府、西寧市《せいねいし》に赴任し、岫芝姉とは離れ離れになっていた。彼は年に一度、一ヵ月の帰省許可でしか北京に戻れない。八年の結婚生活だったが、実質八ヵ月しか一緒に暮らせなかったのである。

彼は毎月自分の給料の半分を岫芝姉に送金した。そして、彼女が亡くなった後も、絶えることなく、送金封筒に「張岫芝様」と書き、送金をし続けたのである。

七二年、黎明姉は四川省峨眉県から唐山市へ帰る途中、北京に立ち寄った。ちょうど鐔凱から手紙が届き、三年ぶりに北京に帰ってくるという。大ママ、張寧姉、黎明姉三人とも岫芝姉が亡くなったことは知らせないほうがいいと判断した。そして、張寧姉の二人の娘、劉欣と劉明に再三、口を滑らさないよう注意した。

「彼は三年ぶりに帰ってくるのよ。この一ヵ月の休暇の間、彼にはぞんぶんに楽しんでもらいたい。彼が西寧に戻るとき、真実を伝える」

大ママはみんなにそう話した。

彼は三年前と比べて、とても年をとっているように見えた。髪は薄くなり、耳にはたくさんのうぶ毛が生えていた。

「おじちゃん、どうして耳にたくさんのお毛々が生えたの」

劉欣が不思議そうに聞いた。

「うん、おじちゃんの髪の毛がね、耳のほうに移ったんだよ」

彼の冗談にも、大きな悲しみに包まれた大ママたちは作り笑顔しかできなかったという。

固い雰囲気を和らげるためか、彼は冗談を連発し続けた。彼の明るい表情を見た大ママたちは、自分たちの判断は間違っていないと思った。

「この人は本当に運が悪いね。岫芝は、彼のために子どもを産んであげられなかった。しかも、彼だけが岫芝の死を知らされていない。可哀そう過ぎるよね」

北京に帰って二日目、彼は頤和園《いわえん》に散歩に出かけようとした。そのとき大ママは黎明姉に「毎年北京に帰ってくると、彼は必ず岫芝と一緒に頤和園に行っていた。今回は彼一人だから、ちょっと心配なの。小宝、一緒に行ってやって」と頼んだ。

頤和園で二人は昆明湖辺《こんめいこへん》に沿って歩いた。

「ぼくは毎年、岫芝とここに来た。でもぼくたちは山にも登らないし、船にも乗らない。いつもこの湖を一周散歩して、人の少ない丘の向こうまで行くだけ。岫芝はそんな散歩が大好きなんだよ」

黎明姉は彼の話を聞いて、涙をこぼした。

「黎明、泣かないで。いつか岫芝が帰ってきたら、彼女と一緒にここをまた散歩できる。だから、泣かないで」

彼は黎明姉の肩を抱き慰めた。そして、岫芝姉との思い出話をはじめた。彼の言葉一つ一つに岫芝姉に対する深い愛情がにじみ出ていた。彼は黎明姉だけではなく、自分自身に、また、岫芝姉に対しても話しかけているように感じられたという。

頤和園から帰った黎明姉は、「彼は姉さんが亡くなったことを、本当に知らない」と大ママに報告した。

黎明姉が北京に滞在していた数日間、鐔凱は、彼女と劉欣と劉明を明時代の「十三の陵」などへ連れて行った。彼は子どもたちを楽しませるための努力を惜しまなかった。

鐔凱には二人の兄がいた。一人は国民党空軍のパイロットで、蒋介石に伴って台湾へ行き、もう一人は天津に住んでいる。彼には天津に住む兄家族以外、肉親はいない。

黎明姉が唐山に帰る途中、ちょうど天津を経由するということもあり、鐔凱は劉欣を連れて兄家族を訪ねることにした。

天津駅に到着した。彼らは列車から降り、黎明姉をホームから見送った。立っている鐔凱の薄い髪が風に煽られた。その様子を見た姉の目には再び涙が溢れた。心の中で「岫芝姉さんはもうこの世にいないんだよ」と叫んだそうだ。劉欣は黎明姉の涙を見て、もらい泣きをはじめた。

列車が動きはじめた。彼らは駅のホームで列車が見えなくなるまで見送っていた。


北京に戻ると、鐔凱は甘家口《かんかこう》にある大ママの家に泊まっていた。

ある日、大ママは彼がすり切れた歯ブラシを握り締め、泣いている姿を見た。その歯ブラシは長い間、岫芝姉が刑務所で使っていたもので、刑務所から持ちかえった唯一の遺品である。

「どうかしたの」

大ママは心配して鐔凱に聞いた。

「いいえ。なんでもありません。この台を動かそうと思って、うっかりして角にぶつけてしまって、それで涙が出ました」

彼はそう大ママに言ったそうだ。

黎明姉が唐山に戻ってから、しばらくして、張寧姉から手紙が届いた。

「鐔凱は西寧に戻りました。帰る前に私たちは姉さんの死を彼に話そうとしました。しかし、彼は私たちの話を中断させたのです。岫芝が亡くなってすぐ、彼は青海省商業庁の幹部に呼ばれ、彼女の死を告げられたのだそうです。彼は彼で、私たちがまだ、そのことを知らないと思っていたようです。それで、姉さんの死には触れないでいたのだそうです」


鐔凱には子どもがいない。再婚する気持ちもない。天津にいる兄が彼のことを不憫に思い、自分の末息子の鐔国慶《たんこくけい》を彼の養子にした。もともと子どもの大好きな彼は、国慶を自分の息子のように可愛がり、国慶も本当の父のように孝行をした。

しかし、不幸なことは続くものだ。一九七六年、唐山大地震のとき、唐山では二十四万人もの人が亡くなった。天津の死者は百数十人だったが、その中に国慶も入っていたのである。

彼は現在定年退職して、北京に住んでいる。岫芝姉が亡くなって三十年以上経っているが、彼は相変わらず一人だ。

「岫芝のような女性と二度と出会うことはないだろう」

これは彼の口癖である。

これら一連の「スパイ事件」の発端になったのは父の前妻、蔡桂芳の姪、蔡素文《さいそぶん》である。

五十年代、共産党幹部の間に、糟糠《そうこう》の田舎妻を捨てる風潮が起こった。その際、蔡素文の若さと美貌が当時中国共産党中央共産党学校長である範若愚《はんじゃくぐ》を魅了した。

高級幹部の結婚相手は、政治的に疑念のない人物でなければならない。そのため、私たち家族が調査された。それで、外国との関係、とりわけ日本との関係が深いと見なされ、「国際スパイグループ事件」がでっちあげられたのである。

彼女も秦城刑務所に八年余り服役。釈放されたとき、両眼は失明に近い状態だった。

もし彼女が美人ではなかったら……。そんな思いも正直に言って少しある。

文化大革命において、中国公安部が直接関与した大きな冤罪事件の一つが私たち一族を翻弄した「国際スパイ事件」なのである。

「まず逮捕して、それから捜査する」というのが、彼らのやり方である。

証拠のないまま逮捕拘束し、じつは無実だとわかっていても、捜査に時間がかかっているという理由で、すぐには釈放しようとはしない。そして、もうこれ以上拘束を引き延ばせない限界に至ったときは、「毛主席と共産党に感謝しなさい。我々は罪のない人に罪をかぶせない」といって釈放する。

これが毛沢東の指導してきた当時の中国共産党の姿なのである。

しかし、それでもなお、父は毛沢東を信じようとした。そして、自分たちが冤罪であることを裁判所に訴えれば、公正な判決をもらえると思い込み、告訴の準備をはじめたのである。

私たちはこの目、この耳で文化大革命の恐怖を見聞し、身をもって体験した。父が、そんな真正直な考え方をすることがとても心配だった。不安でもあった。

刑務所で過ごした六年間、両親がはかりしれない精神的な苦しみを味わったことは間違いない。だが、幸いなことに、肉体的な苦痛を受けることはなかったようだ。そのことを知り、私たちはとてもほっとしていたのである。父のような頑固な人が、文化大革命の渦中に置かれていたら、きっと大変なことになったと思う。

私の友人たちの親と同じように、紙で作られた大きな三角帽子をかぶせられ、大きな看板を首から吊り下げられる。そして、その看板には父を侮辱するとても汚い言葉が書かれている。労働者と大学生からは理不尽な批判を浴びせられ、あちこちに引き回されたに違いない。そんな理不尽に対し、まっすぐな考え方をする父は猛反発、あくまで正論を主張する。そうした状況を想像するだけで私はぞっとする。恐ろしさに鳥肌が立ってしまうのである。

逆説的な言い方になるが、刑務所に入れられていたからこそ、父も母も命拾いしたのではあるまいか。もし大学にいたら少なくとも父は、文化大革命を生き延びられなかった。いや、生かしてもらえなかっただろうというのが私たち姉妹の思いである。

国中が大混乱し、恐ろしい空気におおわれているとき、父は刑務所で、「人民日報」からしか情報を仕入れることができなかった。人民日報の内容のほとんどは、「プロレタリア文化大革命はひじょうに順調に進み、プロレタリアートは立上がり社会主義を正しい道に導いている」などと嘘だらけの記事しか掲載されていなかったのである。刑務所の外で実際何が起きているのか、父母には想像もつかなかっただろう。

私は父に告訴を止めさせる方法を必死に考えていた。

ちょうど同じ頃、父は、公私ともに信頼していた大学の同僚の消息を尋ねはじめた。父の友人は似たもの同士、みんな頑固ものばかりだ。同時に学術レベルも高く、正直すぎて、ごますりのできない人たちだ。

「万久教授は今どうしてる」

父を説得するチャンスだと思った。

「お父さん冷静になって聞いてね。万久教授は亡くなったの。労働者と大学生が毎日のように万久教授を引っ張り出し、数メートルもある大きな三角帽子をかぶせたの。そして、両脇にいる紅衛兵が万久教授の腕を後ろ向きに高く持ち上げ、腰を九十度以上曲げさせ『こいつは飛行機に乗るんだ』と叫びながら批判し、大学のキャンパス内を一周させられたの。

長期間拘禁されて、罵倒される。そんな屈辱に耐え切れなくなって、教授は列車に飛び込んで自殺してしまったの。自殺した後も、毛主席と共産党の裏切りものとされ、『反革命分子』（革命に抵抗する人のこと）のレッテルまで貼られたわ。万久教授が自殺したことで、奥さんは精神に変調をきたしたんだよ。とても明るい性格だった末娘もショックのあまりに、笑顔はもちろん、言葉も喋らなくなったの」

私はそのときの状況を説明しながら「飛行機に乗る」ということがどんなものか、自分の動作で再現した。

私の話を聞いて父は泣いた。万久教授が末娘をとても可愛がっていたことを父はよく知っていた。また、自分にとっても、娘はかけがえのない存在だ。万久教授の末娘は黎明姉と同い年で、教授に連れられ我が家にもよく遊びに来ていた。そんな万久教授が愛娘を置いて自殺するなんて、よほどのことだと父は理解したのだ。

「じゃあ、史教授はこの西南交通大学に来ているのか」

父はもう一人の親友の名前を聞いた。

「史教授も万久教授と同じだったの。毎日のように紅衛兵にいじめられ、それで、河に飛込んで自殺した。自殺した後も『反革命分子』とされて、紅衛兵から痛烈に批判され続けていたの」

父はさらに大きなショックを受けたようだ。無言のまま、しばらく何か考え込んでいた。

「お父さんとお母さんは刑務所に入れられ大変だった。六年もの間、自由を奪われ、とても辛い思いをした。それは間違いのない事実よ。でも、物は考えようかもしれない。そのために家族全員が無事で、今またこんなふうに一緒に暮らすことができる。万久教授はもうこの世にいないのよ。人の目を気にしないで、保護されて得《とく》したと思えば、きっと気持ちも楽になる。今の中国には私たちのための法律なんかはないのよ。告訴したら父さんと母さんはみじめになるだけだと思う」

私は懸命に父を説得したのである。

父は三姉妹の中で、とりわけ末娘である私を目に入れても痛くないほど可愛がってくれた。「命の根」と呼んでいたほどだ。私の言うことなら、たいていのことは聞いてくれると信じて説得したのである。

それ以降、父は裁判所に告訴するという話を口にしなくなった。おそらく、父は納得したわけではない。あきらめるしかないと思ったに違いない。父にとってこの決断がどんなに辛いものだったか、私には痛いほどわかっていた。

16 父の喀血

峨眉県に移転したため、大学の名前は「唐山鉄道学院」から「西南交通大学」に改称された。大学の近くには高校はもちろん、小学校、中学校もなかったため、大学当局は十年制の付属学校を作った。文化大革命以前の学校制度は日本と同じ、六、三、三、四制、つまり高校卒業までの就学期間は十二年だった。

この付属学校は毛沢東の「学制要縮短、教育要革命」（学習期間を短縮せよ、教育を改革せよ）という指示に基づき、小学校から高校を卒業するまでの就学期間を十年としたのである。大学の先生がローテーションを組み、付属学校の生徒にも教えていた。
私は唐山一中の三年生から大学付属学校に転校し、高校にあたる八年生クラスに編入した。

大学の受験制度は廃止されていたため、西南交通大学の学生は、労働者、貧困農民と解放軍から推薦されたものばかりだった。当時の中国ではこれらの学生を大学生と呼ばず、「工農兵学員」という特殊用語を使っていた。

大学に入って来る「工農兵学員」の学歴はバラバラだった。高校を卒業している人もいれば、小学校中退の人もいた。このために専門的知識を教える前に、基本的な知識レベルを向上させなければならない。大学一年生の講義内容は、今の小学校五、六年生レベルの分数からスタートしなければならない事態になっていた。

大学の付属学校は大学と同じ構内にある。指導する若手教員の手が足りないときは、私たち高校生が手伝うこともしばしばあった。

大学教授として復帰したものの、学生のレベルが低すぎたため、父は教壇に立つチャンスはなく、毎日机に向かって本を読んでいた。

中国の鉄道史にもっとも精通していたのは父だと言っても、あながち娘の身びいきではないと思う。ずっと以前から構想を練り、丹念なメモをとり続けていた中国鉄道史の本を書く夢を蘇らせたのも、教壇に立つことのないこの時期だった。

父の記憶力は人並はずれていた。一度耳にしたことをけっして忘れない。高校生の私は宿題がわからない時、いつも父に教えてもらっていた。たとえば数学を教えてくれる時は、公式がどのようにできたのか、その公式を分解して、基礎から説明してくれた。教えてもらうたび、父の記憶のよさに感心した。

「お父さんの教え方はわかりやすくていい。七十歳という高齢なのに、よく高校生の宿題がわかるね」

わかりやすく説明してくれる父に、尊敬をこめて何度もそう言った。

「感心している場合じゃないだろう。勉強は基礎から理解するもの。基礎がわかれば、一度覚えたものは忘れない。忘れるほうがおかしいじゃないの」

その度に私は、そう諭された。

保釈されてまだ一年も経たないある日のことである。父はいつもと同じように机に向かい、中国鉄道史の執筆をしていた。突然、母が痰壷《たんつぼ》を持ち、あわてて父のところに行った。なにが起きたのかわからない。私はおそるおそる父に近づいた。すると、父の口から大量の血が吐き出されていたのである。それを見た私は足ががくがくと震えた。

「お父さん大丈夫」

母は目を閉じて、顔を私のほうに向け、顔を横に軽く振った。そして、父をゆっくりとベッドに寝かせた。

「大丈夫よ。横になれば良くなる。すぐ車を呼んで病院で検査を受けましょうね」

母の態度を見て、私に伝えたいことをすぐに理解した。父を安心させるために、自分たちが慌てている様子を見せてはいけないという配慮である。

私たちの家に電話はない。同じアパートの四階に住む同級生の家に行き、電話と車の手配を頼んだ。そして、近くに住む大学病院の医者を呼びに行き、応急処置をしてもらった。

三十分ほど経って、ようやく車が到着した。救急車ではない。文化大革命の間、救急システムも機能していなかった。迎えに来たのは大学の公用車、ジープだった。私たちのアパートは山の上にあるため、車は建物の前まで来ることができない。医者からは絶対安静を言い渡されている。私は父を背負い、ゆっくり、ゆっくり一歩ずつ五十段もある階段を降りた。

車の後部座席は壊れていた。そんな座席に父を座らせ、未舗装の凸凹道を走ったら、きっと振動で出血が止まらなくなってしまう。私は思わず後部座席に横たわり、父を私の上に載せるよう母に言った。一分一秒を争う事態だ。母は黙って私の言う通りにしてくれた。私が座席のクッションがわりとなり、病院まで父を抱いて行ったのである。

到着したのは、最初に駆けつけてくれた大学病院の医者が紹介した解放軍病院である。この病院は大学からも近く、設備もそれなりに整っている大きな病院だ。

病院に着くとすぐ、待機していた病院関係者によって、父は診察室に運び込まれた。母と私は中には入れず、診察室の外で待つしかなかった。父のことが心配でならなかった。居ても立ってもいられず、どうしていいのかわからない。六年ぶりにやっと叶った一家団欒をこれで終りにしたくない。こんなことで終ったらあまりにも悲しすぎる。時間の経つことも忘れ、ひたすら父の無事を祈っていた。

診察室のドアが開いた。

「父の命は大丈夫ですか」

出てきたお医者さんに祈るような気持ちで尋ねた。

「大丈夫。出血は肺からのもので、顔色が悪いのは大量の血を吐いたからです。命には別状ありません。念のために一週間入院をしてもらって様子を見ましょう。その後は外来通院すればいい。心配しなくていいですよ」

診察した医師はやさしい調子で、そう話してくれた。母と私は心底ほっとし、ただただ「ありがとうございます」と何度も繰返し頭を下げた。そのお医者さんが神様に見えた。

父は順調に回復し、予定通り一週間で退院することができた。顔色も入院する時に比べ、ずいぶんといい。

「君のお父さんは年齢の割りにとても回復が早い。だけど、あれだけの血を吐いたのだから、からだはまだかなり弱っている。早く体力を回復させるためには、鶏がらのスープを飲ませるのが一番です。この病院はお宅から遠いので、大学の病院に通院するのがいいでしょう。このカルテを大学病院に持っていってください」

主治医は私にいろいろな注意事項を説明してくれた。

当時の中国にはスーパーマーケットなど、どんな町にもなかった。都会なら調理してある鶏肉が手に入るが、品数が不足しているため、公営の商店が開く前に並ばなければならない。田舎で鶏肉を食べたいときは、自由市場で生きているものを買うしかないのである。

主治医から毎日鶏がらスープを飲ませることを勧められたとき、私は頭をかかえた。一九七〇年代当時の中国で、冷蔵庫を持っている家はほとんどなかった。冷蔵保存ができないとすると、週に最低三回は生きた鶏を殺して調理しなければならない計算になる。そんな勇気が私にあるか不安だったのである。しかし、父のためなら、頑張るしかない。

父が退院した翌日、私は早速自由市場へ出かけ、生きたままの鶏を買ってきた。だが、殺す方法がわからない。中国では生きた鶏の調理は男性の仕事である。私は隣に住む体育の先生に教わり、生まれてはじめて鶏を殺した。

鶏が動かないよう、母に手羽先と足を握ってもらい、私は鶏の頭をつかんで、鶏の喉あたりの毛をむしった。そして、毛のなくなった部分に包丁を入れた。苦痛から逃がれようとする鶏は全身を激しく動かし、もがきはじめた。恐くなった私は思わず手を離した。すると、鶏は血だらけの首を振りはじめたのである。手羽先と足を握っていた母も思わず手を離してしまった。

鶏が走り出した。その姿のあまりのグロテスクさに、私は「ぎゃあー」と叫び、鶏とは反対方向へ逃げ出した。そばにいた体育の先生は私の様子を見て笑っていた。

「大丈夫。血が出てしまえば、死ぬから。それまで待てばいい。そんなに時間はかからないと思うよ。よくやったね」

しかし、あのときは本当に怖かった。今でも血だらけで走っているあの鶏の姿を思い出す。しかし不思議なものだ。二、三日に一回のペースで鶏を殺しているうち、私はいつの間にかその作業が平気になってきた。

父は毎日鶏がらのスープをのみ、顔色もとても良くなった。私たち家族はまた平和な生活を取戻したのである。

父母が大学に復帰した頃、唐山市から四川省峨眉県への移転はほぼ完了していた。だが、教官の子弟の多くはまだ「知識青年」として、唐山市の近辺の田舎に残されていた。大学はこれら「知識青年」を呼びよせるため、「頂工」という条例を特別に作った。「頂工」とは、親が退職した後の穴をその子どもが埋めることだ。すなわち、親が退職してはじめて、その子どもにも就職のチャンスがやって来る。逆に言えば、親が退職しないかぎり、そのこどもは就職できないのである。

農村住民票の人間は都会に出て働くことができない。早く自分の子どもを田舎から呼び寄せたいのが親心だ。退職年齢に近い人たちはそれほど焦らなくてもいいが、退職年齢まで、まだ長い年月のある人たちはいろんな方法を考えた。たとえば、大学の病院から適当な病名の休養診断書をもらう。そして、その診断書の休養年限が半年間続くなら、通常よりも数年早く退職することができる。

ただ、診断書をもらうためには病院の先生と仲良くならなければならない。診断書のほしい教官や職員は病院に行くたび、お医者さんにお土産を持参して、目一杯ごまをすっていた。この時期、大学病院の医師たちはまるで神様のように、とても大切にされていた。

そうしたこともあって、しばらく経つと、教官や職員の多くは自分の子どもを呼び寄せることができた。その子どもたちのほとんどは中学を卒業しただけだ。彼らは大学の工場や売店に配属された。また、少数の高校卒業者は大学の実験室で働くこととなった。

文化大革命の十一年間は大学の受験が廃止されていたため、正式な大学卒業生はいなかった。大学教官の高齢化と後継者不足は大変深刻な問題になっていた。そのため、父のような高いレベルの教授は退職が認められなくなった。図書館に復帰していた母もまだ四十代半ばだったため、「頂工」という条例は我が家には無縁だった。

大明姉は、しばらくの間一家団欒を味わっただけで、また住民票のある冷口に戻っていた。

黎明姉は鐘先生と結婚していたが、住民票はやはり「小韓荘」にあった。農村に住民票のある人は、たとえ都市に住民票のある人と結婚したとしても、それを移すことはできなかったのである。私たち家族はいらだったが、どうすることもできない。

しばらくして、私たちにとって、喜ばしい政策が実施されることになった。それは、外国人の子弟が「知識青年」として田舎に残されているなら、その戸籍をただちに田舎から都会へ移すこと。また、外国人の子弟は「下放」の対象としないという政策である。

田中内閣が一九七二年秋に行なった日中国交回復の余波である。

我が家では、母が日本人であるということで、一九七五年秋、大明姉が、そして一九七七年、黎明姉が下放から解放された。黎明姉の住民票はやっと夫の鐘先生と一緒になり、大学内にある修理工場のペンキ塗装の仕事に就いた。また、大明姉も家族のところへ戻ることができたのである。彼女は高校課程を自習して、高校卒業認定試験にも合格し、めでたく大学の実験室に配属された。

私たち姉妹が外国人子弟として「優遇された」のは、生まれてはじめてだ。

これで、ばらばらになっていた家族がまた、一緒に暮らせることになったのである。


文化大革命の前、いつも一生懸命に働く母は、大学から優秀図書館職員であると高い評価を受けていた。だが、文化大革命の洗礼を受け、中国人は変わった。よい方へではなく、とてもずるくなってしまっていた。その間ずっと刑務所で過ごした母は、そうした変化に気づくまで時間がかかった。

母は以前と同じように熱心に図書館の仕事に励んでいた。そんな母がしばしば台所の隅で、私たちに気づかれないように泣いていることがあった。ある日、台所で泣いている母を見た私は、「どうしたの。なぜ泣いているの」と尋ねてみた。しかし、母はなにも答えてくれない。何度繰り返し聞いても、返事をしてもらえないのである。気の短い私は、母のそんな様子にいらだった。

「図書館の同僚にいじめられたんでしょう。泣いていてもなにも解決しない。その人の名前を教えてちょうだい。図書館の責任者に報告してあげる」

強い口調でそう言ったのである。大明姉も言葉をかけた。

「私たちに任せなさい。母さんをいじめる人は絶対許せない」

母は大明姉と私の言葉に驚き、戸惑ったようだ。離れ離れになっていた間に、自分の娘たちがとてもたくましくなっていたからだ。だが母は、事実を話したら、簡単には収まらなくなると思ったらしい。相変わらず「なんでもないよ」と繰り返すだけだった。

二人の娘のしつこさに根負けした母は「図書館の上司に報告しない」という約束で、やっと事情を話してくれた。

当時の中国は勤務時間があってないような状況だった。大学の図書館の勤務時間は午前八時から十二時まで、午後は二時から六時までとなっていた。しかし、母以外のほとんどの人は出勤時間に遅れ、勤務終了時間も三十分以上早く切り上げ、夕食の買い物があるからと言って帰ってしまっていた。父同様母も芯の強い人だ。自分で正しいと思ったら、他人の言動に左右されない。出勤時間の前に必ず職場に着くし、みんないなくなっても、一人で勤務時間終了までちゃんと働いていた。しかし、

「あなたは保釈の身なんだから、まじめを装って、どんなに働いても認められないよ」

そんな風に言われ、村八分になっているというのである。

母はもともと口数が少ない。それに、保釈中ということで、同僚たちの理不尽な言動にも耐えなくてはならなかった。そんな悔しい思いを胸に収め、家に帰って泣くほかはなかったというのである。

このやりとりをそばで聞いていた父は、「六年の間に中国はこんなにも変わってしまったのか」とがっくりと肩を落とした。だが、文化大革命で鍛えられた大明姉と私は、黙って泣き寝入りするつもりはなかった。

「ここは私たちに任せなさい。今の世の中は人が良すぎると生きていけないのよ。弱い人間はいじめられる。私たちは母さんをいじめた人を許せない。明日にでも図書館の館長に抗議に行ってくる。館長に言ってもだめなら、本人たちに直接会って話をつける。母さんは心配しなくていい。いじめるやつには知らん顔していればいい。私たちが母さんを守る」

大明姉はそう言い、私も側で肯《うなず》いた。

「報告しないという約束で話したんだから」

母は私たちを止めようとした。しかし、精神的なタフさを身につけた私たちを止められるはずはなかった。

翌日、大明姉と私は早速図書館に行き、館長に母がいじめられていることを報告した。そして大明姉は、「真面目に働く母はなにも悪くないはずです。母のような人こそ良い見本とすべきです」と言った。私と違って、大明姉は子どもの頃から頭の回転が速く、口では誰にも負けたことがなかった。

館長は中肉中背で、厚いレンズの遠視メガネをかけ、歩き方を含めて、すべての動作がのんびりして見えた。喋り方もとてもゆっくりだが、人の話はちゃんと聞いてくれる。彼はたくさんの本を読み、作家のことにも詳しいということで、図書館館長に就任していた。

館長は文化大革命以前から母のことをよく知っていて、彼女を小田と呼んでいた。「小」は自分より若い人に対する呼び名で「さん」にあたる。田は母の中国名で、父が田中の田をとって、母の中国名に付けてくれたものだ。彼は母の仕事に対する熱意をずっと以前から高く評価していた。

大明姉の機関銃のような舌峰《ぜっぽう》に館長は耳を傾け、うなずきながら、ひと言も口をはさまず、最初から最後まで真剣に聞いていた。

「その人たちには、私のほうから厳重注意しましょう。お母さんにその人たちのことを気にしないよう伝えてください」

彼はしばらく考え込んだ後、ゆっくりとした口調で私たちにそう言った。おそらく、これは私たちに対する館長の精一杯の誠意ある言葉である。

厳重注意をしても、問題が解決しないということは館長が誰よりもわかっていた。だから、「お母さんにその人たちの言うことを気にしないで」という言葉を付け加えたのだと思う。文化大革命は、一生懸命仕事をする人をいじめの対象にするだけではなく、上司を無視する悪習も隅々まで蔓延させたのである。

私たちは家に帰り、図書館での話し合いを父母に報告した。とりあえず、彼らのいじめを無視する。それでもいじめがエスカレートするときには、また、方法を考えることにしたのである。

17　名誉回復

私たちが住んでいるアパートは、大学建設がはじまった当初、仮り住まいとして建てられたものだ。建設完了後は取り壊す予定だったので、大学の中心から遠く離れ、かなり雑に造られていた。

大学の中心部、比較的に平らなところには教官用の住宅が次々と建てられていた。場所的に便利で新しいこの住宅に入るには、申し込みが必要だった。だが、申し込み前に、「もっとも重要なこと」をしなければならない。それは賄賂《わいろ》である。文化大革命の洗礼を受けていない父母は、賄賂をとても嫌がっていた。

「賄賂を使ってまで新しい住宅に入りたいと思わない」

その姿勢を崩そうとはしなかった。私たちは新しい住宅ができるたび、正面から申し込み続けた。その申込書の希望欄には「父が高齢、かつからだが弱いため、ぜひ便利のいい住宅へ移りたい」と何度も同じことを書いた。

希望はいつまでたっても叶わなかった。私たちと同じアパートに住んでいた人たちはどんどん引越してしまい、残っているのは数軒ほどになった。さらに、新規住宅の建設計画はそろそろ終わりだという噂を耳にした。このままだと私たちは永遠に山の上で生活をしなければならない。大明姉と私はおおいに焦った。

賄賂を嫌がっている父と母に内緒で、私たちは果物とお菓子を持って、大学の住宅管理部責任者、朱さん宅を訪ねた。そして、新しい住宅に入居できない理由を尋ねた。

「住宅を分配するとき、受託管理部で会議を開いて決める。君らのお父さんとお母さんはまだ保釈中だ。君たち家族の入居には反対意見が多かった。それで、入居対象から外れているんだよ」

朱さんの説明である。そう言われてしまえば、私たちには返す言葉がない。持っていたお土産だけを渡し、帰ろうとしたとき、朱さんの奥さんが私たちに声をかけた。

「私たち夫婦はあなたたちにとても同情している。主人に次の住宅に入れるようよく言って聞かせる。でも、このことは誰にも言わないでね」

もしかしたら、お土産が効いたのかもしれない。そう思いながら、大明姉と私は朱さんの家を後にしたのである。

自宅への帰路、私たちはお互いに、きょうの話は父母の耳に入れないようにすることを約束した。同時に私たちは「中国にはもう私たちの居場所はないのかもしれない。日本の親族を探したほうがいいのではないか」とも思った。

戦後間もない頃は、母は帰国した二人の姉から二度ほど手紙をもらっている。だが、それきり便りはない。三十数年も経った現在、彼女たちがどこに住んでいるのかさえわからない。

大明姉と私は日本の親戚探しについて母に話をもちかけてみた。しかし、母はすでにあきらめている様子である。

「故郷の静岡の住所は覚えているけど、もうそこには誰も住んでいないかもしれない」

「だめで元々だよ。その住所に親戚の人がまだ残ってるかもしれない。手紙くらい出してみる価値はあると思う」

大明姉は熱心に母を説得し、静岡の住所を教えてもらった。そして、大明姉は母の父親と姉に宛てて中国語で手紙を書いたのである。

その手紙の内容は「私たちは現在とても幸せに暮らしている。毛主席には大変感謝している」という簡単なものだった。その頃の中国では、外国へ出す郵便物のすべてがチェックされることを、私たちは知っていた。日本語で手紙を書いたほうがいいことはわかっていたが、あえて中国語にした。そのほうが中国当局から怪しまれずにすむと考えたからだ。大明姉は手紙が確実に母の親戚の手元に届くために、中国語でそう書くしかなかったのである。

手紙を出してから数週間経ったある日、勤務時間中に突然母が帰って来た。母は病気以外に早退したことは一度もなかった。驚いている私に、母は泣きながら一通の手紙を差し出した。それは日本にいる姉、私にとっては叔母からのものだった。こんなにも早く返事が来るとは思ってもいなかった。まるで夢のようだ。

「よかった。よかったね」

私は何度も何度も繰返し母に声をかけ、喜びをわかち合った。

その手紙には次のようなことが書かれていた。

「照ちゃん（母の家族は母のことを照ちゃんと呼んでいた）、あなたからの手紙を受取った。三十数年の間あなたが生きていることを信じ続けてきた。あなたの手紙が届いたとき、とても感激し、自分の気持ちを押さえることができなかった。一日中家の中をうろうろして、なにも手に付かなかった。照ちゃん、あなたに会いたい」

この長い手紙で、終戦時に帰国して一年後に母の父親が亡くなり、もう一人の姉も父を追うように逝ってしまったことを知った。叔母も天涯孤独の身の上になっていたのだ。

このとき、母の年齢は五十前、母の父親は生きていれば七十代半ばのはずだ。もしかしたら生きているかも知れない。そう期待していた母はショックを隠すことができなかった。

母と叔母の文通がはじまった。叔母からの手紙と送られた写真を通じ、日本の様子を知ることができた。また、叔母はこの三十数年間、数えきれないほど、中国に手紙を出したそうだ。だが、日本と中国の間に国交がなかったため、終戦間もない頃、二通が届いたきり、それ以降、母の手元に手紙が届くことはなかったのである。

大明姉が出した手紙は、静岡県に住む母のいとこが受取った。そのいとこは、叔母が結婚し「杉村」という姓になっていること、そして、彼女が熊本に移り住んでいることしか知らなかった。叔母のご主人のフルネームもわからない。それで、母のいとこは電話帳を調べ、熊本県に住むすべての「杉村さん」宅に順番に電話をかけ、叔母を探し出してくれたのである。

それまで中国で音信不通になった母の戸籍を抹消するよう、静岡県から数回に渡り、叔母に催促の電話があったという。しかし、叔母は戸籍の抹消を拒否し続けた。妹はきっと中国のどこかで生きているに違いない。そう強く信じていたからだ。だが、いつまでたっても母の消息はわからない。静岡県からの執拗な連絡に、叔母は母の戸籍の抹消に同意せざるを得なかったのである。ただ、妹が見つかったら、すぐに戸籍の復帰ができるという約束は取りつけた。

「戸籍の抹消をするとき、行政は簡単な追悼儀式を行った。そして、遺骨壷と三万円の香典が支給された。それを受取ったとき、とても悲しくて、やり切れなかった」

叔母の手紙にはそう書かれていた。

母宛ての手紙の中で叔母は、「ぜひ一度日本に戻ってきてほしい。一緒にお父さんと姉さんの墓参りをしたい」と書いてくるようになった。そして、帰国の手続きと帰国旅費についても調べてくれた。「帰国の旅費は厚生省が出してくれる。心配しないで帰って来て欲しい」とのことだった。中国にいる私たちの生活に余裕がないことをとても心配してくれていたのである。

母自身、とても日本に戻りたがっていた。しかし、四川省には外国人がまったく居住していない。さらに、中国政府は人々が外国人と接触することを好ましく思っていなかった。もちろんパスポートとビザを取る方法に関しての知識もゼロである。帰国の手続きをどうしたらいいのか。手続きをしても日本に帰してもらえないこともありうる。日本に帰れないだけでなく、自分たちの立場をさらに悪くしてしまう可能性だってなくはない。母は悩んだ。

そんなある日の夕方、父は家の外にあるトイレで用を足して戻って来た。そして、いつものように自分専用の籐の椅子に座った。私は椅子の前にしゃがみ、父の顔を見ながら、冗談を言っていた。その冗談を受け、彼は大笑いをした。だが、笑っているうちに父の唇がだんだん歪みはじめた。私を笑わせるためにおどけているのだと思った。

「おとうさん、ふざけてるでしょう」

「そんなことないよ」

父は自分の唇が歪んでいることにはまったく気づかず、喀血したときに病院からもらった薬を飲もうと、左手を机の上にのばそうとした。だが、手は薬まで届かない。そこではじめて、私は異変に気づいた。急いで母と大明姉を呼んだ。私たちは前回の経験を生かし、慌てずに父をベッドに寝かせ、車を呼びに行った。

三十分ほど経って、前回と同じジープが迎えに来てくれた。車を待っている間に、父は意識不明に陥った。車の中で、私はまた後部座席のクッションとなって父を抱いた。彼は大きな鼾《いびき》をかいていた。

解放軍病院に到着するや、母は病院の中に駆け込み、前回の主治医を連れて来た。大明姉と私はその医師に必死で頼んだ。

「父を助けてください」

「みんな落着いて。これから検査します。結果が出たらすぐに知らせますから」

しばらくして、主治医が診察室から出て来た。

「父は大丈夫ですか」

母、大明姉と私は同時に尋ねた。

「お父さんは脳溢血です。大きな鼾をかいているのがその特徴です。大変危険な状態にあり、この二、三日が山です。自分たちは全力を尽くすつもりでいますが、あとは本人の生命力次第です。今のところはなんとも申し上げられません」

主治医の話を聞き、私は心臓がちぎれるほど悲しく、頭の中が真っ白になった。昏睡状態にある父の顔を見ると、涙があふれ出て止まらなかった。やっと家族揃って暮らしはじめてからまだ二年にもなっていないのだ。父のいない生活なんて考えられない。どんなことをしても父に生きていて欲しかった。私たちは昼夜を問わず付き添い看病をした。

「ご家族も少し休まないとからだを壊してしまいますよ」

主治医は私たちのことを心配し、仮眠をとるため隣の病室の空きベッドに案内するよう看護婦さんに指示した。

昏睡状態に陥って三日が経った。母は父の手を握り「お父さん力を入れてみて」と声をかけた。すると、父は母の手を握り返した。生きていて欲しいという私たちの強い気持ちが通じたのだ。父は大明姉と私の呼びかけに対しても顔を動かし反応した。

「少しだが、回復の兆が見られます。しかしまだ油断はできません。それに、たとえ命が助かったとしても、後遺症、半身不随になるかもしれません。ご家族の心の準備が必要です」

主治医からはそう言われた。だが、私たちは父が生きていてくれさえすれば満足だった。少し安心したせいか、この日からは母、大明姉と私が交代で仮眠するようになった。

入院してから一週間が経った。私たちは毎日のように父に声をかけた。自分の顔を指で差し、「私が誰かわかる」と尋ねた。父も私たちの問いに対し、目を開け反応するようになった。

「もう生命の心配はありません」

主治医の言葉を聞いたときは本当に嬉しかった。父は生死の境をさまよったが、また、私たち家族の元に帰って来てくれたのである。

一ヵ月後、父は退院した。主治医の言ったとおり、父は寝たきりとなった。

母は自分を責め続けていた。日本人であるために夫を巻き込んだ。逮捕されたのも自分のせいだと思い込んでいた。こんな目に合わせた自分が、夫を置いて日本に行くわけにはいかない。母は日本への帰国を断念しようと迷いはじめていた。そんな母に対し、大明姉が説得した。

「お父さんの世話は私がするから。何も心配することはないわよ。中国の社会は今後も、いつ何時、変わるかわからない。妹を連れて、日本に帰って欲しい。妹はまだ若いから日本の生活にすぐ慣れるはずよ。それから母さんが帰ってくればいい。家族みんなのことを考えて、ぜひそうしてほしい」

母は、大明姉の強い説得に応じ、一時帰国することを決心したのである。

中国では、私的なパスポートを取得する際、所在地の公安局で申請を行い、公的なものは外事弁公室（都道府県の国際課に相当する）で申請を行うことになっている。そして、いずれの場合も、受け入れ側から、ぜひ来て欲しいという内容の招聘状《しょうへいじょう》が必要となる。この招聘状がなければ、パスポートの申請はできない。つまり、中国人にはパスポートを自由に手に入れる権利はないのである。

私たちはまず、叔母からの手紙を持って（招聘状の代わり）大学にある公安科を訪ねた。叔母がぜひ日本に帰って来てもらいたいと書いていることを公安科の科長に伝えたのである。

「あなたたちのようなケースは今まで一度もなかった。手続きの方法がわからない」

科長はとても面倒そうな顔をして、冷たい一言を浴びせた。それでも母は、関係機関に問い合わせてもらうよう頼んだ。

「一応聞くだけは聞いてみよう」

科長は渋々言った。私たちは彼の態度に危惧の念を持ったが、手続きの窓口である彼の返事を待つしかなかった。

案の定、一ヵ月、半年、一年半待っても、公安科からはなんの連絡もなかった。私たちも父の看病に忙しく、それ以上の行動を起こせず、いたずらに時間が経ってしまっていた。その間、叔母からは、「照ちゃん帰国の手続きはどうなっているの。早くして。首を長くして待っている」という内容の手紙が数え切れないほど届いた。叔母は私たちの帰国旅費の申請を県の援護課で行い、厚生省から帰国旅費負担の決定通知もすでに下りていたのである。

叔母の気持ちを考え、母と私は再び公安科を訪れた。対応したのは前と同じ科長だった。

「あなたたちは現在幸せに暮らしているじゃないか。日本の金持ちはいい暮らしをしているが、金を持っていない労働者はとても苦しい生活をしている。資本主義社会はよくないから行かないほうがいい」

彼はいきなりそんな言葉をぶつけてきた。それに対し、温厚で無口な母もさすがに怒り、言い返した。

「そういう問題じゃないでしょう。資本主義社会に憧れて、日本に行くんじゃない。自分の姉に会いたい。自分の国に一時帰国したいというのがそんなに悪いことなの」

「まあまあ、あなたの気持ちはわからないこともない。でも、あなたの子どもまで日本に行く必要はないでしょう」

どうあっても母の帰国を邪魔したいらしい。しかし、母も負けていなかった。

「私はもうすぐ五十歳になります。からだも丈夫ではない。旅の間に病気でもしたら、科長が責任を取ってくれるのですか」

思ってもみなかった母の反撃に公安科長も驚き「わかった、わかった」と言いながら、パスポート用の申請書を私たちの目の前に差出したのである。

それからさらに一年が経ち、二年が経った。しかし、なんの連絡もない。公安科長に確認しても、申請書はとっくに四川省公安局に送付済みで、現在の状況はわからないと言うだけだ。そして、もし確認したいなら、直接四川省公安局に行かなければならないと言う。

私は仕方なく汽車に乗って成都市にある四川省公安局へと向かうしかなかったのである。

家を出てから七時間後、やっとの思いで辿り着いた公安局の待合室は、たくさんの人たちが順番待ちをしていた。私も番号をもらい、待つことになった。待たされている間、この人たちはなんのために、ここに来ているのだろう。そんな疑問をずっと抱いていた。

三時間ほどして、やっと順番が来た。私の名前が呼ばれたのである。待っている間は、なかなか来ない自分の順番にいらいらしていた。だが、いざ自分の名前を呼ばれると、今度は心臓がどきどきしてきた。私は緊張して、相談者室に入った。そして、公安局の担当者に、母に会いたいという叔母の強い気持ちを伝え、パスポートを早く交付してくれるように頼んだ。しかし、返事はあやふやだった。パスポートの交付を保証する言葉はなにもなかったのである。この調子では、母と叔母はいつになったら再会できるかわからない。保釈中の身である母には有力者のコネもない。賄賂も渡したくない。私たちはただひたすら待つほかはなかった。

父はこの間ずっと寝たきりだった。一度にたくさんの食事は入らない。母は、毎日の食事の回数を五回に増やし、一回に食べる量を減らした。そして、なるべく消化のいいものを食べさせるように苦心していた。

からだを動かさないと筋肉が衰え、寝たきりの生活から抜け出せなくなることを私たちは知っていた。父に再び歩いて欲しい。

母、大明姉と私の三人四脚、毎日交替で食事を作り、父の足と手を一日数回、三十分から一時間ずつマッサージをするのが日課だった。

父のためにソファとテレビを買った。当時、中国のテレビ番組は夕方からしか放送がなく、しかも映りが悪かった。それでも、ないよりはずっとましだと考えたからだ。

私たちは毎晩、テレビ番組のはじまる前に父をソファに座らせ、顔とからだを洗い、歯をみがき、マッサージをした。また、寂しがらないよう、いろんなことについてたくさんお喋りをした。からだこそ不自由だったが、父の頭ははっきりしていた。私たち家族は以前同様、何でも父に相談し、いろんなアドバイスを受けていたのである。

父が小康状態を保っていたとき、母は日本に一時帰国したいことを打ちあけた。この話をもちだすまで、母はずいぶんと悩んだ。夫にショックを与えるのではないかと危惧していたのだ。だが、心配は杞憂だった。父は母の話を聞いて、とても喜んだ。

「自分の国じゃないか。行ってきなさい」

あっさり母の帰国を許してくれたのである。父の寛大さに、母は涙を流した。

私が四川省公安局を訪ねてから一年が経ったある日、母と私は突然大学の公安科長に呼ばれた。急いで公安科に駆け付けると、公安科長はそれまで聞いたことのない優しげな調子で言った。

「どうぞ、お掛けになってください」

言われた通り椅子に座った母と私に、公安科長は引出しの中から二冊のパスポートを取り出し、手渡した。生まれてはじめて手にするパスポートだ。四年間の歳月をかけ、やっと手に入れたパスポートである。それを手にした母と私は感激で胸が一杯になった。

「あなたたちに対し、いつも寛大な心を持つ毛主席と共産党に感謝してください。必ず中国に帰って来るんですよ」

大喜びする私たちの様子を見て、公安科長はそう言った。

「もちろん、帰って来ます。主人がいるんですもの」

母ははっきりと答えた。

家で待っている父と大明姉にいっときも早くこの嬉しいニュースを知らせたい。公安科に長居は無用である。

「あんたは若いんだから、先に帰って父さんと姉さんに知らせなさい」

自分が走れない母は私に言った。言われるまでもない。私は小走りに家に戻った。

当時の中国で、外国に行くことは夢のまた夢。一般の中国人にとって、手の届くことではなかった。母と私が日本に行けるようになったことは、まるでテレビのワイドショーで放送されたように、あっという間に大学中に広まった。大学のトップニュースとなったのである。

「あの親子、日本に行ったら、中国に戻ってこないつもりよ」

あちこちからやっかみ半分の噂が耳に入ってきた。周りの人たちも母と私に羨望の眼差しを向けるようになった。今まで口も聞いてくれなかった人たちが手の平を返したように声をかけてきた。

もちろん中には、「いいわね、日本に行ける人は」と嫌味を言う人もいた。

「あなたたちは日本に戸籍がないのに食糧はどうなるの。中国の『全国糧票』(中国全土で通用する食糧配給券)を持っていったほうがいいよ」

そんな心配をしてくれる大学の先生もいた。

中国は「糧票」も配給制となっている。穀物を買う時だけではなく、食堂やレストランでご飯を食べるときにも、「糧票」が必要だ。そして、「糧票」は「全国糧票」と「地方糧票」との二つに分かれている。たとえば、北京に出張する時には、「全国糧票」を持って出かけないと、食事もできないのである。

当時の中国政府は、外国からの情報をすべて遮断していた。日本が豊かな国であることを一般の中国人は知るよしもなかった。中国でさえ食糧と衣類は配給制なのに、資本主義国はもっとひどいのではないか。忠告してくれた先生はそう考えていたらしい。

「いくら資本主義国とはいえ、中国の『糧票』は通用しないでしょう」

私たちは叔母の手紙で知った日本の事情を、その先生に説明した。

「そう言われれば、確かにそうですよね」

先生も苦笑いをしていた。

この「大ニュース」は大学の共産党幹部たちの耳にも入った。そして、彼らはパニック状態に陥った。

母は保釈中の身である。この問題を解決しない限り、母を外国に出すわけにはいかない。共産党幹部達はあわてて会議を開き、中国共産党西南交通大学委員会名義の冤罪通知書を学内回覧と同時に、父母に手渡したのである。

西交党落字（79）第017号

張鴻逵、田玉華二名の同志の冤罪決定について

通　知

鉄道学部教授張鴻逵、図書館職員田玉華は、一九六六年八月二十六日に、娘婿のスパイ容疑に関連したため四川省公安局に拘留され、同年九月十三日付けで逮捕された。

一九七二年十月二十七日、四川省公安局は「保釈、治療」の手続きを終了。両名を釈放して、大学へ復帰させた。

一九七三年四月七日付けで、公安局から「劉源張との関係について、内外の調査を踏まえ、張鴻逵、田玉華と劉源張とはスパイ容疑の共犯者ではなく、無意識に秘密を漏らしたにすぎない。彼らを教育を受けさせる意味で釈放し、元の職場に復帰させる」という内容の判決を宣告された。

しかし、張鴻逵、田玉華二同志は数回にわたって、この宣告に対する不服を申し出た。これに対して、大学共産党委員会は検討を重ねた。二人の不服申し出にはそれなりの理由もあるし、正しいと判断した。その上で一九七八年十二月二十九日、両名に代わり、大学共産党委員会の名義で、共産党四川省委員会および四川省公安局に不服の申し出を申請。その内容は以下の通りである。

「張、田両名の逮捕理由は劉源張のスパイ容疑との関連のためである。中国共産党中央調査チーム第三弁公室は、一九七五年七月六日すでに結論を出し、劉源張のスパイ容疑も否定された。従って、張、田両名のスパイ容疑も存在しなくなる」

その後の一九七九年二月六日付けで、四川省公安局から共産党西南交通大学委員会宛てに正式文書で通知された。その文章の内容は「貴学からの張鴻逵、田玉華の再審の申し出を共産党四川省委員会許夢同志に報告し、一月二十五日に許同志から、貴学委員会の提案に同意、前回の宣告を撤回して、無罪釈放とするとの結論を指示された」というものである。

共産党四川省委員会の指示及び、一九七九年三月十二日付けの中国科学学院幹部審査弁公室からの劉源張同志に対する冤罪通知を根拠とし、張鴻逵、田玉華二同志は林彪、陳伯達および四人組の迫害を受け、非法に六年余りにわたる期間を拘留された。彼らの事件はまったくの事実無根の冤罪である。

第十一回三中大会の精神と共産党の政策を徹底し、林彪および四人組の悪い影響を一掃するために、張鴻逵、田玉華二同志に政治的な名誉回復を徹底する。

中国共産党西南交通大学委員会
一九七九年四月六日

この結論に同意する
張鴻逵、田玉華
一九七九年四月九日

中国鉄道部（運輸省）政治部、教育局、冤罪政策弁公室へ送付
共産党西南交通大学鉄道学部支部、機構支部、公安処、冤罪政策弁公室、
張鴻逵、田玉華（本人）保管

以上がその内容である。

冤罪で逮捕されて、六年間余りの刑務所生活を強いられた上、保釈されてから正しい結論を下すまでに約七年の歳月がかかってしまったのである。もし、母と私が日本に行くことがなければ、おそらく、この事件はまだまだ未解決のままにされていただろう。日本の厚生省から帰国旅費の交付通知と叔母の再三にわたる帰国の催促がなければ、母と私を中国から出さなかったはずだ。

また、この事件が冤罪ということになると、父と母が刑務所に入れられていた期間の給料を支払わ

なければならなくなる。六年間の二人分の給料といえばかなりの金額である。共産党幹部らは「あの家族は金持ちになる」という強い嫉妬心も手伝い、中央からの文書を公表せずにいた。そして、何も知らない私たち家族を長い間苦しめていたのである。

会議の後、大学の共産党若手書記がわざわざ我が家を訪ねてきた。そして、中央からの文書を差出して言った。

「毛主席と共産党を憎むべきではない。『四人組』こそ私たちの敵だ。あなたたちの冤罪は毛主席が晴らしてくれた。感謝しなければならない」

いったいこれまで何度同じセリフを聞かされただろう。私たちをさんざん苦しめておいて、まずは毛沢東に感謝しろと言う。「冗談じゃないよ」と叫びたい気持ちだった。だが、今ここで反抗的な態度を示すと、これまでの努力が水の泡になるかもしれない。私たちは、噴き出しそうになる怒りを必死で抑え込んだ。

私はそれまで、自分の気持ちを抑えてずっと生きて来た。我慢することで、ものごとがとりあえずうまく運ぶのなら、それはそれで仕方ない。まっとうな理が通らない文化大革命の中、私は知らぬ間に世間への処し方を身につけていた。若手書記の言葉に憤りを感じたが、それを表面に出さずにおくことができたのである。

「六年間の給料もすべてさかのぼってお支払いします。中国であったことを日本で言わないようにしてください」

私たちが神妙にしているのをいいことに、彼らはそんな口止めまでした。言われなくても、私たちは日本で何も喋るつもりはなかった。中国には父と大明姉、また、黎明姉の家族がいる。もし、日本で中国の悪口でも言ったら、中国に残っている大切な家族がひどい目にあうのがわかっていた。また、中国というのは特殊な国だ。仮に日本人に話したとしても理解してもらうのは難しいと考えたからだ。

「悪い事もしていないのに、逮捕されるはずはないのでは」

そんなふうに誤解を招くだけだろう。

人は理解してもらいたいために、必要に応じ弁解したり、苦しみを訴える。そうすることで、自分の心を少しでも癒したいと思うからだ。しかし、私たちの場合、家族以外に自分たちの気持ちをぶつける相手はいない。若手共産党書記の心配は無用なのである。

中央政府からの冤罪を認める書類を一年間も放置しておきながら、そのことについては何の釈明も謝罪もなかった。私たちはとても悔しかった。だが、それと同じくらい、やはり嬉しかった。これでやっと「保釈」という重荷から解放され、正々堂々としていられる。

「この書類は我が家にだけではなく、大学内で回覧し、父と母は冤罪であることを学校全体に知らせてください」

私は若手書記に注文を付けた。

「もちろん、全員周知するよう回覧し、また会議の際にもできるだけ伝えていきたいと思います」

彼はそう答えた。

数日が経ち、大学の財務処から連絡が入った。父と母の六年間の給料を一括して現金（当時の中国銀行には振込み業務はなかった）で支払う。大金なのでできれば、二人で取りに来てもらいたいとのことだった。連絡を受けた私は大明姉と一緒に大きな袋を提げて、財務処に向かった。財務処には、父と母の冤罪の代償である六年間分の給料が積んであった。金額はざっと二万元余り、そんなにもたくさんのお金を目の前にするのはもちろん生まれてはじめてだった。

私たちは言われた通り金額を確認した。しかし、前もって計算していた額より少ない。私たちは担当者に確認した。すると、刑務所での食事代と私に出していた六年間の生活費が差し引かれていると言うのである。私の生活費はともかく、父と母の刑務所での食事代までどうして支払わなければならないのか。私は納得できなかった。だが、言い争っても勝ち目がないことはわかっている。大明姉と私は釈然としない気持ちを抱きながら、袋にそのお金を詰め、近くの銀行に直行したのである。

母と私が日本に出発する少し前に、校内でもっとも便利なところに建てられていた教員用の新しい宿舎ができあがった。日本で中国の悪口を言えないよう口を封じるためだろう。私たち家族が一番に入居を許可された。これで、出発前に引越しすることができる。ほっとひと安心である。

父が寝たきりの生活になってすでに四年が経っていた。しかし、家族みんなとりわけ母の懸命な看病の甲斐あって、床擦れはまったくなかった。

週に一回、父の様子を診てくれる担当医に尋ねた。日本の滞在ビザは六ヵ月だ。その間、父の病状が急変することはないのか。看病する母がいなくても大丈夫なのかを相談したのである。

「教授の頭ははっきりしているし、四年も寝たきりなのにもかかわらず、床擦れ一つできていない。これは奇跡と言ってもいい。今の様子だと、病状の急変でもない限り、しばらくの間は問題ないでしょう。自分も週に一度様子を見に来るので、安心して行ってらっしゃい」

母と私は担当医の話と父の体力を信じ、日本へ出発することを決心したのである。

もし、日本に行くことができ、ビザの期限が来たら、私を日本に残し、母が一人で中国に戻る。以前家族で話し合ったとき、そういうふうに決めていた。私はもう中国には戻れないかもしれないのだ。日本へ出発するまで、残り少ない時間にできるだけの親孝行をしておきたい。私はそれまでにも増して、一生懸命父の世話をしたのである。

18 日本への一時帰国

日本へ出発する日がやって来た。長いこと、この日を待っていたのに、いざ、その当日になってしまうと、父のことを思い、寂しさを強く感じた。

父に別れを言うとき、涙を絶対に見せまいと決めていた。余計な刺激を与えてはいけないと思ったからだ。しかし、父の顔を見ると自然と涙がポロポロ流れて止まらなかった。

「パパ、ちょっと日本に行って来るね」

ベッドで横になっている父の顔を撫でながら、蚊の鳴くような声で、やっとそれだけ言うことができた。この頃父は、家族の誰かが泣くと、すぐにつられて涙を流すほど気が弱くなっていた。私の涙を見て、父も泣いた。

それでも父は、しっかりとした口調で「気をつけるんだよ。おばちゃんに会ったらよろしく伝えてくれ」と言ってくれた。

もしかしたら、これが父の見納めになるかもしれない。中国という国が安心して暮らせるところであれば、こんなに辛い別れをせずにすんだはずだ。

「私がちゃんと世話するから、安心して日本に行きなさい。もし父さんになにかあったら、すぐ知らせるから」

私たちを見送る大明姉の目からも涙がこぼれていた。

一九七九年四月末、母と私は半年の滞在ビザを手に、日本へ向けて出発した。

当時、中国から日本への航空路線は、北京から東京、北京から大阪の二本しかなかった。そのために、私たちはまず列車で、北京まで行って二日ほど滞在。叔母家族へのお土産などを買って過ごした。そして五月一日、私は生まれてはじめて飛行機に乗り、大阪の伊丹空港へと向かったのである。

飛行機が飛び立ったとき、私はやっと鳥篭から逃げ出すことのできた鳥のように感じた。「民族差別や人権無視のない自由な世界に行くことができる」。心がとても豊かになったような気がした。張建明二十二歳の旅立ちである。

伊丹空港までは三時間あまりだった。

私たちが出口から出た瞬間、待ち構えていた叔母が駆け寄ってきて、母と到着ロビーで柵越しに抱き合い、声を上げて泣き出した。

三十数年ぶりの再会だ。これは夢ではない。現実だ。そのことを確認したくて、叔母はいきなり母の頬を力いっぱいつねった。

「痛い、姉さん痛いよ」

母が発した「痛い」という言葉を聞き、叔母は「本当、本当に痛いの。よかった。これは夢じゃないね」と自分を納得させていた。

叔父と三人の従兄弟に紹介された後、私たちは空港内の和食レストランで食事をとった。本場での、はじめての和食である。出てくる料理の一品一品がとても可愛い器に綺麗に盛りつけられていた。箸を付けるのがもったいない気がして、私はしばらく料理を眺めていた。

飛行機を乗り換え、熊本にある叔母の家に着いた時はすでに夕暮どきだった。

たくさんの親戚が私たちを暖かく迎え入れてくれ、テーブルにはたくさんのご馳走が用意されていた。

母と私はまず仏壇の前に座り、ご先祖様に無事に帰って来たことを報告した。そして、親戚の人たちに囲まれ、楽しい夕食のひとときを過ごした。

その夜、母と叔母は中国で生き別れになったときのことなどを懐かしく語り合い、時折ハンカチで目頭を押さえた。三十数年ぶりの会話はいつまでも続いた。

翌日、叔母は熊本市内の繁華街を案内してくれた。中国で教育を受けた私の資本主義国に対するイメージは、「貧富の差が激しく、高いビルの陰にはホームレスが溢れていて、お金持ち以外の人間にとってはけっして住み易いところではない」というものだった。しかし、実際にこの目で見た資本主義国の風景はずいぶん違ったものだった。

町並はとても美しく、ごみ一つ落ちていない。ホームレスも見かけなかった。高層ビルを見上げると、まるで夢の世界に紛れ込んだような気がした。これこそが文明社会だ。私はわくわくした。こんな素敵な国で暮らすことができたら、どんなに幸せだろう。

デパートに入って、また驚いた。品物があまりにも豊富で、しかも、どの商品も買う前に自分の手で触れることができる。店員さんも綺麗にお化粧し、お客に対して大変親切、笑顔がとても素敵だった。こうしたことは当時の中国では絶対に考えられなかった。

人間と同じように作られたマネキンもめずらしかった。私は何度も本当の人間と間違ってマネキンに会釈した。見るもの聞くものすべてが新鮮で、とても二つの目では間に合わなかった。

この日、家に戻ってからすぐ、自分の見たこと感じたことを手紙に書いた。中国にいる父と大明姉への報告である。そして翌朝、私一人で郵便局へ行った。

「航空便でお願いします」

郵便局の窓口の人に自分の日本語を試してみたのである。

「はい、わかりました」

窓口の係員は手紙の重さを計った。私の手紙は便箋四、五枚もある厚いものだった。

「十グラムオーバーしていますから、百四十円かかります」

私はその金額を支払い、「よろしくお願いします」と言って、郵便局を後にしたのだった。

簡単な日本語会話だったが、自分の言葉が相手に伝わり、とても嬉しかった。日本への一時帰国の申請をしてから四年間、私は日本語を懸命に勉強した。一日に七時間も八時間も勉強した。そうしておいてよかった。言葉が通じたときつくづくそう思った。


三姉妹の中で、頭が一番いいのは黎明姉だ。成績はいつもトップだった。黎明姉には及ばないが、大明姉もあんまり勉強しないわりにはまずまず。中の上の成績を保っていた。かく言うあなたはと問われれば、姉たちに比べあまり頭がよろしくないと言わざるを得ない。その事実は私自身しっかりと自覚している。

そんな私たち三姉妹の共通点は、文化大革命の嵐が荒れ狂う真っ只中で思春期を過ごしたことだ。

父がもっとも期待していた黎明姉は、中学を卒業してすぐ農村に下放され、その後十三年間という長い歳月、田舎で暮らさざるを得なかった。勉強するチャンスを完全に奪われたのである。

大明姉も、「反革命的学術権威」と「スパイ」の子どもであったため、やはり中卒で農村に下放され、七年間を田舎で暮らさなければならなかった。幸い、田舎から戻ってきた時期、大明姉はまだ年が若かったこともあって、通信教育を受講し、どうにか高校卒業の資格をとることができた。

文化大革命がはじまったとき、私は小学校三年生だった。学校では革命が最優先、勉強は二の次だった。それでも父の期待にこたえようと自分なりに勉強に精を出した。しかし、いくら頑張ってもクラスの真ん中あたりをいったりきたりだった。高校は普通に卒業できたが、トップクラスにはほど遠かった。

私が高校を卒業したとき、本来の大学受験制度はまだ回復していなかった。大学生になれるのは労働者、農民および兵士から推薦された者だけで、私のような出身の悪い人間は当然のことながら推薦の対象にはならなかった。

文化大革命が終止符を打った翌年、一九七七年にようやく大学受験制度が復活した。当時、中国には数えるほどの大学しかなかった。十年間という長い間、進学のチャンスを奪われていた大勢の青年たちが、この日を待っていたかのように、一斉に大学統一受験場に集まった。私もその大勢の中の一人だった。

高校を卒業してすでに五年ほど経っていた。私は高校の教科書を引っ張り出し、必死に勉強したが、けっきょく不合格。この年、受験倍率はなんと百倍、並の成績の私が合格するはずもなかったのである。

不合格の通知をもらって、私はひどく泣いた。大学入試に落ちた無念さはもちろんだが、それ以上に父に申し訳ないと思ったのである。

私たち三姉妹の成績に応じ、父は自分なりの夢を膨らませていた。

黎明姉は北京大学の物理学部、それほど成績優秀とは言えない大明姉と私は自分の手元に置いておきたい気持ちもあり、自分の教えている唐山鉄道学院に入学させたいと考えていたという。

一九七八年、私は二回目の大学入試にも挑戦した。けっきょくこれも失敗に終わり、ショックのあまり私は寝込んでしまった。ちなみにこの年の競争倍率は五十倍ほどだった。

大学に入ることで、父を喜ばせることができず、私は自分の頭の悪さをつねづね呪っていた。しかし、日本語学習の成果は現れている。これで少しは自分に自信が持てそうな気がした。

叔母の家はごく普通のサラリーマン家庭だ。叔父は九州電力を数年前に定年退職したあと、九州電力の嘱託、電気代集金人として働いていた。毎日バイクに乗って、電気代を集めて来る。そして、集金したお金を計算し、その領収書の控えを整理することが叔母の日課だった。

叔母夫婦には三人の子どもがいた。その内二人はすでに結婚し、末の息子は大手保険会社に勤めていた。彼も結婚することが決まっているという。結婚式にぜひ母と私に出席してもらいたい。叔母たちの強い希望で、母と私の来日が決まってから結婚式の日取りを決めたのだそうだ。

叔母の家はお金持ちではない。息子の結婚式と私たちの来日。叔母家族に大きな経済的負担を強いるのではないか。私たちはそのことをとても心配していた。

「あなたたちの滞在費は市が出してくれるから、なにも心配いらないわよ。あなたたちはまだ日本に来たばかりでしょう。少し落着いたら、県庁と市役所の所管課に案内するから」

叔母はそう言って、私たちを安心させてくれた。

数日後、叔母は母と私を伴って熊本県庁の社会援護課に行った。帰国の挨拶をするためである。

「長い間ご苦労様でした」

課長と課長補佐は母に労《ねぎら》いの言葉をかけた。その言葉に母は久し振りに祖国の温もりを感じたようだ。感激で目に涙をいっぱい溜め、ちゃんとした言葉を返すことができなかった。

「皆様のおかげで、三十四年ぶりに妹と再会することができました。本当にありがとうございました」

母に代わって、叔母がお礼を言った。

「さあ、どうぞお掛けになって、今後の生活についてのお話をしましょう」

課長補佐に促され、事務所の真ん中にあるソファに座った。課長補佐は資料を取り出し、日本滞在中の住宅と生活費の手続き方法を教えてくれた。私たち帰国者は県営住宅に優先入居ができるらしい。そして、生活費については、一時的に生活保護を受けることができるという。ただ、そちらのほうの手続きは市役所で行わなければならない。

せっかく再会できたのだから、しばらく母と一緒に暮らしたい。叔母は県営住宅への入居を辞退した。生活費についても、自分たちと一緒に生活するのだから問題はないと言った。ただ、私たちに小遣いを出す余裕まではないことを心苦しく思っていた。

中国では外貨の両替はとても厳しく制限されていた。中国の銀行で中国の人民元を日本円に両替することはできない。かと言って、人民元を持ち出しても、それを日本の銀行で両替することもできない。

叔母はいろいろ気遣ってくれるが、日々の必要なお金は、当面生活保護を受けることで凌ぐしかないのが現実だった。

県庁を後にした私たち三人は、その足で熊本市役所へ向かい、市の生活保護係を訪ねた。

「こんにちは、お世話になります」

私たちの声に生活保護担当の職員数人が顔を上げ、一人の男性職員が立上がった。

「あっ、杉村さんですね、先ほど県社会援護課から電話をもらいました」

そう言っただけ、私たちの挨拶への返事もなく、無表情に両手を前に組んだままだ。叔母はその男性職員に、一時帰国した母と私の事情を説明した。その間、ずっと彼はうなずきも笑顔の一つも見せなかった。「また面倒な話だな」。そんな感じの表情を隠そうとしなかった。

そのやりとりを横で見ていた私は不思議でならなかった。日本というのは礼儀正しい国だと思っていた。なのに、こんな礼儀知らずの人もいる。日本に来て、はじめて受けたショックだった。

市役所を出てすぐ、私は叔母に尋ねた。

「私たちは悪いこともしていないのに、どうしてあんな嫌な顔で対応されるの」

「悔しいけど、おばちゃんの家はお金持ちじゃない。だから、あんな顔をされるの。日本人の中にも弱い人をいじめる人がいるのよ。ごめんね。いやな気持ちにさせてしまって」

このとき私は、どんな国、どんな社会にも百点満点はないのだと、おそまきながら気がついたのである。

中国での生活は、私たちにとって安らぎとはほど遠いものだった。しかし、これから私たちが暮らそうとしている日本での生活はどうなのだろう。少し不安が芽生えた。同時に、私たちのために、叔母にまで嫌な思いをさせてしまったことに深く心が痛んだ。

こんな扱いをされるなら、生活保護なんか受けたくない。私は父母が逮捕され、毎月生活費を受け取りに行ったときのみじめさを思い出した。そして、「働きに出たい」と叔母に強く訴えた。

家に帰ってからすぐ、叔母は私が働くことについて社会援護課に電話で問い合わせてくれた。結論は、私たちのビザは一時帰国であるため、日本での就労は認められないというものだった。

「中国からの一時帰国者はみなさん生活保護を受けています。中国でご苦労されたのですから、日本ではのんびりと過ごしてください。あなたたちの場合、生活保護はけっして恥ずかしいことではありません」

社会援護課の人からそう言われ、少し安心した。

時間はたっぷりあった。私は毎日朝から晩まで日本語を猛勉強した。勉強の合間に叔母の食事の支度を手伝ったり、掃除をする。また、テレビドラマもよく見た。日本のテレビは面白くて、日本語の勉強にもなるからである。

日本に発つ前、お互いの近況を知らせるため、大明姉と週に一度手紙を出しあう約束をしていた。私は毎週一度母と私の様子、そして日本で見たことを書いて送った。大明姉からも、週に一度手紙が届いた。

郵便屋さんは毎日午後、決まった時間に郵便物を配達しにきた。昼間、私はたいてい叔母の家の二階で勉強していた。郵便屋さんのバイクは「ガラガラ」という特徴的な音がするのですぐわかる。大明姉からの手紙は週に一度しか届かないことがわかっていても、郵便屋さんのバイクが通る度に、私は急いで二階から降りて、玄関脇にある郵便受けまで走った。

父の体調を知るには、大明姉の手紙が唯一の頼りだ。彼女からの手紙を開封するとき、私はいつも心臓をどきどきさせていた。しかし幸いなことに、大明姉からの手紙は、いい知らせばかりだった。父のからだの調子は極めて良好であることを知らされ、母と私は安堵し、同時に大明姉に感謝の気持ちでいっぱいになったのである。

父の体調が安定していることがわかった母は、今後の身の振り方を考えていた。母は晩年を日本で迎えたいと望んでいた。ビザの期限がきたら、私を日本に残し、自分だけ中国に戻る。そして、将来タイミングを見計らって永住帰国する。叔母も同じように考えていたようだ。

中国にいる父に申しわけない。そうした思いも拭い切れなかったが、とりあえず、「一日でも早く社会援護課に相談したほうがいい」と、県庁に足を運んだ。

これまで中国から家族一緒に帰国した人たちは、日本に定住するか中国に帰るかのどちらかだった。私たちの場合のように、一人が中国に戻り、一人は日本に残るというケースははじめてらしい。どのような手続きが必要なのか、社会援護課から厚生省に問い合わせてもらった。厚生省からの返事は「残るなら二人一緒でなければならない」というものだった。

私たちは悩んだ。四、五年の歳月をかけ、やっと日本へ帰って来られたのだ。これで二人とも中国に戻ったら、二度と日本に来られないかもしれない。だが、母の帰りを待っている父のことを考えると、二人ともに日本に残るわけにはいかない。いろいろ悩んだあげく、私も母と一緒に中国に戻ることを決心した。

また父に会えると思うとすごく嬉しい。しかし、やっと鳥篭から解放され、自由に大空を飛べるようになったのに、またあのきゅうくつな鳥篭の中に戻らなければならない。私の心境はとても複雑だった。

日本での半年間の生活はあっという間に過ぎていった。私たちが日本を離れなければならない日は目前だ。

「今度いつ会えるかわからない。おみやげに欲しいものがあれば、遠慮なく言ってちょうだい」と叔母が気づかってくれた。

中国の四川省は内陸性気候で夏とても暑い土地だ。

「小さな冷蔵庫と扇風機が欲しい」

私は母と相談し、遠慮なく叔母に頼んだ。「それだけでいいの、じゃ明日一緒に選びに行こう」という話になった。

翌朝、母と私は叔母に連れられ、繁華街にあるマツフジという電気屋へ出かけた。私はツードアの小さな冷蔵庫と一番安い扇風機を選んだ。

「どうせ買うなら、もっといいものを選びなさいよ」

叔母はそう言ってくれた。しかし、これ以上の負担はかけられない。それに、これだけでも中国に持って帰ったら、周りの人たちは驚いてしまう。

「これで十分です」

「お父さんの看病でみんな大変でしょう。洗濯機があれば、少しは楽になるよ。洗濯機はそんなに高いものではないから、おばちゃんが買ってあげる。心配しなくていい」

そう言って、洗濯機も買ってくれた。

私たちはまた、父の好物と黎明姉、大明姉へのお土産をたくさん買った。日本のお米はとてもおいしいので、父にお粥を作るため、日本のお米も買った。

一九七九年十一月、静岡と岐阜に住む母方の祖母の兄弟から、ぜひ母に会いたいという連絡が入った。また、大明姉が最初に日本に出した手紙を受取り、懸命に叔母の居場所を探してくれた静岡にいる母の従兄弟にもお礼が言いたい。私たちは叔母夫婦に伴なわれて静岡と岐阜を訪問したあと、大阪から帰国することになった。

大阪・伊丹空港で別れるとき、叔母は母に約束させた。

「きっとまた日本に帰って来てよ。私の肉親はあなたしかいない。今度帰って来るときは一時帰国ではなく、永住のつもりで帰って来てね」

叔母の言葉どおり、彼女の本当の意味での肉親は母しかいなかった。

叔母には双子の姉、富子がいた。富子は杉村の叔父と中国で結婚した。敗戦時、叔父が捕虜としてシベリアへ連行されたため、仕方なく祖父、叔母とともに日本に帰って来た。富子は三番目の男の子を出産してから、一年で亡くなった。叔母はまだ小さかった姉の子どもたちが不憫でならず、彼らを自分の手で育てたいと望んだ。そして、まだ未婚だった彼女は叔父と結婚した。富子とそっくりの叔母が、富子の子どもたちの母親になったのである。

そのあたりの事情を知っている母は、叔母のためにも、日本で老後を迎えたいと考えていた。

「必ず戻って来る」

母は叔母にしっかりと約束したのである。

19　日本へ、香港へ

一九七九年十一月、半年ぶりに父の元に戻った。再会を果たせた母と私はもちろん、父はそれ以上に喜んでくれた。日本に出発する前と比べ、父はさらに衰弱し、話をするのもおぼつかなくなっていた。母と私の顔を見て、ただ笑うだけだ。しかしそれでも父の喜びは十分に伝わった。二度と会えないかもしれない。そう覚悟して日本へ出発した私は、父の喜ぶ顔を見て、中国に帰って来て本当によかったと思った。

日本の薬がよく効くということは、中国でも広く知られていた。日本の親戚に医者がいたため、滞在中、母はその医者に父の病状について相談し、効果があると勧められた薬を大量に買い込んでいた。そして、その薬は確かに良く効き、父の体調はとてもよくなった。母と私が帰って来て安心したこともあるのだろう、ずいぶん元気を取り戻したのである。そんな父の様子を見て、家族はみんなほっとした。

これ以上は望まない。このまま平穏無事で暮らせますように。私たちは毎日それだけを願っていた。だが、共産主義社会はそう簡単に平和な暮らしをさせてはくれないらしい。「人民日報」を読んでいると、少しずつだが、風向きがまた妙な方向へ行っている。ある種、得体のしれない恐怖感がさざ波のように押し寄せてくるような気がしてならなかった。文化大革命の後遺症と言っていいのだろう。

私たちは政治に敏感に反応した。敏感にならざるを得なかったのである。

人民日報の記事の内容は、鄧小平を痛烈に批判したものだった。ずっと以前に彼の言った「白い猫でも黒い猫でも、ネズミを捕まえる猫は良い猫である」という言葉が俎上にのせられていた。

「この言葉は中国人民に政治を無視させ、群衆の頭を麻痺させるためのものである。けっして、軽視してはならない」

強い調子で、国民にそう呼び掛けていた。

大学では政治学習が強化された。講義は午前中だけ。学生も教職員も、午後からは半日を費やし、政治学習を強制的にさせられるようになった。政治的な運動が再びはじまると、父や母が真っ先に標的にされるかもしれない。私たちは不安でならなかった。

世間がまた騒がしくなりつつあることを、父も中央電視台（中央政府が所轄しているテレビ局）のニュースで感じていたようだ。ある日、母をそばに呼び、苦労して自分の思いを伝えた。

「お前はまだ若い。子どもたちにも将来がある。子どもを連れて日本に帰ったほうがいい」

「本当にいいの」

母が聞き返すと、父は頭を大きく上下に動かし、うなずいた。そのとき、ちょうどその場にいた大明姉が言った。

「私が残る。父さんの世話は慣れているわ。建明は家で一番若いし、半年間の滞在経験もあって、日本の社会に溶け込みやすい。早く日本の生活に慣れることができるはずよ。そうすれば、父さんの看病のために、母さんもそれだけ早く中国に戻れる」

大明姉はまたも自分が犠牲になる道を選ぼうとしている。私は彼女のやさしい心にあらためて感激した。だが、甘えてばかりはいられない。

「いや、私は一度日本に行って、自分の目であの国を見て来た。今度は姉さんの番だよ。父さんの世話は私にだってできる」

しかし、大明姉の意志は強かった。母も大明姉の考えに一理あると思ったようだ。みんなで相談した結果、やはり母と私が日本へ行くことに決まったのである。


さっそく、私たちは日本に永住する手続きをするため、前回一時帰国の手続きをしたとき同様、大学の公安科を訪ねた。

「永住するつもりで日本に帰りたいのですが」

母は単刀直入に公安科長に申し出た。その話に科長は驚いた様子で、「ご主人はどうなるんです」と口走った。

「とりあえず娘の大明が面倒をみます。そして、この建明が日本で落着いたら、自分はまた中国に戻って、主人の看病をするつもりです」

公安科長はそれ以上なにも尋ねず、引出しからパスポートの申請用紙を出した。

永住申請の手続きは、前回の一時帰国の手続きより、ずいぶんと早く、一年半ですんだ。ただ、その一年半の間、私たち家族は政治運動に巻き込まれないよう、言動に細心の注意を払って過ごした。今度こそ鳥篭から出て、自由に大空を飛びまわれるのだ。再びパスポートを手にした私は跳び上がって喜んだ。と同時に、父との別れを考えるとやり切れなく、とても寂しい気持ちでいっぱいだった。父が寝たきりになって、すでに八年が経っていた。私たちが二度目の旅立ちをする頃には、ほとんど話もできなかった。以前よく見せてくれた笑顔、私たち家族にとってとても可愛く感じられる表情を見せることもなくなった。家族以外の人のことも忘れるようになってしまっていた。

話は前後するが、黎明姉のことについても触れておきたい。

黎明姉が鐘先生と一九七一年に結婚したことはすでに述べたとおりだ。彼女は結婚してからもなかなか子どもを作る決心ができなかった。それは、彼女の住民票がまだ小韓荘にあったためだ。中国の法律では、生まれた子どもは母親の住民票に入ることになっている。農村の住民票だと、教育や就職に大きな支障となるのが実情だった。黎明姉は子どもを自分と同じように一生貧困農民で終わらせたくなかったのである。

しかし、結婚四年目、一九七五年の夏に赤ん坊が生まれた。女の子で鐘声《しょうせい》と名づけられた。姉はどうしても子どもを農村の住民票にしたくなかった。彼女は、出生届けを出さなかった。

この時期中国では、住民票のない人口がたくさん増えていた。そして、世間では、これらの人を「黒人間」と呼んでいた。光の当たらない人間ということだ。黒人間はもちろん、国から食糧、豆腐、肉、布票、綿花票、そして、マッチと石鹸票などの生活用品は一切支給されない。中央政府は黒人間の存在を知ってはいたが、公式には認めていなかった。

黎明姉の娘が黒人間であることが、当時の私たち家族にとって、一番の悩みだった。

母にとっては初孫である鐘声は、まん丸な顔をして、とても愛嬌がよかった。彼女はすぐ我が家の中心人物となり、みんなが可愛がった。そして、家族の会話の中で、ごく自然に彼女を「宝貝《ほうかい》」とニックネームで呼ぶようになった。

宝貝は私たちに無限の喜びを与えてくれた。だが、夜になると、黎明姉は現実に引き戻された。自分の子が黒人間であることにとても悩み、眠れない夜が続いたそうだ。

一九七七年五月、宝貝が二歳になろうとしていたとき、黎明姉はようやく農村の住民票から解放された。前にも少し触れたが、「外国人」として彼女ははじめて「恩恵」を受けたのである。

宝貝が黒人間ではなくなった。それでやっと、結婚してはじめて、家族みんなが同じ住民票の中に入ることができたのである。

下放されていた十代半ばから三十歳近くまでの十三年間、人生において、もっとも夢と活力にあふれた、とても大切な時期を、黎明姉は奪われてしまった。そしてもう、その歳月を取り戻すことはできない。

中国人は、自分の運命を自分自身では決められない。私たち家族もみな、共産党と毛沢東の都合、「革命」という名のもとで、望みもしない「機械」に小さなネジのように填《は》められてしまったのである。
中国の人々は自分たちのためになにか良い政策が打ち出されるのではないかとひたすら首を長くして待っている。お上の指示待ちだ。もしそうなれば幸いだが、そうでなければひたすら黙々と耐えていくしかない。それが当時の中国なのである。

黎明姉が父のベッドを整えていたときのことだ。宝貝が父のそばに行き、片手で父の大きな耳を触り、もう一方の手で父の頭を撫でた。父はとても嬉しそうな顔をしていた。

宝貝が踊りはじめた。鼻から汗が滲むほど一生懸命踊った。父はソファに座り、天使のような彼女の動きに目を奪われていた。

「小宝、父さんはお前に申しわけないことをしてしまった」

父は唯一自分の意思で動かすことのできる右手を黎明姉の前で振り、震えるろれつのうまくまわらない口で言ったという。

「どうして、そんなことを言うの」

「お前を、大学に入れてやることができなかったからだ」

「私が大学に行けなかったのは、お父さんのせいじゃない。お願いだから、申しわけないなんて言わないで」

「父さんは一生かけて学問と付き合ってきた。だが、私の子どもたちは大学に入るチャンスもなかった」

父は興奮しはじめ、目頭から涙をあふれさせた。

この時期、大学にはたくさんの「工農兵」学生が入学していた。だが現実は、黎明姉から大学を遠ざける方向にどんどん進んでいたわけだ。それでも黎明姉はどうしても大学で学ぶ夢を捨てきれずにいた。ただ、彼女は父の前で自分の願望を漏らしたことは一度もない。

「お父さん、私はね、人間大学というこの世で一番素晴らしい大学でいろんなことを学ばせてもらっています」

「いいことを言うね。人間大学。人間大学か」

父との、このやりとりが黎明姉の気持ちを定めたという。自分の夢を実現することはできなかったが、子どもたちにはそれをかなえさせたい。子どもに教育のチャンスを与えるため、こんな国から離れなければならない。自分に残された唯一の道は、苦難を共にし、家族の団欒を待ち望んでいる夫と香港で合流することだ。


一九七七年、鐘先生の父親が癌に侵されていることがわかった。香港にいる兄弟たちは再三にわたって、香港に来て父と会ってほしいと手紙で伝えてきた。

しかし、機械学部の幹部たちは、鐘先生の香港帰省許可を引き延ばした。その理由は、黎明姉と子どもたち、寧と宝貝の渡航を許可できないということだった。

このままでは、夫は父親の死に目にも会えない。黎明姉は心配し、自分と子どもたちの同行申請を取り下げた。しかし、それでも許可は下りず、けっきょく鐘先生が香港に行けるようになるまで、三年近くの歳月がかかってしまったのである。

一九七九年十月、鐘先生が香港への通過証を手にし、二十数年振りにわが家に戻ったとき、父親はすでに亡くなっていた。

十年前も同様だった。一九六八年八月、鐘先生の母親が香港で亡くなったのだが、彼は看病のための帰省も許可されず、大学で一人母親の訃報に接した。夜中、宿舎から離れた運動場に行き、鐘先生は暗闇の中で大声を上げて泣いた。そうやって、無念さ悲しさ、悔しさを吐き出すしかなかったという。

母親だけではなく、父親の死に目にも会えなかったのである。彼は大きな衝撃を受けた。悲しみ、悔しさが胸を満たした。そして、父と母の墓前で決意した。

「悲しみだけを醸成するあんな所には、もう二度と戻らない」

文化大革命がはじまって十年以上が経った一九八〇年、西南交通大学に久しぶりに教育部（文部省）と鉄道部（運輸省）から十三名の教授昇格枠が与えられた。この教授枠をめぐり、大勢の人々がすざまさじい争いを展開した。

当時の学長だった沈《しん》先生が、数回にわたって黎明姉を訪ねたという。

「研究実績からみて、一名の教授枠を残しておきますから何卒よろしく」

そう言って鐘先生の帰国を促したのである。

だが、黎明姉は鐘先生がもう二度と帰ってこないことを知っていた。鐘先生が香港へ向かうとき、二人は将来香港で会う約束を交わしていたのである。

だが、教授昇格は鐘先生にとって悪い話ではない。黎明姉は「今頃になってやっと、大学はあなたの存在の大切さがわかったようだ」という内容の手紙を出したそうだ。

「あの環境に戻って、教授になろうとは思わない」

彼からの返事は断固としたものだった。

このとき、鐘先生はすでに五十に手が届く歳になっていた。

一九八一年八月、黎明姉、寧と宝貝の香港行きの申請許可がやっと下りた。だが、寧はこのとき大学統一受験を受け、湖南省長沙《ちょうさ》大学に入学することが決まっていた。黎明姉は香港にいる鐘先生と相談し、せっかくのチャンスでもあり、寧に中国に残って、大学で勉強するように勧めた。

次に述べるように、そのとき、母と私はすでに日本で暮らしていた。この上さらに黎明姉が香港へ行ってしまうと、父と大明姉の二人きりになってしまう。

出発のときが迫ってきた。昼食を食べた後、父はいつもの習慣で昼寝をしていた。黎明姉と宝貝が父の部屋に入ったとき、父は幸せそうな顔をして熟睡していたという。

父は何も言わないが、すべてわかっているような寝顔だった。

「小宝、宝貝。心配せずに行っといで」

「もう一目、もう一目」

黎明姉は繰り返し、自分自身に言い聞かせたという。

宝貝は母親の気持ちを理解したかのように、一言も喋らず黎明姉の手をしっかりと握っていた。その小さな手はとても暖かく柔らかかった。

やっと決断し、父のベッドを離れたとき、涙が溢れて止まらなかった。宝貝がその柔らかい小さな手で、黎明姉の涙を拭いてくれたという。


一九八一年五月、永住帰国するため日本に出発する日がやって来た。出発時刻がだんだん近づいてきたとき、私は父の寝ている隣の部屋で泣いていた。父に別れを告げるときは絶対に涙を見せない。そう決心していた。それで、出発のときまでに涙を枯れるまで流してしまおうと思っていたのだ。だが、涙はいつまでたっても止まらない。

駅に行く定期バスが我が家の下にあるバス停で母と私を待っていた。バスだから長時間は待ってくれない。見送りに来た友人たちが何度も急かしに来た。私は涙を拭き、父の寝室に入った。父は眠っていた。その寝顔を見て、こらえていた涙が再び溢れた。声をかけようとしたが、姉たちに止められた。そんなに泣き腫らした顔をお父さんに見せないほうがいいと言う。そして、私を父の部屋から無理矢理連れ出したのである。

これが父との最後の別れとなることは覚悟していた。

母と私は四川省から汽車に乗り、上海へと向かった。私たちが日本への永住手続きを申請している二年近くの間に、上海から長崎行きの航空路線が開通したのである。で、無事上海に到着したのはいいのだが、私たちはとんでもない失敗をしてしまった。父と一緒の生活を一日でも長くしようとしているうちに、日本に出発しなくてはならない期限が切れていたのである。

大慌てで、上海の日本総領事館を訪ねた。総領事館の対応はとても親切なものだった。私たちのミスにもかかわらず、首席領事は「自分たちの説明不足で申しわけない。大至急ビザの申請をやり直します」と、逆に謝まられてしまった。さらには、お詫びだと言って、私たちを当時上海で一番有名だった平和飯店に招待してくれたのである。

上海を訪れたのはそのときがはじめてだった。それまでずっと憧れていた街にしばらく滞在できる。私は大喜びした。瓢箪《ひょうたん》から駒。総領事館に感謝である。

ゆっくりと上海見物をしたり、親戚へのお土産を買ったりしているうちに一週間が経ち、総領事館からビザがおりたという連絡が入った。そして、その翌日の中国民航で、私たちは長崎空港へと飛び立ったのである。

長崎空港では叔母と叔父、それに熊本県残留孤児対策協会の責任者が私たちを迎えてくれた。二年ぶりの再会だ。前回と同じように叔母と母は抱き合って泣いた。

空港から残留孤児対策協会の車で、途中一時間ほどフェリーに乗り換え、私たちは叔母の家に到着した。最初来日したときと同じようにたくさんの親戚が叔母の家に集まり、私たちを待っていてくれた。

前回と違って、今度は永住帰国である。母は私の少しでも早い自立を望んでいた。そのためにはまず住むところを確保する必要がある。一ヵ月ほど叔母の家で過した後、社会援護課から県営アパートが空いたという連絡を受けた。建物はとても古いが、便利のいい場所にあると聞き、私たちは早速そのアパートを見に行った。

これでやっと、日本での新たな生活がスタートできる。私はわくわくしながら県庁の人についていった。

日本の住宅は、外観がどんなに古くても、室内はちゃんとリフォームされ、きれいになっている。私はそう思っていたので、古い建物だと言われてもそれほど気にはしていなかった。

だが、実物を見て驚いた。アパートの三階に案内されたとき、まず、私の目に入ったのは、ペンキがほとんど剥げた錆だらけのドアだった。部屋の中もひどかった。壁は真っ黒で、隅から隅まで鉛筆の落書きがしてあった。窓の外枠も変形して二センチほどの隙間があり、鍵も掛からなくなっていた。

私は言葉を失い、呆然とその場に立っていた。経済大国で豊かな日本にも、今だにこのような住宅が存在していることへのショックを隠せなかったのである。

母は、そんな部屋の様子を見ても動揺しなかった。これ以上叔母の家族に迷惑をかけられないと思っていたのだろう。案内してくれた県の人に「ここに決めました。明日からさっそく掃除にかかり、なるべく早く引越しできるようにしたい」と返事したのである。

翌朝、母と私はバケツと雑布を持って、これから自分たちが住むことになるアパートへ向かった。アパートは商店街を通り過ぎた場所にある。途中でペンキやブラシ類を買い揃え、さっそくアパートの掃除にかかった。

アパートの一、二階に住んでいるのは六十才以上の人ばかりだった。母と私が掃除をしていると、二階に住むとても優しい感じのするおばあちゃんがやってきた。そして「何かお手伝いすることがあったら、遠慮なく言ってくださいね」と声をかけてくれた。そのひとことが私たちにはとても心強く感じられた。

壁の汚れはあまりにもひどく、一回、二回とペンキを塗っても、汚れは完全に消えなかった。三回塗ってやっときれいになった。二日間かけてペンキを塗った部屋は、見違えるほど明るくなり、母と私はとても満足した。窓の隙間はカーテンで隠すことができる。とりあえず生活ができる環境を自分たちの手によって作り上げたのである。

このアパートで、母と私は新たな人生のスタートを切った。母は五十三才、私は二十五才だった。

社会援護課の課長補佐の紹介で、私たちはアパートから歩いて十分ほどの小さな印刷会社に勤めることになった。会社と言っても、社長夫妻と近所に住む主婦のアルバイト、それに私たち親子を合わせて五、六人である。

社長は戦時中に中国で生活をしていたので、中国語の日常会話には不自由しなかった。私たちを喜んで受け入れ、しょっちゅう私たちに中国語で話しかけてくれた。中国のことを懐かしがり、喋り出したら止まらないほどだった。

年末になると年賀状印刷の注文が多く、夜中まで残業することもしばしばだ。そんなとき、社長夫人は食材を持ち込み、料理を作ってくれた。その中で一番印象に残ったのがカレーライスだ。こんなおいしいもの、中国ではほとんど食べたことがない。

「簡単に作れるよ」

社長夫人はカレーをおいしく作るコツを教えてくれた。もう二十年以上前のことだが、この社長夫人の直伝のカレーは今だに我が家で生き続けている。主人も、十六才の息子も、家のカレーが一番美味しいと誉めてくれる。私もそれに答え、一生懸命秘伝の味を守り続けているのである。

それはともかく、母と私は懸命に働いた。私たちは仕事の合間にも事務所の掃除や窓拭きをし、勤務時間中、手を休めることはなかった。だんだんきれいになっていく事務所を見て、社長はとても感心し、毎朝会社に出かけてくるのがとても楽しくなったと言ってくれた。

また、あるとき、社長は母と私を自宅に招き、豪華な料理を注文して、盛大なパーティーをしてくれた。そのパーティーの席で社長から思いがけないことを言われた。

「自分は歳をとっているし、子どもは東京で就職して、戻るつもりはないらしい。もしよかったら、将来この印刷会社を継いで欲しい」

突然そう言われたのである。私は驚き、どう返事すればいいかわからなかった。その場では「少し考えさせてください」と、即答を避けたが、社長の私に対する信頼を感じ、とても嬉しかったのを覚えている。

この頃、毎月市役所から二人あわせて月々六万円の生活保護を受けていた。印刷会社の給料は二人あわせて十万円である。家賃が安いので、切り詰めて暮らせば、生活を維持することはなんとかできた。

日本に来てまだ間もなく、世間一般のことはなにもわからなかった。この地域の平均最低賃金がいくらなのか知る由もなかったのである。

同じアパートに、私たちより五年早く中国から引き揚げて来た母娘が住んでいた。引越してしばらく経ってから、我が家に挨拶に見えた。

その親子は河南省の田舎からの引揚げだった。お母さんはある会社の独身寮に住込みで働き、私より一つ年上の娘さんは病院で働きながら看護学校に通っているという。看護婦免許を取る真最中だったのである。

彼女は幸子さんという名前だった。同年代ということもあって、私たちはすぐに友だちになった。悩み事や仕事のことについて中国語と日本語を混ぜながら、よくお喋りするようになったのである。そして、彼女から日本のことについていろいろと教わった。

ある日、仕事のことについて話していたときのことだ。

「あなたが勤めている印刷会社には社会保険や厚生年金はあるの」

幸子さんにそう聞かれた。はじめて耳にする言葉だ。

「社会保険ってなに？　厚生年金ってなに？」

「社長はなにも教えてくれなかったの」

彼女は不思議そうに尋ねた。

「うん、そんな話は聞いたことがない。詳しく教えてよ」

「社会保険はね、会社員が病気したときのための医療保険で、厚生年金は老後のための積立て。いずれも労使折半でお金を出し、病気になったときは少ない費用で医者にかかれる。治療費の残りは全部社会保険から出るのね。厚生年金は定年後もらえる養老年金だよ」

幸子さんはわかりやすく説明してくれた。

中国にいる頃、そんなことは考えたこともなかった。職を持っている人であれば、医療費は本人だけではなく、家族の分も受付費だけですんだ。受付費は五分（一円）だ。老後と言ってもまだぴんと来ない。考えたこともなかった。私は幸子さんの話を聞き、「このままで大丈夫だろうか」と、焦りを感じはじめた。

ちょうどその頃、叔父方の親戚から一本の電話が入った。知合いの社長から、ぜひまじめな人を紹介して欲しいと依頼されたと言うのである。

「少しでも大きい会社に就職したほうがいい。それに、今度の会社はボーナスも出るよ」

彼女は熱心に勧めた。

「ボーナスってなに」

この言葉もはじめて耳にした。そして、私にとっての一番の関心事は、社会保険と厚生年金のことだった。

「当然あるわよ。ボーナスは年に二回、七月と十二月に支給されるお金なの。金額は会社によって違うけど、大体月給の二倍か三倍分」

私はこの話におおいに関心を持った。

翌日の晩、親戚の人が母と私をその社長宅に連れて行ってくれた。社長は私たちを応接室に通し、自分の会社について、良い面ばかりではなく、厳しい面も率直に話してくれた。私はすぐその場で、「ぜひ頑張らせて頂きたい」と社長にお願いしたのである。

後を継いで欲しいという最初の会社の社長の好意を無にするのは悪いような気もしたが、そう決意した。こうして私は日本での第二歩目を踏出したのである。

新しく勤めはじめた会社も印刷会社で、社員数は二十名ほどだった。前の会社と違い、ここでは大型青焼き製本から、チラシのレイアウト、さらにはカラー印刷まで、印刷に関してほぼすべてのことが可能だった。そうした作業が私にはみな珍しく、とても興味深かった。給料も前の会社の倍以上になった。母はもともとからだが丈夫なほうではない。私が新しい会社に転職するとき、仕事は辞めてもらうことにした。

母は生活保護を受けていることをとても嫌がっていた。生活保護受給者にはいろいろな厳しい規則がある。本来ならば、私たちのような帰国者は帰国してから自立できるまでのある一定の期間、厚生省が独自に生活を保障すべきではないだろうか。だが、どんな理由からかよく理解できないが、生活保護枠に入れられる。この措置が、多くの帰国者を苦しめた。

当時、生活保護規則では贅沢品をもつことが禁じられていた。たとえば、エアコンである。どんなに暑くてもエアコンを付けることは許されなかった。母と私が住んでいる県営住宅は大変古く、しかも最上階だった。そのため、雨が降ると雨漏りがするし、夏の晴れた日はまるでサウナ風呂のような状態になった。今から数年前、生活保護を受けている老婆が、クーラーのない部屋で、暑さのために亡くなったことが報道された。私はその新聞記事を見て、当時のことを思い出し、涙が出た。

新しい会社で働くようになってから、生活保護を受けなくても、上手にやりくりすれば、どうにか最低限の生活を維持することができる見通しがついた。それで、転職して一ヵ月経ったある日、母と私は市役所に出かけ、生活保護を辞退した。

帰国してからまだ半年しか経っていなかった。市役所の担当職員はとても驚いたようだ。帰国後こんな短期間のうちに、しかも自分たちから辞退するというケースははじめてだったらしい。

「困ったときは相談にのるから、遠慮なくいつでもいらしてください」

その職員は逆に心配してくれた。

ちょうど残暑がとても厳しい時期だった。私たちは市役所をあとにしたその足で電気屋へ行き、さっそく分割払いでクーラーを買った。生活は楽ではない。しかし、これで誰にも遠慮せず暮らして行ける。そう思うと精神的に解放され、私たちの気持ちはとても楽になった。


中国にいるとき、私は北京とその周辺で生活をしていた時期が長かった。言葉はいわゆる中国の標準語を使っていた。そのせいか、はじめて中国語を習う日本人から、私の中国語はとてもわかりやすいと言われていた。そうしたこともあったのだろう、日中友好協会が主催する「中国語講座」のゲスト講師として招かれた。これはさらにたくさんの友人ができるいいチャンスになる。私は喜んでその依頼を引き受けた。

「講座」は毎週火曜日と金曜日の十八時半から二時間。私は週に二度、会社の仕事を終えたあと、バスに乗り、市民会館にある講座の教室に向かった。もちろん講座のことは社長に事前に相談した。彼はとてもいいことだと、喜んで私を出してくれたのである。

「講座」は入門、初級、中級と上級の四コースに分かれていた。講座の講師も大学の先生、終戦で中国から帰国した人、また会社の役員などいろんな業種の人たちだった。

聴講生も同様にいろいろだった。会社役員もいれば、戦前中国で生活していた人、高校生もいた。私の担当は入門コースだった。私の中国語の発音が正統であるということで、そのクラスを受け持つことになったのである。

教壇に立つことは、はじめての経験だった。幸い、私が担当する入門クラスの生徒数は十五名ほどの小人数で、しかも優秀な生徒ばかりだった。私はそれほど緊張することなく授業をすることができた。

この中国語講座のお陰で、私には一挙にたくさんの友人ができた。講座終了後、聴講生たちと一緒に食事をしたり、コーヒーを飲みに行った。そして、その時間は、私にとって日本語と日本の社会を勉強する絶好のチャンスとなったのである。この頃から、本当の意味で日本の社会に融け込んで行けるような気がしはじめた。私は仕事も、講座も楽しくてたまらなかったのである。

ある日、同じ講座の上級コースを担当する南先生と上級コースの聴講生宮崎さんに誘われ、食事に行った。南先生は県内にある大学の中国語の先生で、中国語は抜群に上手だ。宮崎さんも、聴講生の中で一番中国語がうまい。日本のことについていろいろ教わるのに、こんないいチャンスはない。私は喜んで誘いを受け、母に電話をかけ、遅くなることを知らせた。

私たち三人は食事をしながら、いろんなことを話した。南先生は「発音の上手な生徒を誉めることがとても大切です。そうするとやりがいを引き出すことができる」といった授業法のアドバイスをしてくれた。話が弾み、宮崎さんの提案で河岸《かし》を代えることになった。二次会は宮崎さんの行きつけのバーで、三人はカウンターに座った。

南先生は店のママからもらったおしぼりで、顔を拭きながら私に尋ねた。

「あなたが結婚するとすれば、相手は日本人と中国人とどっちがいい」

南先生は中国語が上手なだけではなく、中国の文化もよく理解していた。きっと私の気持ちもわかってくれるはずだと思った。

「中国人とか日本人にはこだわりません。これから中国で暮らすなら中国人と結婚するでしょう。でも私はこれからずっと日本に住みたい。近いうちに母と一緒に日本国籍に帰化する予定です。自分の子どもを自分と同じように『ハーフ』にしたくないので、私は日本人と結婚するつもりです」

自分の気持ちを素直に言ったつもりだ。

「あなたのような中国人は中国人と結婚するしかない。日本人と結婚したいという夢は諦めたほうがいい。日本人の男性であなたを相手にする人はいないよ」

「私のからだには日本人の血が流れています」

ショックを感じ、私は反論した。

「そんなことを日本人は考えないね。あなたのことを中国人としか見ない」

彼の暴言に私は怒りを覚えた。中国人と言われたから怒ったわけではない。中国にいる時は日本人と言われ、日本にいてもけっきょくは中国人としか見られないことに憤りを感じたのだ。「ハーフ」である自分には、はじめから祖国などないのかもしれない。そう思うと切なさが胸いっぱいに広がり、とても悲しく寂しかった。

20　最愛の父の死

生活保護を辞退して、母と私は日本国籍に帰化できる条件を満たした。早く帰化したい気持ちが強く、私は何度も何度も法務局へ足を運んだ。行くたびに法務局の職員は大きなファイルを持ち出し、手続きに必要な書類について説明してくれた。

たくさんの関係書類を提出しなければならなかった。私は中国にいる大明姉に手紙を出し、それらを揃えてもらうように頼んだ。彼女は一日も早く私たちの帰化が実現できるように動いてくれた。大変な思いをしながら、中国の関係機関を訪ね、必要な書類を揃えてくれたのである。

この時期大明姉はすでに結婚していた。

母と私は日本に永住するため旅立ち、父の看病はまたも大明姉の肩にのしかかった。以前から付き合いのあった大学の欧陽《おうよう》先生は、大明姉の父に対する看病ぶりを見て、彼女の人柄をとても高く評価してくれた。そして、自分の知人である楊尊錫《ようそんしゃく》という青年を姉に紹介したのである。

楊尊錫はこの時まだ、四川省大学経済学部の三年生だった。

彼は大明姉と同じ歳で、大明姉と同様、中学を卒業してすぐ下放、農村に行かなければならなかった。ただ、四川省渡口《とこう》市には国営企業が多く、下放された知識青年も比較的早く田舎から脱出することができた。そんな情報があったので、楊尊錫は下放先に渡口市の近くにある農村を希望した。そして、運良く狙いがあたり、彼の出身が悪くないこともあって、一年で田舎から離れることができた。渡口市にある国営の電気会社に配属され、電気工事の仕事に就くことができたのである。

彼は学問好きでとても頭のいい青年だ。本が大好きなところはうちの父とよく似ている。

文化大革命の最中、公には外国語の勉強はできなかった。もちろん教材を手に入れることすらむずかしい。しかし彼は、このままではいけない。何か技術を身につけなければならないと考え、英語を勉強する決心をしたのである。

彼はそれまで貯めた五十元（自分の月給の約二倍）の貯金を手に、英語に関する本を探しはじめた。そして苦労の末、ようやくある書店で見つけ出すことができたのである。宝物を手に入れたような気持ちだったという。

文化大革命がはじまって十一年が経った一九七七年、突然中央政府は大学受験を復活させるという通達を出した。そして、以前の大学受験シーズンをはずれているにもかかわらず、試験を実施したのである。それに私も挑戦し、あえなく敗れたのは前に述べたとおりだ。

この一回目の試験から翌年の試験まで、半年しか期間がなかった。

大学に入ることを望んでいた彼は、いつでもそれに対応できるようにしていた。しかし、そんな短期間で高校の全授業過程を勉強するのは、時間的に無理である。そこで彼は、その翌年、一九七九年の大学受験に向けて猛勉強をはじめた。仕事の合間に中学で勉強した科目を復習すると同時に、高校の科目も自習したのである。

一年半にわたる努力が実り、彼は一九七九年の大学受験に見事に合格した。倍率二十五倍という難関を突破、中国の重点大学である四川大学に入学したのである。そのときすでに二十八歳になっていた。

彼は大学三年生になったとき欧陽先生の紹介で大明姉と知り合った。四川大学は四川省の省都である成都市にあり、我が家のある峨眉県からは汽車で四時間ほどだ。休みのたびに峨眉県まで来て、大明姉と一緒に父の看病を手伝い、下の世話もいやな顔一つせずにしてくれたという。

一人で父の看病をしていた大明姉にとって彼の支えがどんなに心強かったかは言うまでもないだろう。大明姉は父に対する優しさに感動し、彼を一生の伴侶とすることを望んだ。そして一九八二年七月十四日、私の誕生日を選び、結婚した。

当時の四川省大学は、三十歳未満の大学生の結婚は認めていなかった。しかし、三年生になった楊尊錫はそれをクリアしていたのである。

母も私も日本にいたため、彼女たちを直接祝福することはできなかった。だが、その代わりに黎明姉が香港から駆け付けた。

彼が四川大学を卒業したとき、大学当局は大明姉との関係を配慮した上で、「西南交通大学」に配属され、管理学部の教師助手となったのである。

大明姉から届いた書類を、私はすぐに法務局に提出した。が、そこで新たな問題が生じた。帰化申請中は日本から出国ができない。しかも、申請から許可されるまでかなりの時間を必要とするというのである。母と私は父のことを心配していた。いつ容体が急変するかはわからない。帰化申請をしたら、一、二年間は中国に戻れないかもしれないのだ。私は母と相談し、この時点での帰化申請を見送ることにした。

その決断は正しかった。私たちが来日して一年五ヵ月後の一九八二年十月、大明姉から手紙が届いた。父が昏睡状態に陥った。大至急戻って来て欲しいという内容である。父に会いたい。二人揃って中国に帰ろうと母に頼んだ。しかし母は、「あなたは職場を変わったばかりだ。中国の現在の情勢もよくわからない。まず、母さん一人で中国へ戻り、お父さんの病状と中国の状況を見て、連絡する」と私を説得した。母の判断のほうが冷静かもしれない。そう思い、母の意見に従った。

中国籍の母は、外国人として日本の入国管理局で再入国の手続きを取り、六ヵ月以内の再入国を許可された。二度目の帰国から一年五ヵ月で、一人父のいる中国へ急いだのである。

私は、遠く離れた日本で父の無事を祈るほかはなかった。気をまぎらわせるため毎日必死で働いた。

しかし、仕事を終えてアパートに帰り、一人でいるとき、言葉では表せないほどの寂しさを感じていた。私は毎日毎日指折り数え、母からの手紙を待った。郵便受けを確認するたびに心臓が高鳴り、精神的にどうにかなりそうな気さえした。

こんな精神状態が続くと自分自身が参ってしまう。私は自動車免許を取ることを思いついた。気持ちをそちらに振り向けようとしたのである。そしてさっそく、同僚から自動車免許を取る方法を聞き、自動車学校の夜間部に入学する申し込みをした。

中国からの帰国子女と聞き、自動車学校の副校長はとても親切にしてくれた。その学校で一番人気がある教官（指名が一番多い先生）を私の専属に指定した。

週二回の中国講座以外の日、私は勤務が終わった後、会社の前で送迎バスにピックアップしてもらい、自動車学校に通い続けた。

同僚の話によると、自動車免許を取るための費用はその人の年齢とほぼ同じらしい。当時私は二十六才だったので、「実技試験」と「筆記試験」に一発で合格すれば、二十六万円ですむかもしれないと言われた。

生まれてはじめて車のハンドルを握ったとき、私はとても興奮した。当時の中国では、自動車を運転するなんて考えられないことだった。個人で車を持つことなど夢にも見たことがない。

費用を節約するためには、実技と筆記試験を一発で合格するしかない。私は毎日必死になって、あのわずらわしい交通ルール問題集を勉強した。実技については、教官がとても熱心に教えてくれた。

また、副校長も時々私の様子を見に来てくれて、「何か要望があったら遠慮なく言ってください」と気を配ってくれた。そんな教官や副校長のお陰で、「実技試験」を一回で合格し、二ヵ月という比較的短期間で自動車学校を卒業することができたのである。

母が中国に戻ってから、父も安心したようで、入退院を繰り返してはいるが、病状は安定していて、小康状態を保っている。母からの手紙にはそう書かれていた。その知らせに少しだけ安心できた。そして、自動車運転免許を取得する最後の「筆記試験」に挑戦するため、猛勉強をした。

そんなある夜のこと、夜中に自分の泣き声で目が覚めた。私は驚いて、すぐに起き上がった。電気をつけて見ると、枕が涙でびしょ濡れになっていた。危篤状態に陥った父が必死で私の名前を呼んでいる。そして、私は懸命に父のところへ走りながら「お父さん死なないで。死んじゃいや」と叫んでいる。そんな夢を見たのだ。

目を覚ました私は胸がつまり、嫌な予感がしてならなかった。だが、当時の中国では共産党幹部宅にしか電話を付ける資格がなかった。もちろん中国の我が家に電話などはない。母と連絡を取る方法がないのである。香港にいる黎明姉に電話をかけてみるしかない。私は、朝まで時間を数えながらじっと我慢した。

やっと朝の七時になった。香港はまだ六時である。私は黎明姉に早朝の電話を詫び、昨晩の夢について話した。そして、父のことで母から連絡を受けてないかと尋ねた。

「いいえ、連絡はもらってないよ。心配しなくていい。なにかあったら、きっと連絡してくれる。私は長女だから」

黎明姉はそう言って慰めてくれた。しかし、黎明姉の声の調子がふつうではないことにすぐに気づいた。

「声がおかしいよ」

「うん、香港はまだ六時だよ。今起きたばかりだから。電話代が高くなるから、もう切るよ」

半信半疑、私も受話器を置いた。

二週間後、首を長くして待っていた母の手紙が届いた。

「まず、いい知らせがある。我が家に可愛い家族が増えた。大明姉が女の赤ちゃんを産んだの。とてもきれいな顔をしている。父さんは相変わらずです。大明姉の産後を少し手伝ってから日本へ戻る」

そんな内容の手紙だった。父については少ししか触れていない。不自然な感じはぬぐいきれないが、熊本にいる私は、中国の父が健在であると信じるほかはなかったのである。

それでも、母の手紙はとても嬉しいものだった。また、このとき私はすでに「筆記試験」にも合格、運転免許証を手にしていた。母の手紙が届いた日、韓国焼き肉のレストランに行き、たくさんの肉を注文した。一人でお祝いパーティーをしたのである。

運転免許証の筆記試験も一回で合格した。この喜びをまず、一番心配してくれていた自動車学校の副校長に伝えた。

当時、中国からの帰国者で運転免許をとろうとする人は少なかった。私のような帰国子女が、短期間で免許を手にしたのはめずらしいという。

「地元の新聞社がぜひあなたを取材したいと言っている。都合のいい日に、もう一度学校に来て欲しい」

副校長からの頼みを私は喜んで引き受けた。会社から半日の休みをもらい、自動車学校へ向かった。そして私が着いたとき、副校長と新聞記者がすでに事務所で待ちかまえていた。

新聞記者はさっそく取材をはじめた。私の名前や来日した時期などいろんなことを聞かれた。そして、私が自動車学校に通っていた時に使っていた二十二番の自動車の前で写真を撮った。取材は約二時間で終った。

一週間後、私の記事が写真付きで新聞に載った。その新聞記事を読んだ中国語講座上級クラスの宮崎さんから電話があった。

「ぜひお祝いをしてあげたい。それともう一つ、大切な話がある」

宮崎さんは慣れぬ日本で一人暮しをしている私に対して父親のように優しく接し、可愛がってもくれていた。中国語講座のあとはいつも自分の車で私を家まで送ってくれた。まだ、母がいるときには宮崎さんをよく家に招待し、ギョウザを作ってご馳走をしていた。中国に戻る前、母は私のことを宮崎さんに託していたのである。

宮崎さんからの電話はとても嬉しかった。私は急いで彼が待っている行き付けの店へ向かった。時間的にまだ早いためか、店に客は宮崎さん一人しかいなかった。店に入った途端、宮崎さんと店のママから「おめでとう」という言葉をもらい、私はとても幸せな気分になった。

私たちはしばらく自動車免許の話をした。そして、宮崎さんはおもむろに、もう一つの大切な話をはじめた。

「じつはね、先日あるホテルの社長に会ったんだ。最近そのホテルに香港やシンガポール、台湾からの観光客がたくさん泊るらしい。しかし、言葉がわからないので、接客にとても困っていると言うんだね。それで、誰か中国語のできる人を紹介してもらえないかと頼まれたんだよ。そのホテルは県内最大規模のホテルで、従業員は六百人もいる。会社は大きいほうがいい。あなたの性格はとても明るいから、ホテルウーマンは適任だと思うな」

その話を聞いたとき、私は不安を覚えた。まず第一に、私はホテルの仕事がまったくわからない。それに、母が中国からまだ戻っていない。自分一人で決めるわけにはいかない。

「返事は急がなくてもいい。まず、お母さんと相談してみなさい」

宮崎さんは戸惑っている私に、そう言ってくれた。

「そのうち、一度社長に会わせる。それから自分で判断すればいい。悪い話じゃない。心配はいらないよ」

私はすぐ母に手紙を書いた。宮崎さんからの転職話を相談するためだ。

数日して、また宮崎さんから電話をもらった。私をホテルの社長に紹介するというのである。そのホテルは二十五階建てで、当時九州一の高さを誇っていた。建物が立派なだけではなく、社長も地元経済界で知名度が高く、人格者であることをこのときはじめて知った。

社長室は広く、テレビドラマでしか見たことのない豪華な雰囲気だった。私は宮崎さんの後ろについて、恐る恐る社長室に入った。そんな偉い人に会うのは、日本に来てはじめてのことだ。私は緊張のあまり、何も喋ることができなかった。宮崎さんは社長と十数年来の友人である。私に代わって私のことについて社長に説明してくれ、しばらく世間話をした。そして、詳しい話は人事部長から説明する旨、社長から伝えられた。

人事部長の部屋は社長室のすぐ隣だった。人事部長はまず、ホテルの概要と現在の経営状況について説明した。そして、私がホテルに就職する時の待遇も率直に話してくれた。人事部長の誠意ある説明を聞いているうちに、最初感じていた戸惑いはほとんど消え去ってしまっていた。私はこのホテルで働きたいと思いはじめたのである。

「もしあなたさえよければ、四月一日の新年度から来てもらいたい。新入社員教育があるので、ぜひそれに参加して欲しい。ホテルの仕事に慣れるため、まず、ホテルの売店に配属しようと思う」

人事部長はホテル側の具体的な考え方まで示してくれたのである。

また、中国語ができるという私の「特技」に対し、特別手当てが支給されるという話がなによりも嬉しかった。手当ての金額の多寡《たか》ではない。会社が、私の特技を大切に考えてくれていることがとても嬉しかったのである。このホテルに転職すれば、自分の言葉、中国語も活かせるし、給料も高くなる。なんとも魅力的な条件だ。それに、こんなに綺麗なホテルに入ったのは生まれてはじめてである。私はとても華やいだ気分になっていた。若い女性なんだから印刷会社より格好がいいかもしれない。私の気持ちは完全にホテルの方に傾いた。こんなチャンスはもう二度とめぐって来ないかもしれない。

「一生懸命頑張ります。ここで働かせてください」

私は母からの返事を待たず、その場で人事部長に就職のお願いをしたのである。

自分の気持ちは固まった。翌日、私はいつもの通り印刷会社に出勤した。そして、自分の気持ちを正直に社長に話した。話す前、私は緊張していた。嫌な顔をされるのではないかと危惧していたのである。だが、杞憂だった。

「印刷会社ではあなたの言葉は活かせない。日本人は中国に対していい印象をもっている。中国からの帰国子女であることに引け目を感じる必要は少しもない。正々堂々、伸び伸びといい仕事をしてください」

社長は、そう言って私を励ましてくれたのである。社長の言葉に私は勇気を与えられた。その喜びと同時に、こんなに理解のある社長がいる印刷会社を去っていくことに、一抹の寂しさも感じた。

一九八三年の四月一日、私はホテルに入社した。私を待っていたのは二週間の新入社員教育だった。二十五階建ての新館のオープンに合わせ、この年の新入社員数は六十二名。このホテルができてからもっとも多い採用人数だという。

私は自分より若い新卒の新入社員に混じって研修を受けた。敬語の使い方から、ベッドメイキングまで、ホテル業務に必要ないろんなことを研修したのである。華やかに見えるのは外見だけで、ホテルの仕事はとても幅が広く難しいことを、この二週間の実践研修を通し、私ははじめて認識した。敬語の使い方はもちろんむずかしいが、ベッドメイキングも簡単ではない。皺《しわ》一つ作らずそれをすることとは、誰にでもすぐにできることではなかった。ホテルに関するすべての仕事には高度な技術が必要なのである。

二週間の新入社員研修を終え、私はホテルの玄関に面する売店に配属された。社長が言ったように、私が売店に配属されたその日の午後、香港と台湾からの観光客がたくさん入って来た。お客さんに対しては中国語を使い、わからないことは日本語で先輩に聞きながら仕事をこなす。自分の存在はホテルの役に立っている。そう実感できるのは嬉しいことだった。この仕事を選んでよかった。あらためてしみじみと思ったのである。

売店の仕事も少し慣れて来た初夏のある日、私は勤務を終え、いつもと同じように電車に乗って自宅に帰った。郵便ポストには、待ち望んでいた母からの手紙が入っていた。私は部屋まで待てず、階段を上りながら開封して中味を読んだ。手紙の内容は、「再入国の期限が近づいたので来週日本に戻る。待っててね」というひどく簡単なものだった。父のことには一切触れていなかった。私の心に再び嫌な予感が湧いてきた。

母が帰ってくる日がようやくやって来た。半年間の一人ぼっちの生活がこれで終る。私は叔母と一緒に長崎空港まで母を迎えに行った。空港に着いたとき、国際線の掲示板に母が乗っている中国国際航空の到着サインはすでについていた。私は急いで到着ロビーの出口に立ち、内側からしか開かないドアの前で、首を長くして母の姿を懸命に探していた。

母は回転ベルトから荷物を取り、税関を通り出口に向かって歩いて来た。「お帰りなさい」と声をかけたすぐ後に、父について尋ねた。

「うん、相変らずよ」

母は私の目を見ようとしなかった。もっと父のことを聞きたかった。母は、私をわざと避けているようで、話題を代えて叔母と話しはじめたのである。

母が日本に帰ってきたことで、私の生活はずいぶんと楽になった。仕事を終え、家に帰るとすぐご飯が食べられるし、洗濯、掃除も母がやってくれる。私は家事から解放された。

ただ、父のことを話そうとすると、母はすぐに話題を代えた。私の新しい職場、ホテルの仕事について尋ねるのである。私にとってホテルの仕事は毎日が楽しかった。ついつい母にのせられ、職場の話題になってしまい、しばらくの間父の近況を聞き出すことはできなかった。

母が帰国し、しばらく経ったある夜のことだ。叔父と叔母が突然私たちのアパートにやって来た。

思いがけない二人の訪問に私は喜んだ。叔母夫婦とお喋りしながら、お茶の用意をしているところに、またドアをノックする音が聞こえた。

「今日はお客さんが多いね」

急いでドアに向かいながらそうつぶやいた。母と二人きりで暮らしている私は、この「偶然」の来客に喜びを感じていた。

ドアを開けると、宮崎さんが立っていた。

「どうぞお上がりください。ちょうど叔父と叔母も来ています」

本当に偶然ですねと言いながら、宮崎さんにもお茶を入れようとした。

「大切な話がある。お茶はいいから、座りなさい」

ただならぬ雰囲気を感じ振向くと、みんなが真剣な顔で私を見つめていた。お茶を注いでいる手は自然に止まった。急須を置いて、私はテーブルの前に正座した。

「いいかい。落着いて、まずこの手紙を読みなさい」

宮崎さんから一通の手紙を差し出された。封筒に書かれている字は見慣れた大明姉の字である。

「これはお姉ちゃんの手紙じゃない」

叔父、叔母、さらには宮崎さんまでが同時に現れた不自然さを感じつつも、私は無邪気に言った。

「中味、内容を読んで」

宮崎さんに促され、私は封筒から手紙を出した。手紙は母と私二人宛てたものだった。

「お父さんが天国に旅立ってしまい、お母さんも日本に帰って、誰もいなくなってしまった。私は毎晩のようにお父さんの夢を見た。それはきっと、お父さんが一人で納骨堂で寂しがっているに違いないからだと思い、父さんの遺骨を家に持って帰って来た。不思議なことに、それからお父さんは夢に出て来なくなった」

大明姉の手紙を読みながら、私の頭はしだいに真っ白になっていた。涙で手紙が濡れ、読み終わったとき、がまんできず宮崎さんの膝に泣き崩れた。

「いや、お父さんは生きている。どうしてみんな私に嘘をつくのよ。そんなのは信じない。私は中国に帰る。お父さんに会いに行く」

そう叫ぶ私の頭を、宮崎さんは父親のようにやさしく撫でた。

「本当なんだよ。あなたのお父さんは素晴らしい人だった。だけど、どんなにいい人、偉い人にも、最後には必ず死が待っている。お父さんはあなたたちのような素晴らしい子どもに恵まれて、とても幸せな人生だったたと思う」

母は泣きながら私に謝った。

「あんたはお父さんっ子でしょう。一人暮らしをしているあんたにはとても言えなかった。あなたのことが心配だったの。ごめんね、母さんが悪い。許して」

「どうして最後にお父さんに会わせてくれなかったの」

気が動転して私は母に怒りをぶつけた。ずっとそばで話を聞いていた叔母が言った。

「お母さんを責めてはいけない。お父さんが亡くなって一番悲しかったのはお母さんだよ。あなたには将来があり、これから幸せになれる。あなたがしっかりしないとお母さんが可哀そうだよ」

心のどこかで母を責めていた私は、叔母の叱咤《しった》に心打たれた。苦しかった。これまでは父がいたから、母のことをあまり心配せずに済んだ。だが、これからは、私が父の代わりに母を守って行かなければならない。私は母に対する責任を重く感じたのである。

「しっかりしなくちゃ」と、自分に言い聞かせた。この日以来、私は二度と母に涙を見せなかった。

父の死をどう私に伝えたらいいのか。母は帰国してからとても悩んでいたらしい。それで、私が仕事に出かけている時間に、叔父、叔母そして、宮崎さんに相談を持ちかけた。

「私一人であの子に主人の死を告げる自信はありません。主人が亡くなってもう三ヵ月です。私はどうしたらいいのでしょうか」

母はそう言いながら、大明姉から届いた手紙を宮崎さんに渡したという。

「わかりました。私たち三人一緒にお宅にお邪魔しますので、みんなで説得しましょう。あの子はとても強い子です。心配しなくていいですよ」そう言って宮崎さんは母を慰めてくれたのである。

私にとって、父の死は心が千切れるほど悲しい出来事だった。そして私は、天国という言葉をはじめて実感した。父は天国で一人、寂しい思いをしているに違いない。早く父に会いたい。このときから私には死に対する恐怖感はまったくなくなった。

だが、父の死という現実を受入れることはそう簡単にはできなかった。翌日、会社へ向かう電車の中で、私は頭を深く下げ、まわりの人に気づかれないよう、母の前では我慢していた涙を流していた。それからしばらくの間、通勤電車の中が唯一私の涙を流せる場所となった。

数日後、母と叔母が私の職場に訪ねて来た。そして、人事部長に父が亡くなったことを報告した。人事部長は心配してすぐ私の所属している売店に来てくれた。

「お父さんが亡くなったことをお悔やみ申し上げる。会社の規定で、休みがとれることになっている。無理しないで、しばらく休んだらどうか」

私は人事部長のやさしい言葉にとても感激した。

「ありがとうございます。でも私は、父がこの世にいなくなったことを、どうしても受入れることができないでいます。休みをとったら、本当に父がいなくなってしまうような気がします。お願いします。私を休ませないでください。そして、このことを誰にも言わないでください」

私の言葉に人事部長はうなずいた。

「わかった。この話は誰にもしない。だけど、無理しちゃだめよ。休みたければ、いつでも遠慮なく言っていい」

父の死を忘れようと、私は自分のすべてを仕事にぶつけた。

21　結婚

売店の仕事にも慣れ、ホテルに中国語のできる人間がいるという情報が広がった。香港やシンガポール、台湾の観光客だけではなく、県が友好提携している中国の友好代表団も私のいるホテルをよく利用してくれるようになった。当時、県庁でも中国語の通訳が不足していたため、私にもたびたび通訳と翻訳の依頼がきたのである。ホテル側もそうした依頼があることを歓迎した。中国代表団を受入れる時期になると、特別に私の勤務をフリーにし、仕事をしやすいように配慮してくれた。

中国代表団が来日する際の事前資料の翻訳、来日の際の随行、レセプションの通訳も務めた。私はこのホテルに四年間勤務することになるわけだが、その間、宿泊されたすべての中国代表団のお世話をした。いわゆるホテル業務より、通訳の業務のほうが忙しいこともあったほどだ。

八〇年代後半から、中国も少しずつだが、外国に目を向けるようになった。中国人の多くは一度でもいいから、外国に行ってみたいという希望を持つようになった。しかし、政府当局は国民の海外旅行に対しては相変らず厳しい姿勢を崩していなかった。

日本と違って、中国では誰もがパスポートを手にできるわけではない。中国人がパスポートを取ろうとすれば、まず、受入れ側の国の招聘状が必要となる。外国に受入れ先がなければ、その時点でパスポートをあきらめなければならない。

受入れ先を見つけて、パスポートが下りたら、今度は受入れ先側が入国許可に必要な手続きをしなければならない。この時「招聘保証書」が必要となってくる。「招聘保証書」とは、招聘にあたり、滞在中のすべての責任を負うという証明だ。つまり、招聘できるのは経済的に豊かな人に限られるわけだ。以上の審査は日本の外務省で行い、条件を満たせば、やっと入国ビザがもらえるのである。

そんな繁雑な手続きが必要なため、中国人にとって外国はとても遠い存在だ。日本政府が積極的に中国人を受入れる場合も、なくはない。しかしそれは、ごくごく一部、中国上層部の権力者に限られている。また、日本は現在でも中国人の観光ビザを認めていない。そのことと、現在も大量発生している中国人による密入国事件とは無縁ではないだろう。

一方、日本政府は台湾の人たちの観光ビザを認めているために、台湾からは毎日のようにたくさんの観光客がホテルを訪れる。私が勤務していたホテルは、台湾からの公式訪問団がしばしば利用した。私は中国本土の代表団だけではなく、台湾からの公式訪問団歓迎レセプションの司会や通訳もこなし、充実した毎日を送っていたのである。

一年半売店勤務をした後、人事異動で私はフロントに配属された。フロントはホテルの顔とも言える大切な部署で、ホテル業務に関するすべての知識が要求される。いろんな部署からの苦情がフロントに集中するからだ。それをいかにうまく処理するかが、フロント業務のもっとも重要なポイントだ。異動した最初の日、先輩たちのテキパキした仕事ぶりを見て、私は羨ましく思った。そして、自分もあんな風にできるようになれるかどうか、不安でならなかった。私の焦りをフロントの部長は見抜いたようだ。

「はじめてフロントに異動した人はみんな、今のあなたと同じだよ。そのうちに慣れる。がんばれば誰でもできるようになる」

部長は、そうささやいてくれた。

私より一年ほど早くフロントに配属されたみよちゃんという可愛い女の子がいた。年は私より下だが、とてもしっかりしていた。人あたりもよく、フロントに関することを何でも教えてくれた。教え方も上手だった。たんに「あれしなさい、これしなさい」と指示するだけではなく、自分はこのようにしていると、実際に私の目の前でやって見せてくれた。そして、これはあくまで自分のやり方だとつけくわえた。

「この仕事に慣れてくれれば、必ずあなた自身でいいアイディアを見つけることができるわよ」

私のことを気づかい、やさしく謙虚に教えてくれたのである。また彼女は、どんなことがあっても動じず、冷静に対応することができた。しかも、自分の意見を率直に主張した。

私はそんなみよちゃんのことが大好きになった。今の日本の若者に欠けている素晴らしい何かを彼女は持っている。私はみよちゃんから学び、彼女のような女性になろうと決心したのである。

仕事を教えてもらっているうちに、私たちは急速に仲良くなった。みよちゃんの家にもたびたびお邪魔し、彼女のご両親とも親しくさせてもらえるようになった。そして、ふと思った。こんなにいいご両親に育てられたからこそ、みよちゃんはあんなに立派な人間になったのだ。そう納得したのである。

母と私は再び日本国籍帰化手続きのため、熊本市内にある法務省の出張所へ足を運んだ。一回目に行ったときの担当者は人事異動でいなくなり、私たちはまた、一から新しい担当者に説明しなければならなくなった。その人は熱心とはとても言いがたい表情で私たちの話を聞き、持参した手続きに必要な書類を受取った。

「書類をチェックする時間が必要なため、後日連絡をします。今日のところは帰っていいです」

彼は事務的にそう言っただけだ。

数日して出張所に来て欲しいという連絡があった。私たちの申請書類に関する質問があるという。私は会社に休みの届けを出し、母と一緒に出張所へ出かけた。新しい担当者は相変わらず無表情だった。いくつかの質問をした後、母に対して、とても冷やかな口調で言った。

「現在揃っている書類はいいとしても、ご主人が亡くなったことを証明できないと手続きは進められません。まず、その証明書を取ってください。話はそれからです」

三十数年振りに日本に帰って来た母には、日本社会の大きな変化が、認識できていなかった。自分は正真正銘の日本人だ。それなのに、なにか乗越えられない厚い壁が立ち塞がっている。母は深い悲しみと寂しさを感じたようだ。そして、担当者の冷たい対応にあきれたのか、その人に対して、何も言おうとはしなかった。仕方なく、私が母にかわって確認した。

「その証明書は、父が亡くなった病院で取ってくればいいですよね」

母はがっくりと肩を落とし、目には悔し涙が浮かんでいた。

「自分のような人間はどの国にとっても邪魔者なんだ。だから、どこに行ってもこんな冷たい仕打ちを受けるんだ」

母ははじめて本音をつぶやいた。

「そんなことはない。母さんは立派な人よ。これくらいのことで、くじけちゃだめ。どの国にだって、親切な人もいれば、冷たい人もいる。指示された通りにお父さんの死亡診断書を揃えればいいのよ」

私はそう言って慰めたが、母が可哀そうでならなかった。

家に戻ってすぐ、私は大明姉に手紙を書いた。父が所属していた大学の病院から父の死亡診断書を取り、郵送してくれるよう頼んだのだ。

およそ一ヵ月して、大明姉から届いた手紙には父の死亡診断書も同封されていた。母をもうこれ以上傷付けたくなかった。今度は私一人で法務局の出張所へ出かけた。新しい担当者は診断書を見ながら言った。

「これでは証明にならない。あなたのお父さんかどうかは確認できない」

私はその言葉を聞いて絶句した。二人の間にしばらく沈黙が続いた。その間、私は自分の気持ちを落着かせようと努力した。そして、父の葬式の時の写真を持ってきていることを思い出した。またあの担当者が意地悪をするかもしれない。そのときに役に立つかもしれないと母が持たせてくれたのだ。私はバッグから父の写真を取り出した。しかし、担当者は写真を見ながら、「この写真があなたのお父さんであるとどうやって証明できるのですか」と言い張るのである。

私はあきれはててしまった。そして、彼に言った。

「母は確かに長い間中国で暮らしていました。しかし日本人です。好きで中国に残っていたわけではありません。日本人であるために、中国でひどい目に遭って来たんです。私は入らなくてもかまいませんから、母だけは元の国籍に入れてやってください」

「そんなことを私に言われても」

私の頼みに対する担当者の返事は木で鼻をくくったようなものだった。私はそれまでこらえていた怒りを爆発させた。

「これ以上、いったいどうしろと言うんですか。あなたはわざと私たちを困らせているんでしょう。確認できるものも、証明できるものもこれ以上は取り寄せられません。父が亡くなったことを、私自身もまだ受入れることができないでいるのです。好きこのんで父の死を証明しているわけではないんです。それでも父の死を証明しなければならない私たちの気持ちがあなたにはわかりますか。もし父が生きていたら、母は日本籍には戻れないのですか。教えてください」

激しい剣幕で私は担当者に言葉をぶつけた。その声が担当者の上司の耳に届いたらしい。彼は席を立ち、私のところに来てくれた。私はこれまでの経緯を説明し、揃えて持って来た申請資料を手渡した。その上司は私たちの資料を見て、担当者に父の葬式の写真をコピーするよう指示した。そして、「とりあえず、現在揃っている資料で手続きを進めてみます。何かあったらまたご連絡します」と丁寧に対応してくれた。これで少しは安心できるかもしれない。私はその上司に「どうぞ、よろしくお願いします」と礼を言い、法務省の出張所を後にしたのである。

一週間経っても、一ヵ月が経っても、出張所からは何の連絡もなかった。きっと、私たちの揃えた書類に不備はなかったのだ。法務省は私たちの申請書類を受付けてくれたのかもしれない。私は期待を膨らませていた。

そして、申請から九ヵ月が経ったある日のことだ。勤務を終え、いつもと同じように電車に乗り、終点で降りて家に向かった。商店街を抜けると、アパートが見える。私はいつも三階にある我が家を見上げる。母も私の帰ってくる時間に窓際に立ち、ガラス越しに私の帰りを待っていてくれる。この日、母と視線が合った瞬間、彼女は私に手を振った。とても嬉しそうに見えた。きょうはきっと、何かいいことがあったに違いない。そう直感し、歩くスピードを上げ、急いで三階にある我が家に駆け上った。

「帰化申請の許可が下りたよ。証明書を交付するので、法務省の出張所に来てくれという連絡があったの」

母は興奮気味にそう言った。

「よかったね。お母さんの願いがやっと叶ったね。私は明日休みをとったほうがいいよね。休みがとれたら、一緒に出張所に行こう」

私はすぐ会社に電話をかけた。

「そんな大切なことなら、どうぞ休んでください。こちらは心配ないから」

電話の向こうでフロント部長がやさしく、そう言ってくれた。

翌日、母と私は法務省の出張所へ行った。ドアを開けた途端、親切にしてくれたあの上司がすぐに席を立ち、「おめでとうございます」と声をかけてきた。そして、私たちを所長室に案内した。証明書は所長の手で交付されるのである。

所長はデスクの前に立ち、証明書を読み上げた。そして、私たちが帰化したことは官報に記載されていることを伝え、証明書を母に手渡した。

「長年中国で、ご苦労さまでした」

所長の労いの言葉に、母は感激したようだ。涙を流しながら、深々と所長に頭を下げ、「本当にありがとうございます。お世話になりました」とお礼を述べたのである。

私ももちろんこの日が来るのを首を長くして待っていた。だが、所長から証明書を受取ったとき、なんだか父を裏切ったような気がした。父に申しわけない気持ちでいっぱいになった。

「お父さんごめんなさい。これから日本で暮らすためには、こうするしかなかったの。許してください」

１９９２年５月　福島知事表敬訪問　左から中国広西趙富林党書記、私、福島知事

私は心の中で何度も、何度も父に謝った。

一九八五年十一月、熊本県は中国の友好提携先で、大規模な物産展示会を開催することになった。その開幕式に副知事が出席するため、県商工関係者は随行通訳を探していた。

中国を訪問するには、香港経由が最短のコースだ。だが、当時香港はイギリス領であったため、中国人はなかなか香港に入れない。入ろうとすれば、イギリスの領事館でビザを申請しなければならなかった。しかも、申請から交付まで数ヵ月の期間を必要とした。

当時、日本人の多くは中国語の必要性をそれほど感じていなかった。とりわけ地方には、中国語の通訳ができる日本人はほとんどいなかった。日本語を上手く喋れる中国人はたくさんいたが、香港には簡単に入れない。副知事の訪中日程も変更できず、県商工担当者はとても焦っていた。それで私に、白羽の矢が立ったらしい。

「副知事の通訳として随行してもらえるなら、ホテルの社長にお願いをして、一週間ほどあなたをお借りしたいのです。この間からずっと通訳を探していたんですが、なかなか見つかりません。あなたしかいないのです。ぜひこの仕事を受けていただきたい」

商工担当者は、私を説得した。この話は私にとって、願ってもない嬉しいことだった。四年ぶりに中国に帰れるのだ。私はすぐ「もし、私でよろしければ、喜んでお受けします」と返事をした。

商工担当者は私の快諾を持ちフロント部長に正式に依頼した。話は早かった。私はその日のうちに部長に呼ばれ、社長からの指示を伝えられた。

「副知事の随行通訳ですから、責任はとても重大ですよ。しっかりやってください」

社長の許可がおりたことがわかり、私は飛び上がって喜んだ。

１９９７年１０月　中国吉林省訪問の際、福島知事の部屋でくつろぐ
左から佐々木部長、福島知事、私

１９９８年１０月　中国広西曹伯純党書記表敬訪問
左から福島知事、私、陸通訳、曹書記

「本当に行っていいのですね。精一杯頑張ります」

フロントに戻ったとき、そこで私を待ち構えていた商工担当者は、ほっとした表情を見せた。

「よかった。やっと副知事の通訳が見つかった」

彼は私に、事前に用意して来たパスポートの申請書類を渡してくれた。

「それに必要な事項を書いてください」

急いで申請する必要があるらしい。

その日、私は興奮気味だった。

「お母さん、私、出張で中国に帰れるの。県からの依頼なの。久し振りの中国だから、とっても嬉しい」

だが、母は少し不機嫌だった。

「どうしてそんなに嬉しいの。中国なんて大嫌い。中国であんなに苦労してたのに、その気持ちは母さんにはわからない」

「お母さんと私は違うと思う。お父さんは中国人です。中国に行けることは、私にとって、やっぱり嬉しいことなの」
母はなにも言わなかった。だが、私にも母の気持ちが理解できないわけではない。彼女の前ではできるだけ、中国に関することを言わないよう心がけた。

あわただしい数日が経って、中国へ出発する日がやって来た。私は日本外務省から発行された赤い表紙のパスポートを持ち、日本人としてはじめて中国に入るのだ。熊本県からは副知事のほか、秘書課課長補佐と商工課長補佐も同行、私を含めて総勢四名である。私以外のメンバーは、ほとんどはじめての中国だ。少し不安な様子が顔に浮かんでいた。

私たちはまず日本航空に乗り香港へ向かった。香港空港で乗換え、一時間くらいで友好提携先の広西壮族自治区に到着したときは現地時間で午後七時になっていた。

空港にはとりあえず電気はついていた。だが、と

2001年5月中国吉林省長表敬訪問　左から潮谷知事、私、省長

ても薄暗く、周りはぼんやりとしか見えなかった。

空港ロビーで託送荷物の到着を待つ間、私たちは雑談をしていた。そのときの商工課長補佐がショックを受けたように言った。

「中国民航のスチュワーデスもそうだったが、空港の女性職員も笑顔がない。なぜですか」

「中国の習慣では、女性が知人以外の人に笑顔で対応すると、軽く見られます。とりわけ見知らぬ男性ににこにこ笑いかけたりしたら大変なことになります。小さい頃からそんな教育をされているんです」

2001年5月　中国上海空港
待合室にて　潮谷知事と一緒

しかし彼は、私の説明にも納得いかないようだった。

「サービス業なのに、それでやって行けるのかねえ。お客さんがみんな逃げてしまうじゃないの」

どうやら中国という国のシステムから説明しないと、とても理解してもらえそうにない。しかし、その説明はなかなかむずかしい。どのように話せばいいのか、私は少し考え、次のように言った。

「中国ではスチュワーデスという仕事はみんなの憧れの的です。『空中小姐《くうちゅうこあね》』（空中のお嬢様）と呼ばれ、その採用試験の倍率は目が回るほど高いんです。そんな試験に合格しているのでプライドがとても高い。また、空港の女性職員はみんな公務員で、サービスという意識はありません。さらに中国は非常に人口が多く、需要が供給よりはるかに上回ります。サービスがいい悪いなんて関係なく利用せざるを得ないのです。中国では『お客さまは神様』ではなく、乗せて頂いて『謝謝《しぇいしぇい》』（ありがとう）と言わなければならないのは客のほうなのです」

今度は商工課長補佐だけではなく、副知事も秘書課長補佐も一斉に「なるほど」とうなずき、納得してくれたようだ。

やがて、託送荷物を待っている乗客がざわつきはじめた。どうやら、荷物が届いたらしい。私たちも乗客が騒いでいるほうに向かった。空港職員が軽トラクターから荷物を地面に投げ下ろしていた。乗客たちは自分の荷物を探すために、平気で人の荷物を踏んづけて行く。その場は大混乱となった。私たちはその迫力に圧倒され、しばらく足が釘付けとなってしまった。しかし、このままただ見ていたら、私たちの荷物がボロボロにされてしまう。

「荷物を取りに行きましょう」

私は二人の課長補佐に声をかけた。彼らは戸惑いながらも私に付いてきてくれた。

やっとの思いで全員の荷物を取り出し、私たちは入国審査窓口にたどり着いた。窓口は二ヵ所しかない。それぞれに入管の職員が二人ずつ座っていて、一人は乗客のパスポートのページを開き、もう一人は朱肉を付けた印を持ち、開いてもらったページに印を押すだけ。二人はぺちゃくちゃお喋りをしながら、ゆっくりと作業を進めていた。乗客が長蛇の列をつくっているにもかかわらず、完全に自分たちの世界に入っているのである。

一時間近く待って、ようやく空港を後にすることができた。空港の出口には、地元の外事弁公室（県国際課と同じ組織）の通訳が出迎えに来ていた。そして私たちを市内にある外事弁公室の直営ホテルまで案内した。

副知事の日程は詰まっていた。私たちはホテルのチェックインをすませ、すぐに熊本県の物産展示会場へと足を運んだ。

県の商工職員が開幕の二ヵ月前に先発隊として派遣され、展示会の準備に当たっていた。会場にはＨＯＮＤＡのバイク、太陽熱温水機、また一般の日用品や食品など数百品目にものぼる様々な商品が展示されていた。会場面積も一万平米を超える大規模なものだった。

展示会場の下見を終えた私たち一行は、開幕式前夜の祝賀会に招かれた。祝賀会には自治区の指導者、各界関係者等百名以上出席するという盛大なものだった。当時、中国ではまだ改革開放政策が打ち出されていなかったため、中国側出席者のほとんどが人民服で、背広姿は見かけなかった。

翌日、開幕式の時間がやって来た。私たちは展示場の外の広場に到着するとすぐ、舞台の上に案内された。中国人にとって、外国人はまだめずらしい時代だ。外国の物産展示会となるとなおさらである。舞台に上がって広場を見渡すと、そこは地元の人々でぎっしりと埋めつくされていた。予想もしなかったたくさんの人を見て、私はとても緊張した。胸が早鐘のように打っていた。

開幕式にあたって、まず中国側の代表が挨拶した。その後に、副知事が熊本県を代表して挨拶を行った。その副知事の言葉を私が通訳したのである。不思議なことに、いざ本番になると緊張感はどこかに消え去っていった。私はマイクに向けて物おじせずに副知事の通訳を勤めた。副知事の挨拶が終ると、場内から大きな拍手が波のように打ち寄せてきた。どうやら、私の通訳に中国の人たちは満足してくれたらしい。副知事の顔をつぶすことなく、無事に自分の役割を果たすことができ、私はとても幸せな気分だった。

この開幕式での副知事の通訳が私にとって、本当の意味での通訳のデビューとなったのである。


ホテルのフロントに配属されて、数ヵ月が経った。会社の人事異動に伴い、フランス料理レストランに勤務していた渡辺君がフロントへ異動して来た。彼は目の大きなハンサムボーイだ。性格も明るく、人を思いやる心があった。そして、仕事の合間にはだじゃれを次々と飛ばし、それまでやや暗かったフロントの雰囲気を一変させた。渡辺君はすぐにフロントの女子社員の人気を集めるようになった。

渡辺君は私より五才年下で、みよちゃんよりは三つ年上だ。この二人が結婚すれば、誰よりも幸せな家庭を築いて行ける。私はそう考え、「お姉さん」として二人の間に立ち、渡辺君にはみよちゃんの、みよちゃんには渡辺君のことを一生懸命PRした。

「渡辺君はいい人よ。彼のような人と結婚したら、きっと幸せになれる」

そう言う私に対し、みよちゃんは言った。

「まずお姉さん（私のこと）に幸せになってほしい。自分が先に行くわけにはいかない」

そして、渡辺君の前で、必死に私のことを誉めてくれていたようだ。そのために、彼は戸惑っていたらしい。

「日本の男性は私のような人間を相手にしない」

以前、南先生から言われた言葉が頭に焼き付いていた。それ以来私は、優しく接してくれる日本人男性に対し、警戒心がとても強く、なかなか信用しようとはしなかった。

ある日、みよちゃんの強い勧めで、渡辺君は私をドライブに誘った。こんな純粋で可愛い弟がいても悪くないと考え、彼の誘いにのったのだ。そして、ドライブ中もずっと彼を説得し続けた。

「みよちゃんはいい子よ。今どきあんなに若くて、しっかりしている女の子はそういないわよ」

渡辺君はあまり喋らず、私の話をじっと聞いていた。ドライブ帰り、私たちはみよちゃんの家に立ち寄り、三人でしばらくお喋りをした後、それぞれの家に帰った。

それからもたびたび、渡辺君は私をドライブに誘ってくれた。彼はいつも、私に優しく接してくれた。そのうち彼と一緒にいるとほっとした安心感を覚えるようになった。とても幸せだと感じるようになったのである。

１９９７年１１月　日本熊本にて　左から大明姉、私、黎明姉、前は母

父親がいなくなり、母親に苦労をかけられない。そのことに必死になっていた私は、自分の幸せについてはあまり考えなかった。また、幸せになんてなれない。心のどこかであきらめていたような気がする。

それが今、とても幸せを感じている。このまま幸せになっていいのだろうか。この幸せが続かなかったら、私はどうすればいいのだろう。そんなことを考えると不安でならなかった。

私は率直に自分の不安を渡辺君に打ちあけた。彼は驚いたようだ。

「お姉さんがそんなことで悩んでいるなんて、思ってもいなかった」

そして、はっきりと言った。

「年上ということはまったく気にしていない。ぼくを信じて、恋人として付き合いたい」

この日を境に、渡辺君は私のことを「お姉さん」ではなく、名前で呼んでくれるようになった。

そして、二年後、私たちは結婚したのである。

父が亡くなった今、大明姉を中国から呼び寄せるべきではないか。私と母は相談の上、そう決めた。その頃すでに大明姉は父と同じ大学に勤める楊先生と結婚し、とても可愛い女の子がいたのは前に触れたとおりだ。

大明姉の家族を呼び寄せるために、母と私はふたたび、県の社会援護課に出かけ、中国に残っているもう一人の娘を日本に呼びたいと申し入れた。社会援護課の担当者は母の話にとても理解を示し、すぐに厚生省に報告すると約束してくれた。

申請後、一年半で、ようやく許可が下りた。これで、中国とは完全に縁が切れる。そのとき母がもっとも心配していたのは父の遺骨だった。遺骨を外国に持ち出せるのかどうか。母は必死になって、関係機関に問い合わせた。そして、託送ではなく、手に持って入国すれば問題ないことがわかった。母は「白い布で父の遺骨を包み、大切に持って日本に来るように」と大明姉に連絡した。

待ちに待った大明姉家族の来日だ。母と私は、県残留孤児対策協会の車に乗り、わくわくしながら長崎空港に向かった。私たちが空港に着いた時、大明姉家族が乗っている飛行機はまだ到着していなかった。私は到着ロビーの椅子に座り、掲示板をじっと見つめ、飛行機が無事に着陸することを祈っていた。

待つこと三十分、掲示板に姉たちが乗っている便の到着ランプがついた。私は出口に立ち、乗客の中に姉の姿を探した。しばらくして、姉家族が空港の階段を下りてくるのを見つけた。義理の兄は子どもを抱き、大明姉は白い布に包まれた箱を胸にしっかりと抱いていた。それが父の遺骨であることはすぐにわかった。涙が溢れて止まらなかった。姉たちが出口から出てきたとき、私は真っ先に父の遺骨を受取った。私は久し振りに会った大明姉に声を掛ける余裕もなく、父の遺骨を抱いて泣き崩れた。

大明姉の家族が日本に帰って来られたことで、母はとてもほっとしていた。いや、母だけではなく、私も同じ気持ちだった。母と二人きりの生活もすでに五年近くになっていた。その間、母に対する責任を一人で背負っていた。姉の家族が来たことで、私は肩の荷が半分になったような気がした。精神的にとても楽になったのである。

母は父の遺骨を安置するためのケースを特注で作ってもらい、仏壇を買った。親戚の人たちはみな遺骨を家に置くことに反対した。お墓に入れるよう強く勧められたのである。しかし母はその反対を押しきった。

「主人は一人で日本にやって来たのだ。知らない人と一緒にお墓に入るのはあまりにも寂しい。自分が死ぬまで絶対にお墓に入れない」

母は今でも父の遺骨を大切に自分の家に保管している。大明姉と私は母の家に行くたび、父に向かって私たちの生活を報告している。現在、黎明姉も大明姉も私も、とてもいい伴侶に恵まれ、幸せな暮らしをしている。これは父のお陰だ。天国にいる父は、これからも私たちを命がけで守っていてくれる。私はそう信じている。

終わりに

二つの文化、二つの生活習慣を身につけ、二つの祖国を私は持っている。中国では、中国人の父を中心とする家族が私を心から愛してくれた。日本では、日本人の主人を中心とする私の新しい家族が私を暖かく包み、力強く支えてくれた。これまでどんな困難にも屈することなく、乗り越えて生きて来られた。世間では私を「ハーフ」と呼んでいるようだが、主人は「ダブル」と呼んでくれた。だから、私も「ハーフ」ではなく、「ダブル」であることを自負したい。

私は今、主人と子供によく言っている言葉がある。それは「私はとても幸せな人間だ。なぜなら、私は家族に恵まれている」ということである。

私は父母と姉たち、そして主人と息子を心から愛している。だから、中国と日本が大好き。これは理屈ではなく純粋たる感情である。

いつか中国で「あなたは中国人だよ」、そして日本で「あなたは日本人だよ」と言われる日を待ちながら、これからも日中両国友好のために、今までどおり頑張って行く。

著者プロフィール

渡辺真弓（わたなべ まゆみ）

1956年、中国河北省に生まれる。中国四川省西南交通大学付属高等学校卒業後、1979年、日本人の母と共に、日本に帰国。熊本市内のニュースカイホテルフロント勤務後、1987年、熊本県国際課に所属。現在も国際課で、中国との友好交流の通訳を務める。熊本在住。

ダブル

中国《ちゅうごく》、日本《にほん》で生《い》きた凄惨《せいさん》な歴史《れきし》の証言《しょうげん》

渡辺《わたなべ》真弓《まゆみ》

明窓出版

平成十六年五月三十日初版発行
発行者――増本　利博
発行所――明窓出版株式会社
〒一六四―〇〇一二
東京都中野区本町六―二七―一三
電話　（〇三）三三八〇―八三〇三
FAX　（〇三）三三八〇―六四二四
振替　〇〇一六〇―一―一九二七六六
印刷所――株式会社　ナポ
落丁・乱丁はお取り替えいたします。
定価はカバーに表示してあります。

ISBN4-89634-151-1

ホームページ http://meisou.com　Eメール meisou@meisou.com